Análisis histórico del sector agrario español en la Edad Moderna y la Edad Contemporánea.
De los "motines del hambre" al desarrollo sostenible

Javier Ramos Beltrán

© JAVIER RAMOS BELTRÁN
ANÁLISIS HISTÓRICO DEL SECTOR AGRARIO ESPAÑOL EN LA
EDAD MODERNA Y LA EDAD CONTEMPORÁNEA.
DE LOS "MOTINES DEL HAMBRE" AL DESARROLLO SOSTENIBLE

Editorial: BoD • Books on Demand GmbH, In de Tarpen 42,
22848 Norderstedt (Alemania)
Impresión: Libri Plureos GmbH, Friedensallee 273, 22763
Hamburg (Alemania)
ISBN: 978-84-1174-7776

A Don Jaime, que ha hecho posible este libro

Índice

Prólogo

No es frecuente cuando uno tiene ya una edad muy avanzada, ha sido catedrático de universidad y está ya jubilado, se dirija a él un joven de 24 años, graduado en Derecho y AdE por la Universidad Católica de Valencia, pidiéndole que le escriba el prólogo a un doctísimo libro titulado *"Análisis histórico del sector agrario español en la Edad Moderna y la Edad Contemporánea. De los "motines del hambre" al desarrollo sostenible".*

Sin embargo, hay un elemento en común que nos lleva a enlazar entre ambos. El autor, es nacido en Requena (Valencia) en el año 2000. Y éste autor del prólogo es Hijo Adoptivo de la ciudad de Requena a la que se encuentra unido, porque la historia de las familias Lamo de Espinosa y de la Cárcel, se hayan estrechamente vinculadas por razones territoriales, agrícolas e históricas a tan importante ciudad del extremo Este de la Castilla Valenciana.

El autor del libro sorprende. Es muy joven, pero ha trabajado y escrito mucho. Es redactor jefe del proyecto de *Cultura Hespéride,* proyecto que inició en 2017 que cuenta ya con un bagaje de 60 publicaciones. Su incesante labor intelectual le llevó en 2019 cuando estudiaba el segundo curso de la carrera de derecho a realizar un manual de Historia Contemporánea de España para alumnos que en aquel momento cursaban segundo de bachiller de ciencias sociales en Requena. Por si ello no fuera suficiente desde mayo del 2014 ha colaborado activamente en Historiarum y en Crónicas Históricas de Requena. Finalmente, en junio de 2022 se graduó con el trabajo final de grado "Estudio del Plan Estratégico Español sobre la Política Agraria Común 2023-2027. Estatus de la Agricultura excelente" que mereció la calificación de 9 en su presentación.

Por si eso fuera poco, ha recibido los siguientes premios: *"La nueva Unión Europea y su marco constitucional (15 horas). Curso 2018/2019, Julio 2019. Universidad Católica de Valencia."* y *"III Congreso Internacional derecho familia. Nuevos retos en materia de protección de los hijos, capacidad jurídica (10 horas). Curso 2020/2021. Diciembre de 2020. Universidad Católica de Valencia – Libera Universitá Maria SS. Assunta.",* este último, fue un trabajo de derecho comparado en materia de Derecho de Familia entre la legislación española e italiana, calificado con una nota de 9.

Además de eso, ha realizado múltiples publicaciones que me permito destacar porque si uno las lee ordenadamente irá descubriendo la capacidad intelectual y la búsqueda cultural de muchas partes de nuestra España que pocas veces suelen ser objeto de estudio a las edades de nuestro culto autor.

Cuando hace un tiempo, Javier Ramos, a quien ya conocía por haber conversado con él en numerosas ocasiones, me pidió que escribiera el prólogo a su libro más arriba mencionado me encontré con una obra singular en su contenido y muy especial pensando en la edad de su autor. Me encontré con poco más de 300 páginas impecablemente redactadas, con un castellano intachable y con una historia agrícola que me asombró por su densidad, su conocimiento y por la forma en que es abordado. Los tres primeros capítulos nos llevan en un salto rápido desde la Reconquista al declive de los Austrias. Y en él, en ese declive, al vaciamiento demográfico de España, a las crisis y los motines del hambre del siglo XVII y a un hundimiento agronómico y demográfico de la España de los Austrias que merece ser leída y estudiada con detenimiento.

Pero a partir de aquí, a partir del siglo XVIII, donde comienza el capítulo cuarto el autor se crece sobre los siglos que va describiendo y nos va narrando cómo desde los primeros años de los Borbones nos aparecen una nueva manera de entender la política agraria española y nos va a ir llevando poco a poco en favor de nuevas políticas y un desarrollo agrario que irá progresando siglo tras siglo.

Porque por lo descrito, los capítulos más importantes son los cuatro últimos, de los cuales los dos primeros se refieren al reformismo borbónico y los dos últimos al periodo que ocupa desde la II república hasta nuestro ingreso en la Unión Europea y el disfrute de los beneficios de la PAC.

La etapa Borbónica es muy importante. Carlos III introduce múltiples reformas que permitirán crecer a la agricultura y muy especialmente la producción de cereales tan importante para satisfacer el hambre existente previamente. Los censos de población que se iniciaron en aquella época nos van mostrando un crecimiento de la misma a lo largo del siglo que son verdaderamente notables. En materia política los "Decretos de Nueva Planta", centralizando así las decisiones administrativas ayudan en modo extraordinario el desarrollo económico. Y en ello tienen una positiva influencia la creación de las Reales Sociedades Económicas de Amigos del País que se expansionan por toda España y que promueven una nueva agricultura incluso mecanizada. Pasamos del arado de mano a los arados modernos que importamos de Francia y de Inglaterra. Las hambrunas van separándose en el tiempo y las producciones de aceite y de vino así como el naranjo en Valencia, tienen una gran notoriedad. Lo que también ocurre en la zona valenciana con el cultivo de arroz.

Pero al tiempo se produce una concentración demográfica en los mayores núcleos de población lo que genera un cierto vaciamiento demográfico. Ya tenemos una España vacía. Y frente a ello la corona promueve la colonización de determinados territorios del interior con emigrantes, entre otros Sierra Morena impulsada por el coronel Thürrieguel mediante colonos católicos o alemanes. Es la política de Ward.

El autor describe con mucha precisión y documentación los sucesos alrededor del Motín de Esquilache, que ha quedado para la historia como causado por el uso de capa larga, sombrero chambergo y montera calada lo que realmente fue el gran motín del hambre de la época.

Es importante, y así lo hace el autor, destacar la importancia del Informe sobre la Ley Agraria de Jovellanos, elaborado en el marco de la Real Sociedad Matritense. El análisis es muy profundo, el autor nos desglosa el informe de los 8 capítulos que lo componían. Para mí son de destacar dos ideas de singular importancia: 1. Que la ley se dirige a proteger la agricultura, y, 2. Que hay que eliminar los estorbos para el desarrollo de dichas leyes, estorbos que divide en políticos, morales y físicos. Estas dos ideas las he pregonado durante muchos años como ideas centrales de cualquier política agraria de cualquier tiempo.

Examina también el autor con detenimiento los procesos de desamortización que los sucesivos gobiernos llevan a cabo para compensar el déficit económico debido al incremento del gasto militar. Los efectos de dicha desamortización se apreciarán claramente ya en el siglo XIX con Mendizábal y Madoz.

Me llamó la atención el contenido de estos capítulos. He escrito a lo largo de mi vida mucho sobre la Política agraria del Emperador Carlos V, sobre las construcción de los canales de navegación y de riego, sobre la llegada de Carlos III, con una experiencia fundada en su viejo reino de Sicilia y de Nápoles que cuando llega a España trata de introducir su conocimiento acumulado y hace, de la mano de la Ilustración y del mundo agrario y del Gran Ilustrado que fue Jovellanos, 6º presidente de la Real Sociedad

Económica Matritense de Amigos del País fundada en 1725 y que todavía se conserva y se mantiene viva en la famosa Torre de los Lujanes de la Plaza de la Villa de Madrid. A partir de estos momentos la agricultura se convierte en el eje principal del crecimiento económico español. Jovellanos decide combatir "los estorbos" que aparecen en la agricultura, hay todavía hambre en la geografía española y el Motín de Esquilache es una de sus más importantes manifestaciones.

Comienza en el siglo siguiente los procesos desamortizadores, nace la carrera Ingeniería Agronómica influida por la figura de Antonio Sandalio de Arias y su lucha por la creación de Escuelas de agricultura donde se enseñarán las doctrinas del famoso Informe Jovellanos. Más tarde – y este es el penúltimo capítulo del libro- surgen los conflictos, ya en la II República, con la reforma agraria de 1932, que tantos problemas creó.

Y ya finalmente el último capítulo nos describe como España negocia en la Comunidad Económica Europea – yo negocié durante cuatro años el capítulo agrario que cerró mi sucesor al frente del ministerio - tratando de disfrutar de los principios benéficos de la PAC, construidos en la Conferencia de Stresa y que en aquella época se sintetizaban en: unidad de mercado, preferencia comunitaria y solidaridad financiera.

Y así entramos por una parte en la CEE y por otra en la Transición política a partir de la designación de Adolfo Suárez, en 1976, como presidente del Gobierno. Transición agraria descrita en mi libro "La Transición Agraria 1976-1982" editado por el Ministerio de Agricultura, Pesca y Alimentación en 2020.

En muy poco tiempo, 1976-78, se aprueba la Constitución Española, merced al consenso y la generosidad de todos los partidos que integraron las Cortes nacidas en las elecciones del 15J de 1977, y a partir de aquí una nueva política agraria que va borrando antecedentes no armónicos con los nuevos tiempos, lleva a la agricultura española a ser la primera potencia en regadío en Europa, casi 4 millones de hectáreas, a ser altamente superavitaria en comercio exterior ,19.000 millones de euros, ser la primera exportadora Europea de frutas y hortalizas y en las últimas décadas también de ganado porcino y a convertirse en suma en las segunda potencia agraria de la Unión Europea.

D. Jaime Lamo de Espinosa y Michels de Champourcin

Ministro de Agricultura (1978 - 1981)

Introducción

La España Vacía es un tema fascinante en todos los ámbitos: el demográfico, el histórico y el espiritual. Especialmente en este último.

En mi anterior libro, donde hacía un análisis medieval del sector agrario nacional durante la época medieval, ya apuntaba que el sector primario fue el principal configurador no ya de todo nuestro acervo cultural, sino también del nacional.

Si bien es cierto que las fluctuaciones demográficas van de la mano de los cambios industriales, estas no son exclusivas de nuestras más recientes centurias. Ni mucho menos. Cuando existe constancia en el cambio, es porque ya viene larvado de mucho antes.

Ahora tocará analizar el sector agrario en un amplio espectro de más de cinco siglos, desde finales del siglo XV, cuando aparece el moderno concepto de Estado-nación y se empiezan a formar las primeras estructuras mercantilistas a gran escala, hasta el siglo XXI, donde prima una visión más respetuosa con el medio ambiente.

Dios mediante, espero puedan disfrutar de la lectura y que pueda arrojarse luz acerca de las vicisitudes de las gentes del campo durante más de 500 años. Son nuestros padres, nuestros abuelos, nuestros bisabuelos… y así hasta trece generaciones.

Finales del Siglo XV. El final de una Reconquista que da paso a un nuevo mundo

Prolegómenos. Revuelta Irmandiña, Guerra Civil Catalana y de los Remensas

Desde 1369, en que finalizó la Primera Guerra Civil Castellana que enfrentó a los partidarios de Pedro I de Castilla con los partidarios de su hermano Enrique de Trastámara, la nobleza que, si bien, había apoyado al que a la postre sería el vencedor, iba perdiendo fuelle.

En Aragón, la nobleza era, de facto, la "catalana", que dominaba las Cortes incluso cuando no eran mayoría, y vieron con malos ojos, el ascenso en el año 1410 de un rey de la dinastía Trastámara, como lo fue Ferran de Antequera, a quién consideraron poco menos que invasor.

Las malas cosechas que, como veremos, fueron especialmente virulentas en Cataluña a causa de la peste bubónica y la falta de inversión del campo, así como una economía castellana que era, enteramente, de subsistencia, no permitía que un sistema feudal que en Francia y el Sacro Imperio Romano Germánico iba agigantándose y consolidándose (en contra de lo que pueda parecer en el caso francés) pudiera seguir creciendo.

La nobleza seguía teniendo un papel preponderante, pues todas las tierras que habían ido adquiriéndose durante la Reconquista, así como el patrimonio eclesiástico, eran parte del ajuar nobiliario, tan decisorio.

Las medidas arbitrarias que impusieron a los agricultores, que eran el grueso económico de la población, generaron enfrentamientos en los que, a menudo, la Iglesia Católica y la monarquía tomaron partido por ellos.

Con la consolidación de la burguesía y la economía urbana, surgió el capitalismo, así como el deseo de la monarquía de, efectivamente, administrar y gobernar sus territorios sin injerencias nobiliarias. La burguesía fue para la monarquía un enemigo menos poderoso que la nobleza, y más fácilmente adocenado, pues la centralización exigía impuestos y actividad.

Destaca un conflicto por sobre todos, y es la Guerra Civil Catalana, en un período de decadencia poblacional y económica de Cataluña, que, durante tantos años, fue el motor económico y financiero de la Corona de Aragón.

Entre medias, nos encontramos con el problema de los *exáricos* en Aragón, concentrados específicamente en el Valle del Ebro, aparceros de origen musulmán que una vez unificada España y establecida la ortodoxia religiosa en torno al catolicismo, sufrieron la expropiación de sus tierras, aunque permanecieron en ellas como cultivadores ajenos, pagando una quinta parte de la cosecha obtenida en concepto de canon, adscritos hereditariamente a la tierra que cultivaban.[1]

Mucho antes de la Guerra Civil Catalana, de la que hablaremos largo y tendido, hablaremos de la Revuelta Irmandiña, de tan magna importancia, ocurrida entre 1467 y 1469, y que, entre otras cosas, deja a Galicia como la única región de España en la que apenas pueden avistarse fortalezas de gran envergadura, teniendo además la peculiaridad de ser una revuelta que contó con el apoyo puntual de la monarquía contra la nobleza.

Para contextualizar, hemos de mencionar que la economía gallega es eminentemente agraria, y de corte latifundista, no poseyendo la proyección internacional que tenían Burgos – centro comercial de la Corona- y Bilbao – puerto de mercancías -, pero sí que era importante por el peso rural que tenía.

Aparte del potencial económico que tenía para las arcas reales, era también de interés de los monarcas de la dinastía Trastámara, que tuvo en Enrique II, su primer rey, siendo una evolución del título nobiliario más antiguo de España, que es el Condado de Trastámara. Entre las casas nobiliarias que fueron un gran apoyo de los Trastámara, no únicamente en Galicia, sino también en toda la Corona – y muy especialmente tras la Primera Guerra Civil Castellana, en la que Pedro I de Castilla, "justiciero" para el pueblo llano y "cruel" para los nobles – fueron los Castro, siendo Fernán Ruiz de Castro, en quién el ya mentado rey Pedro instituyó el Condado de Trastámara, su gran soporte, así como también los Traba[2], la dinastía fundada por Froila Bermúdez a finales del siglo XI y que fue la más inmediata precursora de los Trastámara. Otras familias nobiliarias

---

[1] Rae, R. a. E.-. (n.d.). exarico. *Diccionario Panhispánico Del Español Jurídico - Real Academia Española*. https://dpej.rae.es/lema/exarico

[2] Pousa Diéguez, R. (2021). *Simbología y realidad de un condado bajomedieval: Trastámara*. Dialnet. https://dialnet.unirioja.es/servlet/articulo?codigo=8148446

que se vieron favorecidas, debido a su apoyo al primer monarca Trastámara fueron los Moscoso, los Soutomaior, los Andrade y los Osorio, así como los recién llegados Enríquez de Castro – encargados del Condado de Trastámara y de la Pertiguería Mayor de Santiago – y los Sarmiento – Adelantados Mayores del Reino -.

De hecho, las santas hermandades nacieron para actuar con paz, seguridad y justicia ante los momentos puntuales de anarquía, que los "irmandiños" – denominación que después procederá a explicarse – achacaban a los nobles y señores feudales que hacían de su capa un sayo. Su movimiento, por tanto, fue un movimiento que buscó siempre moverse a través de la paz.

Lo que conocemos acerca de esta revuelta, la más importante del siglo XV, es gracias al Pleito Tavera – Fonseca (también, se utiliza *Tavera*), un arbitraje datado en el siglo XVI, poco después del nombramiento de Juan Tavera como arzobispo de Santiago el 12 de octubre de 1524, tras que Alonso III de Fonseca, su predecesor, fuese designado como prelado de Toledo.[3]

Agradezcamos al reputado historiador gallego Bernardo Barreiro de Vázquez Varela, pues, aunque fuese indirectamente, arrojó luz sobre lo que fueron los "irmandiños" y esta famosa revuelta del siglo XV[4], cuya única documentación venía por parte de testimonios orales y la reivindicación del galleguismo, que, recordemos fue el primer nacionalismo de carácter centrifugador en España, a fin de reivindicar una efectiva autonomía para Galicia en base a una identidad diferenciada, y que nació en el siglo XIX, tras la división del antiguo Reino de Galicia en las cuatro provincias que hoy conocemos que son Lugo, A Coruña, Orense y Pontevedra[5], y que alcanzó su cénit en el pronunciamiento que el isleño Miguel Solís Cuetos – "Levantamiento de Solís" – como coronel comandante de Estado Mayor de la Capitanía General de Galicia hizo contra el gobierno "moderado" del General Narváez, conocido por la excesiva centralización administrativa en 1846. Paradójicamente, el monasterio benedictino de San Martín Pinario – situado frente a la fachada norte de la catedral de Santiago de Compostela – fue donde el mismo Solís se refugió antes de ser condenado a muerte

---

[3] Olivera Serrano, C. (2000). *El ocaso de las fortalezas compostelanas: visitas y tasaciones (1535-1547)*.

[4] *Bernardo Barreiro y Vázquez Varela*. (n.d.). Real Academia De La Historia. https://dbe.rah.es/biografias/53793/bernardo-barreiro-y-vazquez-varela

[5] Galicia. (2005). *Actas de las Juntas del Reino de Galicia*. Dialnet. https://dialnet.unirioja.es/servlet/libro?codigo=906869

por el gobierno de Narváez. No fue sino hasta 1922, cuando tras los diecisiete pliegos que fueron dados a conocer dos décadas antes en *"Galicia diplomática IV"*, Pablo Pérez Constanti encuentra en el "Archivo secreto" del Pazo arzobispal los atado 46 y 47, pero se hubo de esperar hasta 1984 para que Ángel Rodríguez González, que era archivero del Ayuntamiento de Santiago así como director de la Sección de Historia del Instituto Padre Sarmiento de Estudios Gallegos y profesor de la Universidad de Santiago de Compostela, arrojara más luz sobre el asunto.

¿Pero cuál sería la calificación más precisa? Ha de entenderse que lo que entendemos hoy por revolución sociopolítica es una evolución de la concepción clásica aristotélica de cambio completo de una constitución a otra, la modificación radical desde una constitución existente y el cambio de sistema, mandatario o régimen a otro, pero teniendo presente el concepto de revolución, por lo menos desde la Revolución Inglesa en el siglo XVII y el ascenso del parlamentarismo.[6]

Generalmente, prácticamente todas las revueltas medievales eran de carácter local o no eran excesivamente masivas. En el caso gallego, tras la formación de una "hermandad general" de Castilla por parte de Enrique IV, las ciudades piden que se cree una específica "Santa Irmandade do Reino de Galicia", desembocando esas reivindicaciones en una radicalidad, el nacimiento de una nueva mentalidad y unos hechos consumados de gran alcance, que llevarían a denominarla si no de "revolución", por lo menos de revuelta grande, aunque el carácter social que poseía bien merecería ser llamada de la otra forma, aunque en el siglo XV no tuviese el mismo significado que en siglos posteriores al XVII tenemos.

Otros autores como Fernando Cammarota y Felipe Stelzer destacan que el programa político no era revolucionario, en tanto, mostraron una ciega fidelidad a Enrique IV y al poder real, que, bien sea intentando sacar provecho de una situación que podía resultarles ventajosa para la consolidación de la monarquía frente a los poderes feudales o también porque tenían un gran interés en la causa (que quedó bien documentado), apoyó esta causa, así como también el sustentáculo ideológico que tuvo en la Fe católica, pues el papel de la Iglesia Católica fue el apoyo fundamental y el necesario espaldarazo a las legítimas pretensiones de los hermanados, pues aparte

---

[6] Asale, R.-. (n.d.). *revolución | Diccionario de la lengua española*. «Diccionario De La Lengua Española» - Edición Del Tricentenario. https://dle.rae.es/revoluci%C3%B3n

de compartir sus reivindicaciones, veían con anhelos el derrotar a esos nobles que estaban encargados de la encomienda de su patrimonio y cometían arbitrariedades y abusos contra ellos. El único prelado beligerante contra ellos fue Alonso de Fonseca y Acevedo, arzobispo de Santiago de 1460 a 1465 y posteriormente de 1469 a 1507, padre de Alonso III de Fonseca, que fue quién sustanció el mentado pleito con Tavera. En el ínterin de 1465 a 1469, ocupó la administración apostólica del Arzobispado de Sevilla, intercambiándose con su tío materno Alonso I de Fonseca, quién hizo lo mismo con la de Santiago. Alonso II de Fonseca, ensimismado con Sevilla, y sin obedecer tanto a la bula papal que Pío II emitió para que abandonase el cargo como a las reclamaciones de su tío, abandonó el cargo a la fuerza, después de que interviniesen el Duque de Medina-Sidonia y Beltrán de la Cueva. Del desatino de Alonso I en dejarle la administración apostólica a su sobrino, después de unos líos del joven, salió la famosa cantinela de *"Quién fue a Sevilla, perdió su silla".*[7]

La ayuda del Estado es insoslayable, pues la demanda de las ciudades leales a Enrique IV de ayuda se materializó con la emisión de una capital carta el día 3 de julio de 1467, en la que ratificaba los derrocamientos de meses anteriores, devolviéndole este considerable favor el bando de los "irmandiños" colaborando en la derrota del príncipe Alfonso, el medio hermano del rey, que tras la Farsa de Ávila de 1465, un espectáculo promovido por nobles castellanos antienriqueños[8], era el rey rival de Castilla, y que tras su sospechosa muerte el 5 de julio de 1468, hizo que se acelerara el proceso guerracivilista.

Pero sí podría considerarse una revolución, al menos, en el aspecto político y organizativo, pues son el más inmediato precursor de lo que es hoy la Xunta de Galicia. A raíz de la revolución mental y sociopolítica que regía y gobernaba el reino, los "irmandiños" – siempre en nombre del rey – ejercieron las atribuciones típicas de un dirigente medieval como lo eran la justicia, la hacienda y el ejército. Las juntas irmandiñas, asumieron el poder ejecutivo, legislativo y judicial, en nombre del rey. De entre sus dirigentes destacaron los alcaldes y diputados de las hermandades, que

---

[7] Cervantes, I. (n.d.). *CVC. Refranero Multilingüe. Ficha: Quien fue a Sevilla perdió su silla.* © 2008, Instituto Cervantes. https://cvc.cervantes.es/lengua/refranero/ficha.aspx?Par=59398&Lng=0

[8] De Servicios Informáticos De La Universidad Nacional De Educación a Distancia, C. (n.d.). *UNED | Ávila: La farsa de Ávila.* http://portal.uned.es/portal/page?_pageid=93,25702646&_dad=portal&_schema=PORTAL

ocupaban cargos de notarios, cuadrilleros, procuradores o capitanes. Así pues, se citan más de cuarenta "varas de hermandad" – pues eran los atributos que tenían los "alcaldes" de la Hermandad - con representación en esta junta.

Se celebraron hasta cinco juntas; Melide en marzo de 1467, Betanzos en junio de 1467, Santiago de Compostela, Lugo entre marzo y abril de 1468, y Ourense en 1469. Estas cinco juntas, tras la institucionalización que tuvo la junta del Reino de Galicia desde 1500, se convirtieron en cabeceras urbanas, que fueron Santiago, Betanzos, Lugo, Mondoñedo (sustituyendo a la histórica Melide) y Ourense. Veinte años antes, en 1480, se implantó la Audiencia de Galicia, que entre otras cosas; anuló, reconvirtió y calibró a la baja a través de numerosos conflictos, pleitos y cartas ejecutorias las rentas jurisdiccionales.

El germen de la Santa Hermandad que el rey Enrique IV de Castilla instituyó en 1473 tras las Cortes de Madrigal[9] y que fueron los más inmediatos precursores de nuestros Cuerpos y Fuerzas de Seguridad del Estado, constituidos en 1834 tras el Estamento de Próceres votado en Cortes, está en las "cofradías" que los distintos reinos que componían la Corona de Castilla llevaban desarrollando desde el siglo XI en sus pueblos para salvaguardarse de los nobles que se excedían de su poder, así como a la persecución de bandidos que practicaban el abigeato – sustracción de ganado[10] -, pero sin ninguna duda, la de los "irmandiños"; por su organización y su espíritu combativo fueron los grandes ideólogos.

Esta hermandad se constituyó como una "hermandad general", con el nombre de "Santa Irmandade" y recibiendo, a raíz de esto, loas por parte de Roí Vázquez, en sus "Crónicas de Santa María de Iría", quién los consideraba que los espadones de la Iglesia Católica frente a los abusos de los nobles que eran los comendadores del patrimonio eclesiástico.

En 1431, se constituye la primera hermandad denominada "Irmandade Fusquella" en los terrenos del señor de Andrade, siendo dirigida por Roí Xordo, y tratándose de la

---

[9] Asián Peña, J. L. (1942). *Manual de Historia de España*.
[10] Asale, R.-. (n.d.). *abigeato | Diccionario de la lengua española*. «Diccionario De La Lengua Española» - Edición Del Tricentenario. https://dle.rae.es/abigeato

primera hermandad que derrocó fortalezas, extendiéndose ese ardor justiciero sobre las rías de Pontevedra y Arousa.[11]

Cuatro años después de ascender al trono, Enrique IV, en 1458, se constituyeron las hermandades de A Coruña y Betanzos, que contó con aliados en la Tierra de Santiago, extendiéndose esta vez la revolución por Santiago, Muros y Noia. Siendo la primera hermandad que derrocó fortalezas, constan en su haber la destrucción de las de Viveiro, Ourense y Lugo.

La tercera hermandad es la que protagoniza los hechos más relevantes y dados a conocer por la historiografía que son los sucesos de 1467 a 1469, los conocidos también como la *"Gran Guerra Irmandiña"*.

Tras la constitución de una "hermandad general" y la demanda a Enrique IV para que crease una específica para Galicia, se convoca la Junta de Melide, en la que se decide dejar a discreción de la hermandad todas las fortalezas, siendo una junta de actividad constituyente, especialmente en los meses de marzo y abril donde se procedió a la elección en asambleas de alcaldes, así como también de los diputados para asistir a las juntas y los cuadrilleros para organizar milicias.

Menciona Barros Guimeráns, que, en cuanto al asalto a las fortalezas, no hubo distinción entre fortalezas entregadas y resistentes, e incluso, llegaron a atacar las que eran de "amigos" del rey. No obstante, no atacaron las murallas de las ciudades, salvo la de Monforte, donde resistió el Conde de Lemos.

Se respetaron las Iglesias y las Catedrales, y una carta real del 3 de julio de 1467 instó a rematar las fortalezas existentes.

El sentimiento acumulado de agravio por parte de los abusos de los nobles, no únicamente hacia los siervos, sino en especial hacia el patrimonio de la Iglesia, provocó la tendencia generalizada a romper la relación de vasallaje y no pagar las rentas al señor más que las preceptivas. Todo ello sumado al aprovechamiento del vacío de poder generado tras la Guerra Civil Castellana de 1437 a 1445 en la que el poder nobiliario castellano encabezado por el noble Enrique de Trastámara y apoyado tanto por las coronas aragonesa y navarra, fue derrotado por el bando realista castellano.

---

[11] Barros Guimerans, C. (2006). Lo que sabemos de los Irmandiños. *Clío & Crímen: Revista del Centro de Historia del Crimen de Durango, 3*, 36-48.
https://dialnet.unirioja.es/servlet/articulo?codigo=2141966

Tuvo como principales protagonistas a la sociedad civil en su conjunto, y de los 150 cargos localizados entre las cabezas de este movimiento, nos encontramos que estaba mayoritariamente constituido por trabajadores del campo. Estas gentes, definidas por Barros Guimeráns, humildes en riquezas y nobles en espíritu, tuvieron una total participación en dirección y reuniones de hermandad local, comarcal o diocesana; mientras que la dirección política la ejercían mercaderes, mareantes, escribanos, hidalgos urbanos y canónicos, quiénes se encargaban también de la relación con la corte junto a los dirigentes rurales de la Junta de Galicia.

El protagonismo social lo ostentaron la mayoritaria gente de la tierra, de los gremios y del mar que fueron el porcentaje más significativo de los entrevistados en los relatos orales que recogió el Pleito Tabera – Fonseca.

De entre los caballeros irmandiños, encontramos a gente de estos estratos mayoritarios, y de los capitanes documentados, tales como Alonso de Lanzós, Pedro Osorio, Diego de Lemos o Lopo Mariño de Lobeira, también se da cuenta el similar origen.

Otro popular líder irmandiño fue Joan Branco, notario de Betanzos, y otros capitanes destacan el labrador Bartolo de Freiría, los cambiadores Joan Domínguez y Pedro Osorio, o el monje-soldado Sueiro de Noguerol.

No en vano, su organización, estructura y funcionamiento fue la misma que la de un ejército tardomedieval, en la que ya no se destilaban las mesnadas propias de los señores feudales, siendo poco menos que un ejército de milicianos de ámbito regional, encontrados entre localidades y comarcas, existiendo una movilización general de la gente el común entre las ciudades y el campo, así como otros que tenían experiencia militar en ejércitos feudales y merced a esa veteranía conservaban rangos y tenían la potestad de tener armas en sus domicilios. Destacó mucha infantería y poca caballería, y está documentado un único enfrentamiento naval, las incursiones en Rías Baixas, por ser innecesario este tipo de batalla.[i]

Este conflicto finalizó con la entrada de tres ejércitos señoriales en 1469; el primero, dirigido por Pedro Soutomaior "Madruga" – así, llamado, por ganar una apuesta de delimitación de límites con los Sarmientos de Ribadavia, a poco de que sonase el gallo – desde Portugal, el segundo por el arzobispo Fonseca y Juan Pimentel desde Salamanca, y el último, dirigido por el Conde de Lemos desde Ponferrada. La entrada de estos tres ejércitos obligó a pactos contra enemigos ante la posibilidad de seguir venciendo murallas.

No obstante, los nobles, sí se dividieron entre 1474 y 1479, en el marco de la Guerra de Sucesión Castellana entre Juana de Castilla "La Beltraneja" (bando portugués) e Isabel I "La Católica" (bando castellano), pues Pedro Madruga fue un destacado comandante del bando portugués que murió en extrañas circunstancias en Alba de Tormes el 10 de enero de 1486, y el Arzobispo Fonseca se decantó por el bando castellano, a la postre vencedor del conflicto sucesorio, de quién recibió numerosas prebendas.

El mismo Pleito Tabera – Fonseca, que Juan Pardo de Tavera, arzobispo de Santiago, sustanció contra Alonso III de Fonseca – quién había ocupado ya la mitra toledana – para reclamarle una cantidad de diez millones de maravedíes a fin de satisfacer los daños sufridos en las propiedades pertenecientes al arzobispado compostelano durante el gobierno de su predecesor, y muy especialmente del padre de este, Alonso II de Fonseca, da cuenta con sus 204 testigos, de entre los que hay una clara mayoría favorable a la obra demoledora de la Santa Hermandad, del carácter renovador y justo que tuvieron las reivindicaciones de este movimiento. Entre sus principales características están el carácter masivo e irresistible que no sólo evitó represalias violentas de los nobles – y también, en el punto álgido del conflicto, los irmandiños evitaron vengarse violentamente de los nobles derrotados, a los que ofrecieron posibilidad de reparación y perdón -, la renuencia a reedificar la mayor parte de las fortalezas demolidas, lo que deja hoy a Galicia como la única zona de España donde no hay grandes construcciones que dejen mostrar el pretérito poder nobiliario, la ya mencionada modificación de las rentas jurisdiccionales de los señores bien anulándolas, reconvirtiéndolas o revisándolas a la baja a través de cartas ejecutorias como consecuencia de la implantación de la Audiencia de Galicia de 1480 y el cambio contundente de la clase dominante, la consolidación de los ideales de paz, justicia y seguridad en el reino como lo buscaron los "irmandiños" y que se circunscribió en el fin del orden feudal.

Precisamente, Alonso III de Fonseca, con el balance que se le presentó ante los favorables testimonios hacia los irmandiños por parte de los preguntados en el pleito, dijo que el reconstruir fortalezas y donar diez millones de maravedíes, era una responsabilidad difícil de asumir.

En contraposición a los argumentos favorables – y, por tanto, más fiables, por ser de primera mano – que ofrecieron los testigos del Pleito, se encuentra la denominación que en el *"Recuento de las Casas Antiguas de Galicia"* de Vasco de Aponte se hacía de los campesinos, a los que definía como poco menos que villanos. No obstante, esta obra de un reputado historiador y genealogista gallego, hoy conservada en la Biblioteca Nacional de España.

¿Pero qué implicó más allá de la remoción del orden feudal? Los irmandiños cimentaron la actual identidad gallega y la fabricaron desde abajo, el alcance de su revolución llegó a lo que era la realidad nacional gallega en aquel instante, es decir, hasta el oeste de Asturias y el noroeste de León. Una realidad cultural, política, económica y social, que manifestaba lo que era Galicia, el reino más antiguo de Europa, desde que recibió la denominación de Reino Suevo de Gallaecia en el 409 dC hasta la división de Galicia en las cuatro provincias en las que hoy está organizada en 1833.

En Ourense, existe la conocida devoción por Sanctus Martinus Turonensis, el precursor de las capillas porque todas las iglesias querían tener una porción de su capa, que se dice convirtió a los súbditos del Regnum Gallaeciae al catolicismo. Ciertamente, fue el Reino Suevo, aliado de los bizantinos y francos merovingios, el primer reino ibérico que tuvo un dirigente convertido al catolicismo, Teodomiro.

Los principales símbolos con los que se identificaron a los "irmandiños" fueron los bastones de mando o las varas de hermandad, las banderas blancas que son influencia de la bandera del Apóstol Santiago – patrón de Galicia y de España – y las cartas públicas del rey que sirvieron para refrendar y ratificar todas las acciones de los irmandiños.

El escritor Benito Vicetto en *"Los Hidalgos de Monforte"* de 1856, dice que el *Deus Fratesque Gallaeciae* fue la enseña de los irmandiños, algo en lo que coinciden muchos historiadores, pero no existe una documentación precisa de que fuese utilizado en esta revuelta.

Fue el mismo Benito Vicetto quién tradujo el nombre de "hermanados" – utilizado por los miembros de la hermandad – a "irmandiños", en el marco de una corriente regionalista y para hacerlo más familiar al común de la gente gallega.

En la Europa feudal del siglo XIV y XV, coincidente con los "años malos de la peste", intentaron romper con el *"ius maletractandi"* reconocido a los señores feudales desde el siglo IX, pero que entró en declive en el siglo XIII con el auge de la burguesía y los ingresos del campo. No obstante, al comenzar los años epidémicos, y viendo cómo se reducía la recaudación, los señores intentaron recuperar ese derecho para poder aumentar la productividad. Hubo otras tantas revueltas señoriales en Europa de magna importancia como la Grande Jacquerie – llamada así por "Jacques Bonhomme", apelativo ofensivo que los señores ponían a sus campesinos – en el Río Oise, al norte de Francia, la Rebelión de Wat Tyler en 1381 que se destacó más por su antifiscalidad que por otra cosa y de la que hoy nos llegan muchos documentos, y la rebelión de los taboritas – radicales husitas – en Bohemia entre 1418 y 1439.

Examinado concisamente el fenómeno irmandiño, otra manifestación histórica, ya larvada desde hacía tiempo, aparece ahora en lontananza. Se trata del movimiento *remensa* o más correctamente, de los *payeses de remensa*, de quiénes toma su nombre.

La palabra *remensa* es una deformación del término latino *redimentia*, y estaba relacionada con la triste idiosincrasia que los *payeses* habían de vivir Primeramente, cabe señalar que si bien estos payeses se encontraban en prácticamente todo el territorio del Principado, fue en la conocida entonces como *"Catalunya la Vegla, dellá Llobregat"* que comprendía los arzobispados de Girona, Vich y Barcelona, esto es las comarcas del Ampurdán, La Selva, Gironés, Pla del'Estany y Osona (Selva), además de las Montañas que incluía La Garrocha y el Ripollés.

Entre la Selva y la Montaña hubo grandes diferencias en el proceder de ambos conflictos, en tanto que los del Ampurdán más solventes y consolidados optaron por ideas de transacción, mientras que los de La Montaña, optaron por la insurrección armada.

Los *payeses de remensa* eran aquellos colonos agrícolas catalanes que se encontraban al norte del río Llobregat y estaban adscritos a una tierra ajena, de la que únicamente podían salir pagando la *redimentia*, cantidad que el dueño de la tierra había prefijado como precio de la rescisión.

Los historiadores no terminan de ponerse de acuerdo en si esta aparición es previa a los usatges, que nunca terminaron de ser un corpus jurídico unificado, pues siempre quedaba el conflicto entre la ley visigoda y la ley romana.

Cabe recordar que la ley visigoda y la ley romana tenían diferencias en la forma de la adquisición de propiedad. El derecho romano contemplaba la *in iure cessio* como la más común para la transmisión de esclavos, tratándolos como cosas, haciéndose una especie de allanamiento judicial, en la que el demandante reivindica una propiedad, el propietario del objeto no contesta y se considera que se allana a la pretensión[12], la mancipatio que era un contrato verbal formal y solemne en que se transmitían la propiedad de la *res mancipi* incluyendo a los esclavos y la *traditio ex iusta causa*, que hacía reconocible el tráfico jurídico por la mera transmisión utilizada para objetos de menos valor. El derecho visigótico, en cuanto a la adquisición de la propiedad, en el libro X del *Liber Iudiciorum* mencionaba que toda propiedad – mueble o inmueble – también podía adquirirse tras una ocupación bélica.

Cierto que se data de un documento de 1123 la primera aparición de la palabra "redemptiones" que se aplicaba a mansos y hombres, pero eso no implica que, en ese entonces, ya se conjugase la redención personal con los malos usos. El estar sujeto a los malos hechos en el siglo XIII no denotaba adscripción a la tierra, pues los siervos eran denominados *homines proprii et solidi*, así como también *affocati*, señalando la única obligación de residir en el predio el tiempo que tuviese validez el contrato.

"Affocati" y su catalanización "afocado", no implicaban siempre que el campesino fuese un siervo de la gleba, aunque finalmente, acabaría incorporándose como sinónimo de algo negativo y peyorativo para el campesino.

A partir de mediados del siglo XIII – generalmente aceptada en sus años 40 – es cuando se generalizan las declaraciones contractuales en las que aparece la obligación de hacer residencia en un predio y los denominativos de remensa, y no es hasta finales de aquel mismo siglo, cuando en 1278, Pere Peregrí, habitante de Vilanova de la Ribera, en el Rosellón, se declara a sí mismo y a sus sucesores como *"home et*

---

[12] *In iure cessio: modo de transmitir la propiedad.* (n.d.). Derecho Romano.
https://www.derechoromano.es/2012/07/in-iure-cessio.html

homines proprii et solidi et abordati… domus milicie Templi… racione dicte borde". Era la pertenencia y residencia a los predios, según Hinojosa, los que obligaban a los payeses a realizar los servicios de *femada, jova, tirada, segada, batuda* y *tragina*.[13]

A su vez, se establecía en la legislación que un hombre, nacido libre, podía renunciar a su libertad y declararse adscrito a un predio por convenio escrito, legislando las Cortes e 1291 y 1299, que no podía hacerse hombre propio de otro señor sin licencia de permiso, ratificando lo dispuesto en las Cortes de Monzón de 1289, bajo el reinado de Alfonso III.

Los "usatges" fueron los de Barcelona, Girona, Lleida, Tortosa, los Fueros de Valencia, las Franquesas de Mallorca y una legislación para los ducados de Atenas y Neopatria, que fueron el Capítulo de Atenas. El primer código jurídico-constitucional de la historia está tradicionalmente considerado que fue la recopilación que Ramón Berenguer IV realizó a principios del siglo XII.

La procedencia tampoco queda clara, pues señala Vicens Vives en su libro, como algunos vinculan su origen a la antigua nobleza goda que pervivió tras los Pirineos, pero conforme fueron ganando terreno los musulmanes perdieron su relevancia, mientras que otros historiades, con más sentido, mencionan que eran la población agraria hispanorromana que se encontraba allí desde tiempos.

Para empezar a desgranar este conflicto ha de quedar claro un concepto jurídico que se destilaba en la Edad Media, muy particularmente en la Corona de Aragón, que es el "título alodial", consistente en la propiedad de la tierra sin deberes feudales que restringe la enajenación, cargando la tierra con los derechos de tenencia del señor de un terrateniente, diferenciándose del derecho feudal en el sentido en que los siervos de los señores de una propiedad prestaban trabajo en está dividiéndose su espacio físico entre la reserva señorial o reserva dominical, y los mansos.

Como recoge Vicens Vives en *"Historia de los Remensas en el siglo XV"*, el título alodial además confería a los propietarios de la tierra que se acogía a ese régimen un estatus casi similar al de un soberano, reservándose para ellos mismos el uso y disfrute. Sin importar el tamaño del territorio de quiénes se acogiesen al alodio, estos eran tratados como príncipes. Su adquisición se hacía, generalmente, por una herencia que se hacía

---

[13] Vicens Vives, J. (1945). *Historia de los Remensas en el siglo XV*. http://ci.nii.ac.jp/ncid/BA43272811

de generación en generación, eximiéndose el propietario del pago de impuestos o de prestaciones señoriales al señor feudal.

Vicens Vives también resalta que la confusión entre derechos alodiales y feudales fue en muchísimas ocasiones, la justificación de una laguna jurídica, para perpetuar abusos señoriales que se veían mantenidos por una Diputación del General de Cataluña, más enfrentada a la Corona de Aragón y con un grandísimo poder nobiliario. Cuando a partir de finales del siglo XIII, la economía de la Corona de Aragón empieza a gravitar en torno a Valencia, el Principado de Cataluña, vuelto a replegar a la agricultura, no volvió a levantar cabeza. Y, por si fuera poco, llega el año 1333, conocido en la literatura de la época como *"lo mal any primer"*. Aunque, ya en las primeras décadas de siglo, destacando los cuatrienios 1310-1314 y 1324-1329, la agricultura de la parte oriental de la Corona de Aragón estaba resentida por las malas cosecha de grano, en este "primer año malo", se le sumó además la hambruna y la carestía, consecuencia de años de malas cosechas.

En una época donde la economía se basaba enteramente en el sector primario, y no existía una debida tecnificación, abundaban las crisis de subsistencia, que habrían de alargarse en el tiempo, debido a la falta de inversión. Si a eso se le añadían pandemias como la de la Peste Negra en 1348, teníamos situaciones especialmente críticas.[14]

Es de destacar que los patricios urbanos de Barcelona retiraron sus inversiones en la ciudad para invertirlas en las comarcas agrícolas del Pla de Llobregat y el Maresme.[15] Se recuerda a los años 1333 y 1334, como los peores en escasez, y la mortandad alcanzó a la ciudad. En Barcelona, aproximadamente 10.000 de sus 50.000 habitantes murieron. Generaciones enteras fueron diezmadas, haciéndose notar estos efectos nocivos, muy especialmente entre la infancia. Vicens Vives narra en su libro sobre los remensas, como los años 1348 y 1351, hubo una manifestación crudelísima con la mortalidad de los *infants* (1348) y los *mitjans* (1351).

Toda esta dramática situación, redundó también en las ciudades, en tanto que el trigo constituía el elemento básico de subsistencia de las grandes ciudades medievales, existiendo numerosos privilegios por parte de las ciudades a la hora de importar trigo

---

[14] Pizcueta, T. L. (1995). *El "mal any primer": alimentación de los pobres asistidos en la Pia Almoina de Barcelona: 1333-1334*. Dialnet. https://dialnet.unirioja.es/servlet/articulo?codigo=2307227

[15] Vicens Vives, J.; Nadal Oller, J. (1967). Manual de Historia Económica de España. En *Editorial Vicens-Vives eBooks*. http://ci.nii.ac.jp/ncid/BA38028505

o de apoderarse de él que circulase por mar o por tierra en ocasiones apuradas. Este último beneficio, tuvo en Barcelona el nombre de *"vi vel gratia"* (por la fuerza o de buen grado). El principal suministro de trigo de la Corona de Aragón se encontraba en el territorio de Sicilia.

Vicens Vives señala en el *"Manual de Historia Económica de España"*, que el patriciado urbano catalán invirtió para la bonificación del campo a finales del siglo XIV, dividiéndose en tres etapas diferenciadas; la primera con la adquisición de torres de placer a imagen y semejanza de las villas provenzales e italianas, la segunda - consecuencia de la primera – que fue la adquisición de tierras y la tercera que fue la búsqueda de beneficios en las rentas del campo. Tuvieron consecuencias técnicas pues se buscaba la mayor optimización y aprovechamiento de los recursos, agrícolas por el aumento de la superficie cultivada y de orden social, ya que la burguesía se transformó en propietaria de tierras libres y serviles.

Y si bien, Valencia se recuperó inmediatamente, para en el siglo XV, volver a ser una de las ciudades con más solera del Mediterráneo y enfrascarse en medio de un Siglo de Oro de sus letras y artes[16] que la llevó a tener la primera imprenta de España, en Mallorca hasta el siglo XVI no se hizo notar esa recuperación. Pero, Cataluña, que se vio inmersa en la Guerra Civil Catalana de 1462 a 1472 – que comenzó con el levantamiento remensa, y que acabó supeditando lo social a lo político – y en la segunda guerra remensa de 1484 a 1485, así como en el declive continuado de su economía y de sus costumbres, no remontó hasta finales del siglo XVII.[17]

En Girona y Tarragona, fallecieron dos terceras partes de los habitantes. Vicens Vives nos menciona que los cronicones de Girona y el Anónimo de Ullá, la Crónica del Racional de Barcelona, así como otros documentos hacían hincapié en lo malo que fue el siglo XIV para el campo catalán, pues las pestes, las plagas, las carestías y otras calamidades se abatieron sobre mansos, caseríos y villorrios.

Como ya he mencionado con anterioridad, es en el siglo XIV, cuando el *ius maletractandi* vuelve a ser utilizado, en esta ocasión, ante el descenso de las rentas feudales tanto por la mala situación económica, como por la despoblación.

---

[16] Durán, C. (2014). *El siglo de oro valenciano [Texto impreso]*. Biblioteca Virtual Miguel De Cervantes. https://www.cervantesvirtual.com/obra/el-siglo-de-oro-valenciano-texto-impreso/
[17] Vicens Vives, J. (1945). *Historia de los Remensas en el siglo XV*. http://ci.nii.ac.jp/ncid/BA43272811

La generación nacida y crecida en la década de 1380, es decir, los nietos de aquellos que padecieron las malas cosechas de "lo primer mal any" y los hijos de aquellos que sufrieron el *"ius maletractandi"* en su máxima expresión, fue la primera que tomó conciencia, en tanto que nacieron considerados como "mansos pobres".

Resalta Vicens Vives que ya en 1388, la Corte Real se interesó por la suerte de los payeses, en tanto que presentaba dos características específicas como lo fueron la generalidad y la gravedad. Tanta era la pobreza de los *payeses* y el sentimiento de rabia acumulado, que, en 1391, violentaron a la población judía en Cataluña, asaltándose las juderías de Lleida, Girona y Barcelona, además de las de Mallorca y Valencia.

Ya en tiempos de Juan I de Aragón, el conocido por sus súbditos como el *Amador de Toda Gentileza*, existe constancia de partidas de remensas conformadas que habían rendido cuentas ante él, a fin de obtener determinados beneficios. El apelativo de *Amador de Toda Gentileza* no es en vano, pues si bien fue el precursor a su hermano Martín el Humano en la promoción de culturas, artes y letras en territorio aragonés, como lo atestigua la institución de los Juegos Florales de Barcelona en 1393, para las dotes gubernamentales era un auténtico negado, delegando en su consorte, Violante de Bar.

A su muerte en 1395, le sustituiría su hermano, quién, por su mujer, María de Luna tomaría más conciencia del problema remensa. La realeza emitió su opinión diciendo que la condición en la que vivían los *payeses* era *"contra naturalem iusticiam t hominum libertarem"* como aparece consignado en una carta del 21 de mayo de 1402 que la reina envió a Benedicto XIII.[ii]

Benedicto XIII, nacido en Illueca en 1328, era el nombre religioso de Pedro Martínez de Luna y Pérez de Gotor, siendo Papa en la obediencia de Aviñón, votó según la Enciclopedia Católica a Bartolomeo Prignano como Papa en el Cónclave de Roma de 1378. La disputa entre Aviñón y Roma se encuentra desde que el gascón Bertrand de Goth – Papa Clemente V – decidiera cambiar la sede en 1309, ante el clima revoltisco que se vivía en Roma. Desde que Benedicto XI (1303 a 1304) hubiese sido Papa, no hubo ninguno italiano, y tras ese Cónclave de 1378, el pueblo romano quería un Papa romano o al menos italiano. Benedicto XIII, fue antipapa de Urbano VI, de Bonifacio IX, de Inocencio VII y de Gregorio XII, y adujo que, al haber sido de los Papas, el único elegido como cardenal antes del Cisma de Occidente, era el único legítimo. A él le interesaba una unión de los reinos católicos de España, para que apoyasen más decididamente su causa. Así pues, el primer Trastámara de Aragón, Alfonso V, fue su protector, pero no así su auspiciador. Tras el Concilio de Constanza de 1415, que también condenó a Juan Huss, él fue condenado como hereje y antipapa. Hoy día, sigue en pie esa condena. Y por persistir en su actitud, salió el dicho de "permanecer en sus trece" a todo aquel que, con terquedad o con buenas intenciones, defiende su posición.

Entonces, todo estalló en el ámbito político. Martín I de Aragón "el Humano" murió el 31 de mayo de 1410, sin haber nombrado a un sucesor, que habían de haber aprobado las Cortes, pues ellos además negaron al sucesor propuesto por el rey, su nieto ilegítimo Fadrique de Luna, que había sido concebido por su malogrado hijo Martín con una noble siciliana, Tarsia Rizzari. Los disturbios de Zaragoza que se produjeron pocos días antes del fallecimiento de Martín I de Aragón, contra Jaume II de Urgell, *"El Distortat"*, quién había sido nombrado Lugarteniente de Aragón en 1408 y Gobernador General de 1409, ante la oposición del arzobispo de Zaragoza, García Fernández de Heredia, y la Diputación de la Generalidad Aragonesa, por encontrarlo contrario a los Fueros de Aragón y creer que, tácitamente, estaba accediendo al trono, fueron la nota de un interregno de dos años que fue bastante movido, y que hasta el Compromiso de Caspe de 1412 tuvo hasta seis pretendientes: Fadrique de Luna, Jaume II de Urgel, Alfonso de Aragón el Viejo (fallecido antes del Compromiso), Luis de Anjou, Juan de Prades (hermano de Alfonso, y que lo sustituyó tras su fallecimiento) y Fernando de Trastámara (que, a la postre, sería Fernando I de Aragón, y que además era sobrino del último rey de la Casa de Aragón, por ser hijo de Leonor de Aragón, hermana de Martín, y que era el primero en la línea sucesoria).

El Parlamento de Calatayud en mayo de 1411 acabó en carnicería con el asesinato del arzobispo de Zaragoza, García Fernández de Heredia, el día 1 de junio, por parte del noble, Antón de Luna, partidario del Conde de Urgel, añadiendo más violencia a una inestable situación política. El 15 de febrero de 1412, se firmaría la Concordia de Alcañiz, que estableció que fueran nueve comisarios representantes de la Corona de Aragón, los que, en un plazo de dos a tres meses, debían elegir un rey entre los distintos candidatos en Caspe.

Los compromisarios fueron los siguientes, a saber; por Aragón, Domingo Ram (obispo de Huesca), Francisco de Aranda (enviado de Benedicto XIII) y Berenguer de Bardají (jurista de las Cortes de Aragón); por Cataluña, Pedro de Sagarriaga (arzobispo de Tarragona), Bernardo de Gualbes (síndico y conseller de Barcelona) y Guillem de Vallseca (letrado general de las Cortes Catalanas); y por Valencia, Bonifacio Ferrer (prior de la Cartuja de Portaceli), San Vicente Ferrer (dominico valenciano) y Gener Rabada (que fue sustituido por Pedro Beltrán)

Las deliberaciones que tuvieron lugar entre marzo y abril de 1412, mostraron que los compromisarios catalanes aprobaron la subida al trono de Fernando de Antequera, incluso aunque algunos considerasen que el Conde de Urgel estaba por delante para sucederle en el trono. Jerónimo de Zurita dice en sus *Anales de la Corona de Aragón* que, en una votación, seis compromisarios, que fueron los tres aragoneses, dos valencianos (hermanos Ferrer) y el catalán Bernardo de Gualbes apoyaron a Fernando. Fernando de Trastámara fue, oficialmente, proclamado rey el 28 de junio de 1412, como Fernando I de Aragón, jurando ante las Cortes en Zaragoza el día 5 de agosto de 1412.[18]

Posteriormente, la revuelta del Conde de Urgell ganó numerosos adictos como los Vilaragut, siendo especialmente virulenta en Valencia, y muy especialmente en la zona de Buñol, fronterizo con mi tierra y de gran mayoría urgelista, que, en julio de 1413, fue escenario de una batalla que no ocurrió con más incidentes que los propios bélicos. La toma del Castillo de Buñol hizo que los urgelistas se rindieran en Valencia.

Pero ya estaba empezando a perfilarse lo que habría de venir, un conflicto político que utilizase la excusa del conflicto social para salir adelante. En Cataluña, a la nobleza no sentó muy bien que un rey castellano, considerado poco menos que un invasor, ocupase el trono de la Corona de Aragón, y más siendo una zona que había perdido el esplendor del que gozó en otros tiempos, por una mala situación en sus cosechas, en detrimento de Valencia, y donde la nobleza siempre había tenido un grandísimo poder que lo había enfrentado al poder radicado en Zaragoza, habida cuenta que controlaban la Diputación del General.[19]

---

[18] De Historia De La Biblioteca Virtual Miguel De Cervantes, S. (n.d.). *Historia - La Monarquía Hispánica - Los reinos cristianos - Corona de Aragón.*
https://www.cervantesvirtual.com/bib/historia/monarquia/fernando_i.shtml
[19] Vicens Vives, J. (1945). *Historia de los Remensas en el siglo XV.* http://ci.nii.ac.jp/ncid/BA43272811

Vicens Vives relata en el *"Manual de Historia Económica de España"*, que en 1425, ante el declive económico de Cataluña, Barcelona acordó la aplicación de medidas proteccionistas que favoreciesen a los pequeños comerciantes, agricultores y mercaderes, quiénes pugnaron por la depreciación monetaria, la proscripción de la importación de productos, la mejora de la producción textil e impuestos a los extranjeros; mientras que los *ciutadans honrats* que no dejaban de ser como los anteriormente mencionados sólo que con castillos, propiedades y campesinos a su cargo, reclamaban que todo siguiese como hasta entonces.

Encallándose la situación, en la década de los años 50 del siglo XV, se forman dos bandos diferenciados: la 'biga' (viga de madera) que englobaba a los *ciutadans honrats* y contaba con la aprobación de la Diputación del General, enemistada longo tiempo con la monarquía, y la 'busca' (la astilla) que englobaba al común de la gente dedicada a la economía productiva.

Mientras la 'biga' quería gobernar conforme a los usos y costumbres, la 'busca' había de buscar la intervención del rey, en ese entonces, Alfonso V "El Magnánimo", para poder acceder a los cargos municipales. Los 'buscaires' organizan el *Sindicat dels Tres Estaments* a fin de organizarse.

Entre medias, en Mallorca, se produce la revuelta forana entre 1450 y 1453, llamada así por haberse producido en la tradicional *part forana* que son, actualmente, las comarcas que no comprenden la capital que es Palma de Mallorca. Las comarcas son el Pla de Mallorca, la Serra de Tramuntana, Raiguer, Migjorn y el Llevant[20].

De un carácter más rural, pero con el apoyo de los menestrales de la ciudad, los foranos se levantaron contra los caballeros de la ciudad y los mercaderes, como consecuencia del desequilibrio en las obligaciones fiscales contraídas entre la capital y la parte foral, después de que el régimen consignado en 1315 hubiese quedado obsoleto. Fue la primera manifestación agrícola que tuvo en cuenta el éxodo rural.[21]

Aquí, Alfonso V, no tuvo reparos en ponerse del lado de los señores, pues envió a unos mercenarios italianos, conocidos como *saccomani*, que derrotaron a los revoltiscos en

---

[20] *cronoleg*. (n.d.). https://www.ixent.org/cronoleg.htm

[21] *revolta dels Forans | enciclopedia.cat*. (n.d.). https://www.enciclopedia.cat/gran-enciclopedia-catalana/revolta-dels-forans

agosto de 1452 en la Batalla de Rafal Garcés, destacando entre sus líderes, Simó Ballester, el *Tort*.

Volviendo a Cataluña, mientras en 1448, Alfonso V el Magnánimo, autoriza las reuniones de los remensas, mientras se hiciesen en un número inferior a cincuenta y bajo la presidencia de un oficial real, todo ello bajo la condición de recaudar 100.000 florines entregados al monarca a cambio de una sentencia que aboliese los malos usos, compensando económicamente a los señores. Un año más tarde, se documenta que hay alrededor de 20.000 miembros en el sindicato remensa, y poco después, en enero de 1450, presentaron demanda judicial a la audiencia real. El rey, aún a pesar de la oposición de los señores que controlaban Cortes y Diputación del General, decretó una sentencia interlocutoria con fecha de 5 de octubre de 1455, donde se suspendía la prestación de los malos usos y servidumbres, revalidándose el 9 de noviembre de 1457, así como también, la validez de la provisión real de 1449.[22]

Esta política de apaciguamiento con los campesinos del sindicato remensa fue seguida por Juan II tras subir al trono en 1458.

Continúa resaltando Vicens Vives que desde ese entonces, muchos campesinos dejaron de pagar tanto los malos usos como también los censos y las tascas. La concordia propuesta por la Diputación a fin de que los remensas se desligasen del bando realista no funcionó.

Por aquel entonces, entre 1460 y 1461, el rey Juan II encarceló a su hijo Carlos de Viana, como consecuencia de la Guerra Civil de Navarra, en la que estaban enfrentados, negándose además a reconocerlo como su sucesor al trono de la Corona de Aragón. Esta decisión provocó una rebelión de las instituciones del Principado de Cataluña, logrando imponer sus condiciones en la Capitulación de Vilafranca. Jaume Vicens Vives lo consideró como *"desde un punto de vista social, un triunfo de la nobleza y d la oligarquía burguesa, de los propietarios del campo y de los hacendados de la ciudad. Ni los campesinos ni los artesanos vieron reflejadas sus aspiraciones"*, asegurando Agustín Rubio Vela que esto produjo una situación de agravio comparado en Aragón y Valencia, que se vieron perjudicados respecto a Cataluña con este acuerdo.

---

[22] Vicens Vives, J. (1945). *Historia de los Remensas en el siglo XV*. http://ci.nii.ac.jp/ncid/BA43272811

Tras esto, el 24 de junio de 1461, tuvo lugar la proclamación de Don Carlos de Viana como Lugarteniente General de Cataluña – esto es, sucesor efectivo a la Corona Aragón – en la Catedral de Barcelona, reconociéndose además su primogenitura el 31 de julio. No obstante, el 23 de septiembre de 1461, moría el Príncipe de Viana, a la edad de 40 años. Muchas razones se aluden a que Juan no reconociese su primogenitura. Quizá fuera que quería darle a su hijo Fernando, el primogénito de su segunda mujer, Juana Enríquez, todos los derechos dinásticos, por estar altamente influido por ella[23].

Huelga decir que no todos los remensas fueron realistas, dividiéndose en dos facciones bien diferenciadas: la *pars minima* que abogaba por una alianza coyuntural con la monarquía y la *major vero* que únicamente quería defender lo suyo sin vincularse con ninguna institución, pero de claras adscripciones tanto a Cataluña como a Barcelona.

El heroico Francesc de Verntallat tenía un lema que era el siguiente "Monarquía, paz, justicia y concordia", con lo que quedaba clara la vinculación del movimiento con la monarquía, a la que consideraban la principal dadora de justicia y árbitro en este conflicto. Relata Vicens Vives que sus seguidores, conocidos como los *verntallats*, dominaron en La Montaña y en el Occidente de la Selva, que se destacaron por ser comarcas ásperas y quebradas, de difícil acceso, así como de difícil defensa. Según informes de la diputación del General, eran el grupo mayoritario en la zona nordeste de Cataluña, teniendo 1.830 hogares (10.000 habitantes), ocupando un bloque desde los Pirineos a las faldas del Nordeste del Montseny, desde el curso del Alto Ter al Ampurdán y la depresión central de Selva, apoyándose en una línea fuerte en Besalú, Banyoles, Santa Coloma de Farnés y Hostalrich. Su núcleo fuerte se localizó en el territorio montañoso entre el arco del alto Fluviá, los valles de Hostols y Llémana, así como la comarca de Banyoles.

Con el conflicto remensa a las puertas de iniciar sus asonadas, la lugarteniente Juana Enríquez, convoca una provisión general en la que obliga tanto a los payeses a cumplir sus obligaciones con respecto a los señores, como a estos a la abolición de censos, tascas y demás malos usos.

---

[23] *Carlos.* (n.d.). Real Academia De La Historia. https://dbe.rah.es/biografias/14405/carlos

Aquel 16 de febrero de 1462, la Diputación del General acordó con 42 votos a favor, 9 en contra y 1 abstención aceptar una proposición del abad de Poblet, para cuatro días más tarde convenir en enviar una embajada para pacificar la situación remensa. No lográndose esos objetivos, el 5 de marzo, acordaron levantar inmediatamente un ejército.

A principios de aquel mes de marzo, los remensas se concentraron en La Montaña, constituyendo bandas armadas de hasta 500 individuos, lo que denota una mínima organización, delimitando sus objetivos en resistir a toda exacción de derechos incluso si vienen decretados por la monarquía, el atemorizar a los señores más recalcitrantes y la protección de los campesinos, así como las intenciones de apropiarse de algunos castillos, destacando la acción en la que obligaron al veguer de Girona a que les entregase un síndico remensa encarcelado, así como el ataque a Castellfullit de la Roca y Santa Pau, presentándose ante Besalú a fin de garantizar la libertad de algunos síndicos.

Como aseguró Vicens Vives, la política de doña Juana Enríquez no fue tanto de apaciguamiento, sino más bien de equidistancia, algo que no agradó a los remensas, pero aún menos a la Diputación del General, quién vio en este conflicto, la oportunidad de romper todo lazo con la Corona, destacando los incidentes de Barcelona y la llamada de mandar un ejército comandado por el Conde de Pallars para que marche hacia el Ampurdán, no con la intención de combatir a los remensas, sino de apresar a doña Juana y al infante Don Fernando.

El conflicto se recrudece a partir del 11 de mayo de 1462, cuando los remensas de La Montaña y las cercanías de Girona combaten abiertamente del lado de doña Juana. Entonces, Verntallat, marcha hacia Santa Coloma y Hostalrich con trescientos de sus hombres para bloquear el paso de la Selva a las tropas de la Generalitat, quiénes habían salido dos días antes; así pues, otro grupo, dirigido por Jaume Molas de Celrá, se reúne en Girona para defender la ciudadela.

En ese mismo 1462, y tras afianzarse la alianza entre realeza y los remensas, así como la ruptura de la Diputación del General con la Corona, se elaboró un Proyecto de Concordia, que se entrelaza con la política real de los sindicatos y con los requerimientos que en 1450 habían hecho los síndicos de payeses a la regente Doña

María de Castilla. Este proyecto de concordia no fue aceptado por los remensas, pero serviría como preludio para la Sentencia de Guadalupe firmada dos décadas más tarde. Describe Vicens Vives, que los seguidores de Francesc de Verntallat fueron decisivos en las grandes acciones de la Primera Guerra Remensa, destacando los mismos jurados de Girona que eran más confiables las tropas de Verntallat que el propio monarca.

Verntallat reclamaba que la realeza fuera la única que impartiese "justicia", y precisamente, por eso, la monarquía quiso afianzarse y ganar a toda costa el conflicto. Al ganarse la Primera Guerra Remensa, se instauró la "monarquía autoritaria" por parte de Juan II, quién no dudó en dar prebendas a todos aquellos que le apoyaron, favoreciendo muy especialmente a los más destacados caudillos remensas, como los privilegios de 1463 y 1474, donde se le dio a Verntallat la posesión de los bienes de los señores rebeldes del vizcondado de Bas y el vizcondado de Hostoles, así como la entrega de varias casas de la calle de Regomir de Barcelona en 1488 al citado cabecilla.[iii]

El problema remensa, no obstante, seguía encallado y sin tener grandes respuestas, pues tras la capitulación de Olot en 1471, que fue más una entrega simbólica del rey Juan II a Francesc de Verntallat, el rey hubo de rectificar un capítulo por el que el caudillo remensa otorgaba la liberación completa de malos usos a los payeses de aquella villa. Cuatro años más tarde, tras un pregón de Verntallat, incitando a los remensas a no pagar ningún género de prestaciones, el monarca hubo de expedir otra provisión, especificando sin atisbo de duda, que los payeses debían hacer frente a todas sus obligaciones aceptando los malos usos. La incertidumbre legal fue una constante en el período de 1472 a 1482, que es cuando se produce el segundo levantamiento remensa.

El conflicto alcanzaría una nueva dimensión, reinando Fernando II de Aragón, quién convocó Cortes con los estamentos del principado en las Cortes de 1480 y 1481, confiando al oficial real Jaume Ferrer una comisión cuya orientación se encaminaba hacia la reanudación de la política de congregaciones y sindicatos que precedió a las reivindicaciones remensas, así como la autorización a la elección de representantes campesinos por los obispados de Barcelona, Girona y Vich. La actividad de Ferrer se relaciona con la disposición que el Rey Fernando firmó el 5 de febrero de 1481, que confirmó varias inmunidades a numerosos pueblos de la veguería de Girona situados entre el Fluviá y el Ter. Estas medidas provocaron los levantamientos en la oposición señorial que todavía seguía teniendo poderes dentro del marco de la monarquía autoritaria.

El 2 de enero de 1481, el obispo Margarit y el gobernador Requesens compelieron al rey que ordenase a los oficiales reales que no permitiesen reuniones de los remensas y que estos pagasen por los censos y derechos que debían, haciendo caso omiso el brazo militar, que tampoco contestó a los requerimientos del rey. Finalmente, el monarca, forzado por la coyuntura, hubo de sacrificar a los remensas a fin de poder arreglar otros intereses políticos y económicos que tenían más importancia en aquel momento, como la financiación de la defensa de Italia contra los turcos. Dos meses más tarde, en marzo, se llegó a una concordia entre el rey y los estamentos de las Cortes, que cristalizó cuando el día 10 se firmó un edicto que revocaba las inmunidades que se concedieron a los pueblos entre el Ter y el Fluviá el 5 de febrero anterior.

Las Cortes de Cataluña impusieron al monarca una solución al pleito agrario lo más favorable posible a los señores, lo que decantó el proceder de Fernando el Católico como ligeramente menos favorable a los remensas que sus predecesores, desembocando en una constitución en 1481, la *Com per lo Senyor*, que no era un reflejo de más de cuatro décadas de lucha social y política, ni de un siglo de reivindicaciones remensas, con ambigüedades jurídicas que habrían de sembrar la discordia para un futuro.

En marzo de 1482, fue hallado muerto en el término de Sobrerroca, Joan Desvern, ciudadano de Girona, procurador, que se encontraba en el valle de Amer, reclamando censos y prestaciones atrasadas. Las investigaciones apuntaron a partidas remensas que todavía quedaban por allí.

A fin de evitar cualquier alzamiento remensa, el infante Don Enrique publicó una pragmática, el 16 de octubre de 1482, que prohibía a los payeses y obreros mecánicos la posesión directa o indirecta de caballos y rocines.

Se mandó al Barón de Cruilles a que apaciguase el movimiento, reconociendo él que de aquella concordia nada bueno podía salir. La salvaguardia del 24 de agosto de 1483, fue expedida por el Rey Fernando desde Córdoba y autorizaba a los remensas a congregarse con el fin de tratar de la emancipación de los malos usos, nombramiento de síndicos y procuradores a tal objeto, imposición de cuotas o *talls* entre payeses, así como la designación de receptores y administradores de los fondos recogidos, que habrían de aplicarse tanto al pago de 60.000 florines adeudados por los remensas a la corte, de los 100.000 prometidos a Alfonso el Magnánimo y también a la subvención de necesidades financieras derivadas del mismo proceso de emancipación, no obstante, también era un texto que aseguraba la evolución pacífica de la cuestión remensa, adoptando el rey medidas de precaución pertinentes como la prohibición de reuniones de más de trescientos hombres, la presencia obligada en las mismas de un oficial designado *ex profeso* y la limitación de los asuntos objetos de deliberación a los *"de servitutibus illis vulgariter dictibus mals usos et decendentibus ab eis"*. Los nobles se opusieron enérgicamente a esta salvaguardia apelando a la Constitución de 1481 y proclamando ordenes de cabrevación contra los campesinos.

La cabrevación, era un derecho correspondiente al dueño del dominio directo de una finca cedida a censo enfitéutico, como reconocimiento de señorío. No era exclusivo de la Corona de Aragón y de sus posesiones (hasta en Nápoles se aplicaba), sino que en Castilla, durante la época de Alfonso VI también se aplicaba.[24] El cabreo en Castilla y el capbreu en Cataluña, era el padrón o libro donde se anotaban las ganancias de cada vecino con fines fiscales. Esas cargas que los campesinos habían de pagar por cuitas atrasadas, lógicamente, generaba una sensación de enfado en aquellos, lo que hizo que "cabreo" se incorporase al acervo cultural como sinónimo de "enfado".

Esta situación de agravio vio nacer la figura del revolucionario radical Pere Joan Sala, natural de Granollers de Rocacorba y que había sido lugarteniente de Verntallat durante la Primera Guerra Remensa, recompensado por Juan II con algunas prebendas en la comarca de Finestres.

Jaume Vicens Vives menciona en *Historia de los Remensas* en su quinto capítulo – que trata sobre la Guerra de Pere Joan Sala – la actitud morigerada – es decir, de buenas costumbres – que tuvo el "magnífico" Francesc de Verntallat contrapuesta a la de Sala, quién aprovechó la coyuntura del asesinato del procurador Desvern en 1481 para azuzar el levantamiento remensa, teniendo un alzamiento que los dejaba a él y a sus bandas, fuera de la ley.

---

[24] Rae, R. a. E.-. (n.d.). cabrevación. *Diccionario Panhispánico Del Español Jurídico - Real Academia Española*. https://dpej.rae.es/lema/cabrevaci%C3%B3n

Sus movimientos no contaron con el patrocinio del Rey Fernando – que jamás se desentendió del problema remensa –, y, por supuesto, tuvo la animadversión, tanto del abad Samsó como del gobernador general catalán Requesens, quiénes fueron sus más enconados enemigos cuando este cercó Girona, donde fracaso estrepitosamente, al igual que en Torroella; tres años más tarde, en diciembre de 1484, el sobrino de Pere Joan Sala, Bartolomé Salá, de Montornés del Vallés, sublevó la región de Vich, después el Congost y el Alto Vallés, aunque su golpe de mano a las comarcas de Montmeló y Montornés fue detenido, retrocediendo hasta Llinás. La consideración de los remensas en Girona no era más que la de meros perturbadores, pero merodeando en las inmediaciones de Barcelona, eran un gran peligro para la burguesía.

La propagación de la revuelta al Vallés y la revocación de los salvoconductos concedidos por el monarca, marcaron la evolución del alzamiento remensa, fallando todos los intentos de concordia que el abad Samsó intentaba establecer, lo que degeneró en una dicotomía de "represión contra rebelión" que marcó los momentos más candentes del levantamiento remensa, previos al proyecto de Concordia de 1485, donde nueve síndicos remensas previamente elegidos, parecieron ser favorables a la política de conciliación que propugnaba el monarca, pues este renunciaba a la cantidad de 100.000 florines que Alfonso V les adeudó, si ellos pagaban 100 sueldos por casa – proporcional a sus ganancias – a sus señores.

Huelga decir que meses antes, aún en 1484, en las puertas de la Catedral de Girona aparecieron escritos amenazantes que exigían pago de censos y prestaciones a los señores, así como la distribución tanto por Girona como por el Ampurdán de *albarans de desafiament*.

Las acciones extralegales de las partidas de Sala no sólo no contaron con la desaprobación del caudillo Verntallat, sino que provocó un fraccionamiento en el bando remensa, que, aunque no fuese determinante en el resultado final, si lo fuese para la situación personal de Pere Joan.

La entrevista de Llisá, en la primera semana de febrero de 1485, fue el momento en que comenzó la crisis, debido a la supuesta contraorden del rey Fernando y la toma de Granollers por las bandas de Pere Joan Sala. Las cartas, mandadas con ánimo pacífico, no fueron comprendidas correctamente, debido a la belicosa situación. A raíz de esa incomprensión, Pere Joan Sala, que ya preparaba desde varios días el asalto a la villa de Granollers, radicalizó su actuación, al ver cómo además las huestes de Barcelona no iban a intervenir contra los remensas, reforzó su seguridad y convencimiento de atacar Granollers, cosa que finalmente realizó el 2 de febrero, además de saquearla y amedrentar a sus vecinos con que costeasen la guerra, lo que generó que Barcelona, que tenía el derecho de auxiliar a sus *"carrers"*, convocase al Consejo de Ciento, a fin de apaciguar la rebelión interna.

La postura del Rey Católico fue respetar las atribuciones que tenían las autoridades catalanas, y tras los Sucesos de Barcelona, el Consell de Cent le comunicó al rey que era excesivamente clemente con aquella gente "tan mala y criminal", estableciendo tratos con los remensas, quiénes se ensoberbecieron hasta el punto de hacerles cometer tales atentados. A la afirmación que Sala hacía de que sus acciones estaban respaldadas por el monarca, los consellers aseguraban que al rey no sólo le desagradaban tales cosas, si no que, además, quería castigarlas. En las últimas semanas de enero, el rey procuró hacerse cargo del agravamiento del problema remensa, enviando una carta a la ciudad de Barcelona, donde el soberano dedicaba mucho espacio a defender la necesidad del compromiso.

Carta que fue copiada, capciosamente, por los conselleres catalanes intentando mostrar que los payeses no deseaban la concordia y que tampoco la deseaban los señores, disponiéndose a seguir todas las ordenes que el rey enviase.

La derrota final de Sala vino después de que la banda que dirigía junto a su sobrino triunfase en una expedición de hostigamiento en Sabadell y Tarrasa, bajando el Llobregat hasta Esparraguera y Martorell. Los subordinados de Sala, al mando de sus partidas, decidieron atacar el castillo de un ciudadano de Barcelona, Jofre de Sentmanat, por su localización entre Caldas, Granollers, Sabadell y Tarrasa, una provocación que inflamó las intenciones de las autoridades catalanas, que se incardinaron dentro del ejército real. Sala, una personalidad conocida en Cataluña y que suscitaba o bien respeto o bien aversión, pero nada en la escala de grises, cometió un error fatal, tras saquear Mataró el 23 de marzo, pues las huestes reales mandadas por el condestable Don Juan de Prades, estuvieron siguiendo sus pasos.

Finalmente, y tras la batalla que se saldó con doscientos muertos y otros tantos prisioneros, contándose en ellos Pere Joan Sala, este último fue ejecutado el 28 de marzo de aquel año.

Se abría ahora un nuevo capítulo que habría de llevar a la pacífica conciliación, la de la Sentencia de Guadalupe. Tras constatarse el fracaso de la política de la fuerza tras la ejecución de Pere Joan Sala, los remensas fueron segregándose y desorganizándose, mientras las fuerzas oficialistas consideraban que quizá no había que cebarse con los vencidos.

El "humillado" Requesens de Soler fue el inductor de lo que luego serían las pacificaciones, siguiendo la política pacificadora del Rey Católico, que, como bien explica Vicens Vives, por otra parte era la tradicional de la monarquía.

El Rey Fernando, sacó su genio político, en palabras de Vicens Vives, para saber que tras la ejecución de un líder radical podía vislumbrarse el futuro de una concordia que pusiese fin, de forma pacífica, a un enfrentamiento enconado y prolongado en el tiempo.

Menciona Vicens Vives que la ineficacia de la fuerza para arreglar la situación del agro catalán ya se había hecho patente, cuando apareció Luis de Margarit, quién fue comisionado a trasladarse a la Montaña para hablar con Verntallat, recibiendo el encargo del proyecto de Concordia de 1485, a fin de intentar mitigar el ánimo vengativo de los señores hacia los síndicos remensas. Que se introdujese definitivamente la palabra *dependiente* al lado de malos usos, que tuvo una mala recepción en nobles y eclesiásticos, quiénes ya habían decidido que firmasen; por el Ampurdán, el abad de San Pedro, el barón de Calonge y mosén Juan Sarriera; por Barcelona y el Vallés, Jofre de Sentmanat; y como representante del estamento eclesiástico catalán, el obispo de Vich. La negociación de Margarit fracasó.

Posteriormente, el 22 de agosto de 1485, comenzó la misión de D. Íñigo López de Mendoza, definido por el rey como "persona común y sin pasión", quién recibió instrucciones para encauzar el compromiso a buen puerto, especialmente en lo tocante a la devolución de los castillos por los remensas, al poder de árbitro concedido al rey respecto de los malos usos y la adjunción de una cláusula que contuviese *incidentes, dependientes y emergentes* que era lo que había provocado las diferencias agrarias en Cataluña. Aunque con renuencia, los líderes remensas acabaron cediendo los castillos de los que se apoderaron en la comarca de La Montaña, lo que supuso un triunfo de la línea negociadora, aunque los nobles de la ciudad de Barcelona mostraron su desconfianza e intentaron zancadillear los intentos de Mendoza, intentando hacer ver al rey que ellos confiaban en el proceder de la Corona.

Finalmente, el 8 de diciembre, don Fernando, en calidad de "rey y señor, arbitre y arbitrador y amigable componedor en virtud del dicho compromis" envió sendas convocatorias dirigidas a eclesiásticos, nobles y payeses en el plazo de un mes, bajo pena de ser declarados contumaces. El día 30 de diciembre, Don Fernando ordenó a su lugarteniente en el principado que actuase contra los payeses que son usados de mal oba y enemigos de toda paz y reposo.

Las negociaciones para alcanzar la definitiva Sentencia de Guadalupe ocurrieron durante los tres meses siguientes, estando bien encaminadas en marzo de 1486. El rey Católico, y así lo recoge la Sentencia, "escrutó, pensó y consideró" personalmente sobre los varios extremos que eran objeto de disputa.

Esta sentencia, a diferencia del proyecto de 1462 (del que únicamente se inspira en su preámbulo y en las pretensiones campesinas, siendo, además, este su precedente), es total, sistemática y definitiva, a fin de apaciguar la problemática del agro catalán, a diferencia del proyecto, con ambigüedades, confusiones y de carácter circunstancial.

Consta de dos partes bien diferenciadas; una, la reglamentación de las relaciones jurídicas y sociales en el Campo de Cataluña, y la otra, a la liquidación del último alzamiento remensa, así como al castigo de los "contumaces", la pacificación del campo de Cataluña y la restauración del principio de la autoridad real que evitará en lo sucesivo nuevas alteraciones.

Mención especial al artículo 15 que hace constar que únicamente afectara a los payeses la Sentencia por razón de masías y casas que tengan de sus señores, y no en lo relativo a los derechos derivados de jurisdicción por señorío de casillo, lugar, términos y parroquias; así como la vinculación de la remensa, los malos usos y la servidumbre al predio, consignándolo la Sentencia a través de la abolición, extinción y aniquilación de estos seis malos usos ("iniquidad evidente") que fueron: remensa personal, intestia, cugucia, exorquia, arcia y firma de espoli forzada (artículo 1), así como la supresión de los abusos consuetudinarios entre los que se encuentra el derecho de maltratar (artículo 6), la de los abusos personales (artículo 9), la de los ahorros económicos como la prohibición de vender trigo, avena, vino y otros productos sin permiso del señor (artículo 9) entre otros, apareciendo en el artículo siguiente, un maremágnum de raros términos difícilmente identificables como *poll de astor, pa de ca, brocadella de cavall, cususura, enterca, alberga, menjar de balles, pernas de carn salada, arages, molto e anell magenc, porc, scanal de porc, ovella ab llet, vi de trescol, vi d'En Besora, sistella de raims, carabassa de vi, feix de palla, cercols de bota, mola de moli, adob de rescloses* y *blat de acapte.* [iv]

Especifica Vicens Vives, que con el fin de compensar a los señores por la supresión de los malos usos, la Sentencia declaraba que los payeses les pagarían por cada predio – también denominado como *capmás* - la cantidad de sesenta sueldos barceloneses, impuesto en forma de censo con un interés del 5 por 100 anual, que tendría que abonarse, hasta que aquel no estuviera redimido (artículo 1), a través de un solo pago y no varios fraccionados (artículo 4), ya fuese individual o colectivo (artículo 5); así pues, los remenses habrían de pagar según de número de malos usos que sufrieran, a razón, pues de 10 sueldos por mal uso, existiendo la posibilidad de beneficiarse de la nueva modalidad de rescate los payeses que tuvieran concertados pactos particulares con sus señores anteriormente a la publicación de la Sentencia.

Los remensas ya eran libres de todo arbitrio señorial, siéndoles reconocido el pleno derecho para vender y comprar, enajenar y permutar, excepto el *cup* mayor del *mas,* así como las tierras que hubieran adquirido con su industria, sin permiso del señor, salvo, para el caso extremo que constara en contrato la cláusula de prohibición.

Este articulado era completado por otros apartados referentes a la extensión de la Sentencia a las propiedades eclesiásticas, a cuyo objeto, se suplicaría la confirmación pontificia para que no se pudiera reclamar contra ella, así como la facultad de acogerse a sus beneficios los payeses no remensas, la obligatoria homologación de esta en el Principado, la derogación de cualquier ley, costumbre o privilegio que se opusiese a su contenido, así como la reserva a favor del monarca de interpretarla en lo sucesivo.

La segunda parte de la Sentencia tiene un articulado que hace especial referencia a las medidas que se acordaron para la concordia de los estamentos sociales del Principado; disponiéndose la restitución general de los castillos y fortalezas, así como de los bienes "sustraídos" a los señores, que, a su vez, han de poner en libertad a todos los remensas que estuviesen detenidos; sobreseyéndose las causas eclesiásticas pendientes contra cualquier payés, proclamándose una tregua de más de un siglo entre ambos bandos, denegándose perpetuamente audiencia a cualquier reclamación o acusación, civil o criminal, relacionada con las turbaciones pasadas. Se añade una disposición de pago por los payeses a los señores de 6.000 libras, que habrá de efectuarse en dos plazos anuales, en concepto de indemnización de los daños experimentados por los propietarios durante las últimas algaradas, lo que nos lleva a hablar de las penalidades establecidas por don Fernando a los remensas, motivados en el alzamiento campesino con el menosprecio de la justicia real así como la guerra pública con saqueos y asesinatos, así como la usurpación del nombre y la bandera real entre otros.[v]

A los cabecillas remensas que protagonizaron desordenes como asesinatos, robos, encarcelamientos y quema de iglesias, se les apuntó su nombre en una cédula, condenándoles a pena de muerte y descuartizamiento, así como a la confiscación de sus bienes, salvo la facultad regia de conmutar la pena, mientras que a la multitud que les siguió, se les conmutó la pena personal por otra pecuniaria, imponiéndoles una multa de 50.000 libras, pagaderas en plazo de diez años, extensible a todos los payeses, independientemente de si eran remensas o no. Muchos historiadores especulan que, para sufragar la Campaña de Granada, Fernando impuso estas gravosas condiciones, aunque esa cantidad estipulada (50.000 libras) equivalía a los 60.000 florines que los remensas reconocían adeudar al rey en la Salvaguardia de 1483, por lo que quizá, el Rey Católico quiso hacer notar su poder y que él era el único árbitro en las encarnizadas disputas del agro catalán, estando por encima del estamento nobiliario y del campesino.

No obstante, el paso dado a la pacificación no era definitivo, pues habida cuenta de las ingentes reclamaciones campesinas, así como de las actuaciones de Pere Joan Sala, que suscitaron tanto apoyo como repulsa entre el común de la población catalana. La homologación de esta sentencia en el Principado fue una de las cuestiones mollares, así como la represión de las bandosidades – rebeliones - armadas que subsistieron algún tiempo, el pago de las diversas penalidades impuestas por la corona a los remensas y las modificaciones de detalle aconsejadas por la práctica y decretadas por el monarca en virtud de los poderes de interpretación y declaración de reserva al dictar su fallo, y para garantizar el cumplimiento de este, retuvo algunos síndicos de los remensas en la corte mientras a otros les permitió el regreso a Cataluña, encomendándole la misión de la obligación de la imposición a Vivers y Ferrer.

Los remensas reunidos en el Convento de San Francisco de Girona el 3 de julio de 1486 y que representaron las parroquias más significativas como Folgons, La Bisbal, Madremaña, Flassá, Llambilles, Amer, Riudarenes, Viloví, Camprodón, Bescanó, Corsá o San Daniel, aceptaron la Sentencia de Guadalupe, y con la intención de intervenir en la aplicación de esta sentencia, los reunidos decidieron elegir nueve personas por el obispado de Girona con la facultad de imponer *talls* y abonar el pago de las cantidades declaradas por el rey en aquella sentencia. Los Nueve; que fueron Ramón Coll Ferrer, Antonio Nicolau, Pedro Ferrer, Amador Vilar, Pedro Antoni, Reixac, Gines Gat, Bernardo Anglesell y Narciso Perer. [vi]

Vivers y Ferrer regresaron a Barcelona en agosto de 1486, desde donde emitieron el resultado de su gestión al monarca, una gestión satisfactoria por lo que se ha podido documentar; el rey Fernando asintió a las actuaciones de Vivers y Ferrer desde Ponferrada el 3 de septiembre, donde entre otras cosas, les ordenaba que no hicieran todavía el reparto de los *talls*, con el objetivo de lograr que los contribuyentes fuesen en el mayor número posible. El 20 de noviembre de aquel mismo año, una orden conminatoria de Don Enrique autorizaba a los oficiales reales al embargo de bienes, así como a la detención de personas que se resistieran al pago del *tal* de 10 sueldos por hogar, que en la homologación se había aceptado para responder del pago de cantidades prescritas en la Sentencia, en los plazos señalados.

Las reuniones de los Nueve se datan el 8 de noviembre de 1486 en Barcelona para informarse acerca del *tal* de 5 sueldos, así como en menos de un mes, para debatir sobre la ejecución de los bienes que les hacían los señores, que tenían empeño en que los campesinos les prestaran homenaje "de propiedad", contraviniendo lo dispuesto en la Sentencia.

Resalta Vicens Vives que la actitud moderada de los Nueve, tan criticada por el grueso de veteranos de los remensas, fue determinante para que toda asonada quedase como algo del pasado, y con un buen talante y buenas palabras, se dirigieron al Rey Católico para mostrarle que en el Principado de Cataluña no se cumplía, por parte de los señores, de forma íntegra, la Sentencia de Guadalupe.

Aún a pesar de que todo resultaba favorable para la conciliación, la súbita noticia del asesinato del procurador del baile general de Cataluña, Sarriera, hizo enfurecer a un

Rey Fernando que ya había decidido promulgar una provisión que resolviera favorablemente las proclamas de los remensas.

Ante la negativa, el 11 de septiembre de 1487, de los payeses de acceder al donativo de la tierra, como les fue requerido por Vivers y Ferrer, el lugarteniente autorizó a los preceptores a entrar en cualquier señorío, incluso si fuese eclesiástico, pues todos los ratificantes habían renunciado a su fuero, sometiéndose en este asunto al fuero y distrito de la regia corte, poniéndose en vigor el *tall* de 25 sueldos por hogar, que correspondía a la primera paga de los 50.000 libras. En esta cuota ya no se incluyó únicamente a los payeses casados, sino también a los solteros, también conocidos como *macips*.

En Zaragoza, se determinó la política real respecto a la Generalitat, a Barcelona, al establecimiento definitivo de la Inquisición en el obispado de Barcelona, al fomento de la economía pública y privada de Cataluña, a la suma, al perfeccionamiento de la aplicación de la Sentencia arbitral de Guadalupe.

Una declaración de Don Fernando publicada el 9 de enero de 1488 fijaba una fórmula determinada para hacerlo, con la que, por las frecuentes referencias hechas al capítulo séptimo de la Sentencia arbitral, se evitaba toda falsa interpretación del homenaje o su atribución a homenaje de señorío.

Durante los cuatro años siguientes, hasta 1492, fecha en la que finaliza la Reconquista y en la que el payés Joan de Canyamans intenta asesinar al Rey Fernando, la principal preocupación que tuvieron los síndicos fue el pago y ordenación de los *talls*, convocando para el 14 de febrero de 1489 en Barcelona, una reunión para examinar la recaudación del *tall* de 35 sueldos que habían de pagarse al monarca, así como las cuencas de los receptores por si estos se reservaban indebidamente algunas sumas.

En las convocatorias y posteriores petitorias se avanzó bastante poco.

La descripción que el 17 de junio de 1488 había hecho el lugarteniente don Enrique sobre la descripción de facultades aprobadas fue confirmada por una licencia expedida por el Rey Fernando el 24 de mayo de 1490.

La actitud moderada de los remensas les permitió obtener grandes avances en sus pretensiones.

Ya en febrero de 1491, Bartolomé Lladó y Juan Almar, procedieron a homologar los hogares campesinos del obispado de Urgell incluido en la tributación, por orden de Don

Fernando del 24 de mayo de 1490, después, los síndicos, intentaron aplicar la orden real del 7 de marzo, traída por Almar sobre la rendición de cuentas de los receptores, lo que no pudo tener efecto por la oposición del lugarteniente, que elevó una consulta al monarca, negándose este a atender las suplicas que Almar y Pedro Ferrer le hicieron en Castellón de Ampurias.

El 19 de abril de 1491, Don Fernando expedía una provisión, desde Alcalá la Real, prorrogando su facultad de interpretar por un segundo plazo de diez años, en consideración a que la organización de los *talls* había absorbido la actividad de los síndicos, dificultándoles presentar las actas y documentos a que se refería la orden del 24 de mayo de 1490

Tras las reuniones mantenidas por los síndicos encargados del negocio de las exenciones de los *talls* entre noviembre y diciembre de 1491, y los meses de enero, febrero, marzo y abril de 1492, se revisó gran parte de las nóminas de los hogares remensas, la ordenación de las cuentas del *tal* de 5 sueldos, el nombramiento de un tal Frou como recaudador de los *talls* de 10 y 25 sueldos, y el examen de los libros de Benavist de Girona.

No obstante, la evolución del castigo contra los "condenados" no fue tan pacífica como este periodo de cuatro años. En 1489, la pandilla de Goxat y Terrés incendiaba la casa del síndico Barau, en Vallmajor, causándole daños irreparables en sus ganados. El lugarteniente don Enrique ordenó el establecimiento de una vigilancia especial desde lo alto de los campanarios en los templos parroquiales.

Destaca entre otros, Goxat y su pandilla perpetraron varios actos reprobables durante el mes de julio de 1489, pues dirigiendo a 30 hombres, asaltaron la casa de Juan Pedro de Cruilles, en Caldas de Malavella, saqueándola y llevándose todo lo que en ella había de valor, para después gritar, mientras la incendiaban, *"Muyren, muyren, ¡gentilshomens!"*.

Don Fernando, para pacificar la situación, dicto una disposición autorizando al lugarteniente a guiar a los doce payeses excluidos de la amnistía de 1488, con la condición de que cesasen en sus provocaciones y se sometiesen a su autoridad; no obstante, se sabe, que, menos de un año después, el 12 de enero de 1491, don Fernando, como contestación a tres cartas expedidas por el lugarteniente desde el Ampurdán, se manifestaba enterado del golpe de mano dado por Goxat en la localidad de Abellas, ordenándole que le persiguiera, escribiéndole al rey de Francia y al gobernador del Rosellón para que no concediesen salvoconductos a tal gente.

La situación que tan pacífica había sido en algunos momentos, se tornó virulenta en torno a 1492-1493. El día 8 de noviembre de 1492, Don Fernando firmó una síntesis por la que se concedía la venia real a la solicitud de los payeses de que pudiesen elegir personas para oír cuentas e imponer cantidades con el objetivo de sufragar los gastos que se generasen con tal motivo, que, realmente, trataba sobre la elección de unos supersíndicos.

El día 7 de diciembre de 1492, el payés Joan de Canyamans, de 60 años en ese entonces y con la calificación de perturbado mental – *"loco imaginativo y malicioso"* definido por Andrés Bernáldez -[25], asestó un cuchillazo por detrás del rey Fernando, quién se salvó, aún a pesar de desangrarse, por una cadena de oro que portaba sobre su cuello. El "mal nacido", como así lo llamaron los remensas, tiró al traste todo avance negocial de los remensas, quiénes habían decidido ir a Barcelona ese mismo día a besar las manos al re, suplicándoles clemencias. Joan era payés, pero no era un remensa a quién el resultado de la Sentencia de Guadalupe le resultó contradictorio, pues su nombre no figura en ninguna lista de condenados. De hecho, para 1492, la virulencia ya no era la misma que tres años antes. Como bien menciona Vicens Vives, incluso, quince días más tarde, la medida de los supersíndicos – encargados de recibir y fiscalizar las cuentas de los receptores de los *talls* – fue revocada.

Menos de un año más tarde, el 3 de noviembre de 1493, una interpretación del monarca, promovió las peticiones dentro de la Constitución de Cataluña, consistiendo su primer capítulo en la ratificación del segundo capítulo de la Sentencia acerca del reparto de los 3 sueldos de censo o los 60 de propiedad entre todos los malos usos.

Las gestiones de los síndicos de 1493 a 1501 – en los que hubo años, como 1496, donde no se celebraron reuniones – permitieron que el problema remensa acabase del todo, tras la firma de la Capitulación de 1501.

Concreta Vicens Vives en cuanto a los pagos de los remensas; los *talls* impuestos a los payeses fueron ocho, tres anteriores al reconocimiento de la autoridad fiscal de los síndicos de los payeses en 1488 y cinco posteriores al mismo, teniendo su principal

---

[25] *Juan de Cañamás*. (n.d.). Real Academia De La Historia. https://dbe.rah.es/biografias/14284/juan-de-canamas

basamento en la homologación de la Sentencia llevada a cabo por Vivers y Ferrer, en virtud de la misión que por Don Fernando les había sido confiada el 12 de mayo de 1485, inscribiéndose los ratificantes en unas listas que dieron lugar a la *Nomina del fochs qui emolouaren la Sentencia del senyor Rey en poder de mossen Jaume Ferrer, scriua del dit señor, en lany mccc lxxxvi.* En este censo, se citan nombres de pueblos, número de hogares remensas y síndicos, o representantes de cada uno, abarcando territorios de los obispados de Girona, Vich y Barcelona, agrupados por *taulas* o *receptorías*, donde destacan Girona (donde se inscribieron 3.157 hogares remensas), Olot (donde 445 hogares remensas se inscribieron) y Besalú (número desconocido de inscripciones).[vii]

Podemos concluir que, iniciándose ya el siglo XVI, con un continente ya descubierto para la Hispanidad, con un país como lo era España que fue la primera monarquía autoritaria y el primer Estado moderno del mundo, desapareció el término *remensa* que tanto atemorizó al campo catalán.

Pero, la agricultura, seguiría teniendo un papel secundario en España y las gentes de los pueblos, aunque vivieran en una relativa prosperidad, tuvieron que vérselas para salir adelante como buenamente pudieron. Como ya veremos en este siguiente subcapítulo, la política agraria aragonesa difirió por muy mucho de la castellana, por lo menos, en poner a la agricultura como su principal basamento económico, pero no pudo limar las diferencias.

Habla también, y no precisamente en buenos términos, del nacionalismo catalán, que su romanticismo, su aura, provenga de declararse herederos de aquellos que, intentando hacer resistencia al poder real, se alinearon con los que pisoteaban a los agricultores.

Economía castellana y economía aragonesa

Aunque el punto mollar de este grupo sea lo resultante de la unión efectiva entre Castilla y Aragón, que había de trazar el futuro de la nación española, y que se decidió tras la Concordia de Segovia, firmada en el Alcázar, el día 15 de enero de 1475, todavía no ha de entrarse de lleno, sin examinar lo que en las dos décadas que le precedieron, fueron notas económicas características de ambas coronas. Una Corona de Aragón que, como ya se ha mencionado en el anterior subcapítulo se encontraba inmerso en una crisis económica y social de su campo, especialmente en Cataluña, desde hacía cien años; y una Corona de Castilla que, como ya veremos, presentaba una economía meramente de subsistencia y de carácter militar, pues todavía se encontraba en la empresa de la Reconquista.

Tras fallecer Enrique II de Castilla el 12 de diciembre de 1474 en Madrid, avisada su hermana Isabel que estaba en Segovia, aunque su marido ausente en Aragón, ella fue proclamada como *reina y propietaria del reino* y a su marido, Fernando, como *legítimo marido*. Todo ello a fin de hacerse reconocer como reina y que sus derechos sucesorios prevalecieran por sobre los de uno que era considerado un infante de Aragón. Los infantes de Aragón fueron los hijos de Fernando I de Aragón (abuelo de Fernando II el Católico) y Leonor de Albuquerque, tía de Ferran de Antequera, que fueron Alfonso V de Aragón, María de Aragón, Juan II de Aragón, Enrique de Trastámara, Leonor – reina consorte de Portugal -, Pedro y Sancho, que habían apoyado a la nobleza castellana durante la Guerra Civil que hubo lugar en Castilla de 1437 a 1445, contra el bando de Juan II de Castilla. Huelga decir que hubo numerosos matrimonios entre ambas coronas.

Año 1453. Termina, tras más de una centuria (exactamente, ciento dieciséis años), la conocida como Guerra de los Cien Años. Un período histórico, que al igual que nuestra Reconquista, no puede circunscribirse a un conflicto entre unos y otros, sino a un largo y complejo período histórico en el que influyeron todo tipo de factores, no únicamente políticos, especialmente los económicos, pero también los demográficos, en medio de la propagación de la peste bubónica, un empeoramiento del clima y un retroceso respecto a lo que se había conseguido en el siglo XIII.

Lo que comenzó siendo como una de tantas guerras sucesorias en la Historia, así como algo que se destilaba en la Edad Media, como era el amontonar posesiones a mansalva, con la reivindicación que Eduardo III de Inglaterra hizo del trono francés, merced a su pertenencia a la casa de los Plantagenet, que entre otros títulos ostentaban el ducado de Aquitania, tras el fallecimiento de Carlos IV de Francia – último rey Capeto - en 1328 sin descendencia, y también por la decisión de Felipe VI, rey de Francia, de intervenir el mencionado ducado de Aquitania, convirtiéndose por tanto en señor del Rey de Inglaterra.

A este conflicto, también se le conoció como "guerra de lana" o "guerra del vino", ambos comercios en los que Castilla era una gran potencia productora. [viii]

Así pues, Jaume Vicens Vives hablaba del desarrollo del comercio de la lana como un desarrollo unilateral de la economía castellana, únicamente basado en la exportación de una materia prima. Hablar de economía castellana, es hablar únicamente de una economía de subsistencia o de lujo, y a veces también ni tan siquiera eso, pues los nobles acostumbraban a comprar los artículos de lujo de Flandes.

Y es que, para explicar la economía castellana, hay que explicar una constante que, durante el auge comercial de la Edad Media, la lastró en demasía, que fue la inexistencia de una burguesía comercial al estilo europeo, que sí se destilaba en la vecina Corona de Aragón. Esta inexistencia de una burguesía comercial que supiera "vender el producto" o hacer grandes sumas con su producto, hacía que la política comercial no fuera un asunto de estado económico, plasmándose en una inexistencia de pactos económicos entre el monarca y las Cortes con los comerciantes, así como que la economía gravitó en torno a los esfuerzos bélicos.

Menciona Vicens Vives en el *"Manual de Historia Económica de España"*, que la producción económica, no obstante, únicamente abastecía al mercado local, con una agricultura que destacaba por un escaso desarrollo del regadío y con las luchas entre las distintas ciudades para proteger los vinos de sus comarcas, aunque al final lograría incardinarse en los núcleos comerciales de Flandes.

La revolución económica castellana, se produce a lo largo del siglo XIV, con el afianzamiento del comercio lanar, que tenía su principal centro comercial en Inglaterra. A esta exportación del comercio lanar favoreció la voluntaria unión de los señoríos vascos que facilitó el tráfico mercantil en el Mar Cantábrico, generando que la marina castellana ocupase un lugar comercial privilegiado y que el rey Enrique II de Inglaterra, prohibiese la entrada de la lana castellana en su reino.[26]

Habida cuenta que los principales núcleos económicos se encontraban en el Mediterráneo, se podría considerar la organización técnica de la economía castellana presentaba un retraso general con respecto a la práctica mercantil e industrial del

---

[26] *Las Empresas Navales de Castilla*. (2002). Alcázar de Segovia. https://www.alcazardesegovia.com/wp-content/uploads/2015/12/2002-las-empresas-navales-de-castilla.pdf

mundo occidental, así como también una participación dispar de las regiones en el crecimiento, teniendo la hegemonía tanto la montaña santanderina como Andalucía.

La economía castellana también se fundamentó en un auge mercantil del comercio atlántico durante el siglo XV, pues si bien, los puertos de Castilla fueron Santander y Bilbao (esta última, gran rival de Burgos, por la hegemonía económica castellana), la que realmente fue la capital comercial fue la zona andaluza, que durante este mismo siglo demostró el cambio de la tendencia comercial al no hacer seguidismo de las repúblicas marítimas tradicionales como Génova o Venecia, pues sólo consta un viaje a Alejandría, en contraposición a sus principales objetivos que eran las Canarias desde donde podían rescatar oro y esclavos, y el Norte de África, donde tuvieron que lidiar contra los corsarios, así como establecer relaciones comerciales con los portugueses establecidos en aquellas plazas. Toda la ribera atlántica desde Huelva a Cádiz fueron los principales puertos, pero fue Sevilla, la capital comercial, definida como nada más y nada menos que la avanzadilla atlántica, siendo este su mayor objetivo, tras que, en el siglo XIV, durante la Guerra Civil Castellana, pudo haber sido una gran potencia del Mediterráneo Occidental, pero finalmente, el régimen "noble" (como lo definió el mismo Vicens Vives en este capítulo) se impuso al "comerciante".

Los Reyes Católicos dieron primacía a este comercio, potenciándolo a través del envío de factores al extranjero, que recorrían los principales mercados para tomar nota de sus necesidades, precio y competencia, enviando informes a la Corte desde Brujas, La Rochela, Florencia y Londres.

Refiere Vicens Vives que Burgos dominaba el comercio lanar y Bilbao el de la flota con el que se exportaban las mercancías. La típica rivalidad entre un productor que quería controlar la flota bilbaína y transportista que quería aumentar los precios. El privilegio de 1494 concedido a Burgos por los Reyes Católicos creó el Consulado y otorgó a Burgos el monopolio del comercio exterior cantábrico, con derecho de disponer de los fletes en la costa de Guipúzcoa, Vizcaya y Santander, previo a viso a los mercados del interior que eran Segovia, Vitoria, Logroño, Valladolid y las dos Medinas.

Hubo tres mercados internos de la lana, que fueron Medina del Campo (feria de la Reina), Villalón (feria del duque de Benavente) y Medina de Rioseco.

A imagen y semejanza de la organización aragonesa, Fernando el Católico organizó el comercio fundando consulados y gremios similares a los de los catalanes, como así ubo organizado la cancillería, la justicia y otras instituciones. Habida cuenta que, en 1475, bajo el reinado de Enrique IV, se prohibieron los "cotos" – denominación de corporaciones gremiales -, limitándose la finalidad de las cofradías a las meras causas pías, fue un gran cambio económico.

Como era una constitución autorizada por el Estado y concedía poderes a los municipios para dar ordenanzas sobre las corporaciones, como es en el caso de Sevilla, Burgos, Segovia y Valladolid, se introdujeron los exámenes de ingreso a los oficios y jerarquías laborales.

No obstante, esa copia de lo catalán en todo manifestó un agravio a Castilla, por la vinculación de su industria textil a la rutina decadente en que cayó la catalana, como se manifestó en las Ordenanzas de Sevilla de 1511, dictadas por el Rey Católico, quién, además, no permitió que los castellanos se evadiesen de sus respectivos gremios.

Pero en el Mediterráneo Occidental, un territorio tradicionalmente dominado por las marinas barcelonesas, fueron los vascos – quiénes jamás establecieron relación con Barcelona, más si con Valencia y Mallorca – sus principales porteadores de mercancías, frecuentando el puerto de Marsella. El Colegio Vizcaíno de Pilotos de Cádiz, instituido por Alfonso X, y ratificado por los Reyes Católicos en el 1500, dio buena cuenta de ello.

Tras el matrimonio de los Reyes Católicos, y especialmente tras finalizar en 1492 el período histórico de la Reconquista, la perentoria búsqueda de la unidad territorial en la Península Ibérica, ya se había materializado de facto, y casi que de iure, con la unificación de determinadas instituciones, pero no era una unidad completamente efectiva, por ejemplo, en materia económica, aunque la agricultura, principal sector económico, fue el vector comunicante entre Castilla y Aragón.

Sirva de ejemplo a esta afirmación que los comerciantes de una Cataluña decaída tras la Guerra Civil Catalana finalizada en 1472, y a poco de comenzar la segunda guerra remensa, y tras el declive continuado del comercio catalán, vieron con alborozo la unión entre Castilla y Aragón, para el renacer de su economía, en tanto que se vería a los castellanos como el principal mercado al que exportar paños, hierros, coral o especias, pudiendo incluso ser beneficiosos para los castellanos, en tanto, que podrían haber intervenido en el comercio de lanas, más la influencia genovesa en los altos círculos financieros castellanos impidió aquello que los comerciantes catalanes orgullosamente proclamaron como "hermandad hispánica". Siendo justos y concisos, y así lo reconoce Jaume Vicens Vives, los comerciantes de la Corona de Aragón pudieron haber sido un beneficioso aliado para el comercio de la lana en Castilla.

Aquí, erróneamente, Vicens Vives, señala que no fue una unidad efectiva, en tanto que no se potenció una economía común. Con todos los respetos hacia el gran economista catalán, quién ha creado escuela con sus estudios, no puede compararse la creación de un Estado a partir del siglo XVIII, con el advenimiento de un nuevo modo de organización jurídico-económica de la sociedad, teniendo en cuenta los avances industriales, con la de la conformación de un Estado-Nación en el siglo XV con sus rudimentos. Tampoco es cierto que América fuese coto exclusivo de los castellanos o que se limitase la entrada a los comerciantes aragoneses bajo el pretexto de que ellos llevarían sus disposiciones forales y demás usos y costumbres característicos de la Corona de Aragón, simplemente, el interés en América fue superior para Castilla. Sirva de ejemplo, un texto publicado en la revista Teruel en 1953, llamado *"Fernando el Católico en descubrimiento y colonización de América"*, se menciona la ya sabida participación de Lluís de Santángel, judío valenciano de Vilamarxant, quién fue uno de los principales financiadores de la empresa indiana cuando los Reyes Católicos tenían la idea fija de finalizar la Reconquista a como diese lugar y no podían asumir el pago de una empresa atlántica de tan gran calibre, así como también la de Juan de Coloma, natural de la localidad aragonesa de Borja, quién fue secretario del monarca y redactó las Capitulaciones de Santa Fe, el día 17 de abril de 1492, el reparto anticipado que reconocía el usufructo a Cristóbal Colón – añadiéndole títulos nobiliarios – de toda tierra que explorase. Acudiendo al *"Catálogo de pasajeros a India"* de Bermúdez de Plata, se menciona que ya en el 1500, se embarcan desde Castilla gente de varias procedencias, incluyendo a los que son mencionados en tantísimos textos como "extranjeros" y a los súbditos de la Corona de Aragón.

Volviendo al tema agrícola, no ha de soslayarse el tema demográfico, referido por Vicens Vives, que nos muestra que según el Censo de Quintanilla de 1482 presentaba 1.500.000 hogares, esto es, una estimación entre 6 a 7.500.000 habitantes, habiendo de tener en cuenta las perdidas emigratorias ocurridas como la expulsión de los judíos – llegando a 150.000 – y de los moriscos granadinos – que llegó a 300.000 -, dentro de la asimilación que se quiso hacer de las minorías confesionales. Los judíos, eran los principales prestamistas y encargados de las profesiones liberales y tras los pogromos de finales del siglo XIV, tenían una mala fama entre el común de la población, por ser quiénes apuntalaban el cuadro económico. Era costumbre en la Corona Castellana, cuyos principales ministros de finanzas fuesen judíos, por ser ellos quienes tenían amplia potestad y conocimiento sobre los caudales públicos.

Tras la conquista de gran parte de Andalucía hasta reducirla a prácticamente el territorio de Andalucía Oriental, en el siglo XIV, la repoblación de Andalucía por parte de castellanos, aragoneses, franceses e italianos intentó sofocar ese vaciado demográfico que provocó la expulsión de los moros de las ciudades y zonas meridionales. Y es que fue Andalucía, una tierra que en siglo XIV, fue la perita en dulce de la aristocracia castellana que progresó a través de grandes repartos de tierra allí, aprovechando el despegue del comercio lanar, el establecimiento de las juras de heredad y la distribución de los segundones – esto es, los hijos que no eran primogénitos y por tanto no gozaban de las prebendas que sí podían tener ellos[27] – en cargos públicos, así como la supuesta inoperancia de los Trastámara en el siglo XIV.

La distribución de la población arrojaba que el 80% era campesinos, de los cuáles entre el 10 y el 12% eran menestrales, las clases medias del 3 al 5% y los nobles eran únicamente el 2%, presentando el campo en ese entonces, síntomas de despoblación. Francesc de Eiximins definía a los campesinos en su *Regiment de la Cosa pública* como los pies que caminan la tierra y a los menestrales como las piernas y muslos de la comunidad[28], refiriéndose a que ellos eran el motor por el que la sociedad funcionaba, no obstante, no alcanzaría a que el campo tuviese una posición de privilegio, como se vería con los primeros síntomas de despoblamiento.

Aún a pesar de todo, los agricultores no recibieron un mal trato de ninguna de las maneras, y quizá más por táctica política por parte de los Reyes Católicos, que no quisieron verse opacados por los nobles, se convocaron las Cortes de Toledo en 1480, donde se puso de relieve la necesidad de ordenar la hacienda, y tras minuciosos estudios, se concluyó que salieron grandes cantidades de maravedíes a deber, siendo la consecuencia que la nobleza perdiera la mitad de las rentas, pues de 63 millones de

---

[27] Asale, R.-. (s. f.). *Segundón, segundona | Diccionario de la Lengua Española.* «Diccionario de la lengua española» - Edición del Tricentenario. https://dle.rae.es/segund%C3%B3n

[28] Eiximenis, F. (1980). *Regiment de la cosa pública.* Dialnet. https://dialnet.unirioja.es/servlet/libro?codigo=31559

maravedíes se debió ceder al menos treinta millones[29], aunque recibió una autorización explícita de conservar propiedades, juros y mercedes previos a los sucesos del 1464, provocando que hasta el 97% de tierras perteneciesen a obispados, dignidades eclesiásticas, cabildos, canonjías, aristocracia urbana y caballeros, perteneciendo el resto a los grandes.

Estos grandes fueron, como bien subraya Vicens Vives, en las tierras de Andalucía: los Guzmán, duques de Medinasidonia; los Cerda, duques de Medinaceli; los Ponce de León, duques de Arcos; los Fernández de Córdoba – tanto como condes de Cabra como señores de Montilla -; los Mendoza que eran condes de Tendilla y de Priego, acaparando el resto, el Arzobispado de Toledo. Extremadura era dividida, casi por la mitad, por los Suárez de Figueroa y la Orden de Alcántara. Así pues, en Salamanca, lo hacían los Estúñiga, duques de Béjar, y los Álvarez de Toledo, como en la Mancha lo hicieron las Órdenes de Santiago y Calatrava, el arzobispado de Toledo y el marqués de Villena, en la Alcarria, el duque del infantado y en Murcia los Fajardo.

Los datos que adjunta Vicens Vives nos dice que sólo el 3% pertenecía al campesinado común, y merced, a las Leyes de Toro de 1504, que confirieron la facultad de establecer mayorazgos – derecho de transmisión hereditaria reservado al primogénito, vinculándole en él la propiedad familiar – al pueblo llano, así como a la aprobación de una política de enlaces matrimoniales que únicamente podía generar la concentración de la propiedad en manos de quiénes ya lo tenían y una política favorable a la aristocracia en Granada, donde las tierras de Ronda, Málaga, Alora y Coín (pertenecientes al occidente del Reino de Granada), sí fueron dadas a los menestrales. Las tierras del occidente granadino, no obstante, eran mucho menos de la mitad del Reino de Granada, que quedó, prácticamente, en manos de los nobles, como compensación de lo que les fue detraído en 1480.

Podría decirse, siguiendo las conclusiones de Vicens Vives, la política social de los Reyes Católicos consistió en consolidar la potencialidad económica de la nobleza, tan enfrentada a los Trastámara, pero quizá ante el advenimiento de una monarquía autoritaria donde los nobles ya no iban a tener un excesivo poder, hizo que se les

---

[29] Vicens Vives, J. V.; Nadal Oller, J. (1967). Manual de Historia Económica de España. En *Editorial Vicens-Vives eBooks*. http://ci.nii.ac.jp/ncid/BA38028505

concediesen varias regalías. El poder ejecutivo, no bastante, se les confió a los grandes, tanto en los virreinatos, como en los oficios de alta graduación militar.

La clase media, que aquí nos ocupa, no fue perjudicada, pero tampoco fue especialmente beneficiada, pues perdieron la libertad en Cortes y municipios, aunque ganaron en orden y autoridad. En la clase media judía y judeoconversa – es decir, la judaizante – pervivían los financieros, que además detentaban los principales cargos públicos relacionados con la corte y los municipios. La animadversión hacia los judíos fue transversal pero no especialmente notoria en todas las clases, pues el pueblo, salvo los pogromos del siglo anterior, no tenía especial malquerencia por el judío. Hubo un resentimiento económico bastante notable en los primeros años de las expulsiones judías, de las que los municipios de Toledo, Valencia, Barcelona, Zaragoza y Sevilla hicieron notar al monarca.

Se habla también, en el plano económico, que la Inquisición fue creada con el único pretexto de "robar" a los conversos, nada más lejos de la realidad, aunque sí parece más razonable, que, al establecerse el Santo Tribunal, ante la grave crisis financiera por la que el Estado estaba pasando, se escucharon medidas de orden económico contra los conversos.

Realmente, no tenía sentido, porque si bien pudieran detraerse todas las ganancias de los conversos, al final, la economía acabaría estancándose, porque no habría generación de riqueza.

Además, ya desde el siglo XIV, con el advenimiento de los pogromos antijudíos, la población judeoconversa, realizó evasiones de capitales, que provocó un estancamiento en la capitalización de la clase media y un casi seguro colapso financiero de la monarquía.

En cuanto a las clases campesinas, la política de los Reyes Católicos en Castilla fue completamente diferente a la de Aragón y Cataluña, pues mientras en Aragón nos encontrábamos con el problema de los *exáricos* anteriormente mencionados que tuvo consecuencias gravosas para los anteriores propietarios, y en Cataluña, la ya tan mentada Sentencia de Guadalupe, que sólo fue un parche para el problema catalán, porque dejó prácticamente toda la tierra útil en dominio de los señores, en Castilla se confirmó, en 1481, el derecho de los solariegos a abandonar a su señor. Un derecho que únicamente fue teórico, que no figuró en la realidad de los acontecimientos, pues el 97% de las tierras de Castilla eran propiedad de la aristocracia civil y religiosa. Los efectos trajeron cola para las crisis de 1502 y 1509, serán tratados en el capítulo siguiente.

En cuanto a la política agropecuaria de finales del siglo XV, el dilema milenario de España entre agricultura y ganadería se resolvió a favor de esta, resultando ser nocivo para la economía española (Ballesteros Gaibrois). Esta inclinación favorable a la Mesta se encuentra en un ejemplo de que una polémica surgida en torno a una dehesa de Murcia, que había sido plantada de árboles, sembrada de cereales y después cercada para evitar el paso de los ganados, sólo para que después, los ganaderos – auspiciados por el poder real – destruyesen la cerca, abatiendo a hachazos los árboles. Otros ejemplos son la protesta de los procuradores de la ciudad de Cáceres de 1501 ante la cancillería de Valladolid mencionando estos incidentes como *"tales cosas no pueden llamarse justas, ni honestas, puesto que no son para el bien público, sino para el interés privado de unos pocos favorecidos"*. Entre estas cédulas que fueron beneficiosas para la Mesta nos encontramos las siguientes:

- Real Cédula de 1480: Retirada de los acotamientos efectuados por los agricultores en tierras comunales en tiempos de Enrique IV.

- Ordenanza de 1489 (también denominada Defensa de las Cañadas): rectificación de los linderos de las cañas, con el objetivo de expulsar de las mismas a los agricultores previamente establecidas en ellas durante cincuenta años. Al ensancharse considerablemente el camino por donde podían pasar los rebaños, generó perjuicios, pues, además, prohibió el acotamiento de las tierras.

- Edicto de 1491: Prohibición de los acotamientos en el Reino de Granada.

- En el mismo año se firmó una disposición, ratificada en otros posteriores, que autorizaba a los pastores al "ramoneo", es decir, *"a cortar los árboles más pequeños para ramones durante el invierno o cuando escaseaba el pasto"*. A esta medida, se le sumó la ausencia de cualquier otra que penase la quema de bosques realizada para favorecer la producción de pastos, para provocar la deforestación del país, algo que contrarió a la Reina Isabel, que quería asegurar la perpetuidad de los bosques.

- Ley del Arriendo del Suelo de 1501: Como consecuencia de que, tras la aplicación de la ordenanza de 1489, los ganaderos intentaron allanar los campos de los agricultores, defendiéndose los Concejos. De lo que se desprendía de esta ley, la Mesta podía prolongar perpetuamente el arriendo de un campo, pagando por él el canon convenido de su origen, conservando para sus fines toda dehesa ocupada durante unos meses, sin enterarse su dueño. Esta última disposición implicaba una presunción de usufructo legal a favor del ganadero, establecida al margen de la voluntad del propietario del predio, que se veía obligado a arrendarlo a un precio irrisorio, lo que provocó esta ley fue que grandes extensiones de Extremadura y Andalucía quedasen así enlazadas a la Mesta y a los intereses de sus dirigentes, pero, obviamente, el resultado fue lo más perjudicial posible para la agricultura.[ix]

Siguiendo las conclusiones de Vicens Vives, este favorecimiento excesivo a la Mesta se debió a la regulación monopolística del comercio de la lana, pues ser esta el principal motor de la economía castellana, siendo el principal beneficiario de esta organización agrícola la misma monarquía. De forma indirecta, desde 1466, y ya directamente, desde 1493, la Corona controló los grandes maestrazgos de las Órdenes de Militares, recibiendo, de forma íntegra, el servicio y montazgo a través de la Orden de Santiago, no invirtiendo en la agricultura.

La crisis financiera que sufrió la Corona desde 1484, como consecuencia de la expansión inquisitorial y la huida de capitales de los conversos, así como desde 1492, a causa de la expulsión de los judíos, provocó que el único remedio fuese recurrir a la exportación de la lana.

La decadencia de la agricultura es un hecho constatado a través de los estudios sobre la evolución del problema cerealístico en Castilla, realizado por Ibarra y Hamilton, que aseguran que en 1504 empezaron a verse las consecuencias de la ineficiente política agraria de los Reyes Católicos en una crisis espantosa del mercado cerealístico, provocando la importación masiva de trigo, también conocido como "pan de mar" a partir de 1506.

Entre 1502 y 1508 se produce una racha ininterrumpida de cosechas deficitarias, conocidas anteriormente como escaseces en 1486 y 14891, que obligaron al establecimiento de la tasa sobre la fanega de trigo, situándola en 124 maravedíes, que no sólo no evitó la carestía del cereal, sino que aumentó a precios exagerados, 600 maravedís en 1504 y 1506.

La economía aragonesa, muy especialmente, la catalana, fue tendente a la talasocracia, con influencias de la llamada "revolución comercial" del siglo XII, que a su vez, generó el renacimiento de las ciudades, que no pasaban de ser hasta entonces más que una agrupación de casas en torno a un castillo o a una iglesia, pero que conforme fueron adquiriendo capital y medios de producción, así como la especialización, y más importante, su consolidación a través de la familia - y, a partir de ahí, surgieron los gremios o corporaciones porque una familia solía dedicarse a los mismos oficios -, fueron creciendo, hasta convertirse en grandes núcleos de población, que, muy a menudo, adquirieron independencia efectiva en forma de repúblicas totalitarias, como en Italia o en el Sacro Imperio Romano Germánico, no así en Inglaterra, Francia o España, que ya eran territorios cohesionados.

Las ciudades, además, empezaron a cobrar sus propios tributos y a expedir sus propios privilegios.

El término "revolución comercial" se utilizó por volver a abrir las principales vías conectoras entre la Cristiandad Occidental y la Cristiandad Oriental que habían quedado cerradas ante el auge islámico. Lo que comenzaron siendo campañas militares como las Cruzadas, acabó evolucionando en el establecimiento de colonias económicas y centros comerciales en varios puntos de Oriente. Destaquemos la expedición de Marco Polo al Extremo Oriente o las anteriores de Giovanni da Pian del Carpine o Rubruquis (aunque estas fueron de misiones), en las que los comerciantes se jugaban el tipo en expediciones que podían durar años, con tal de aumentar su capital.

En el caso catalán, Barcelona se convirtió en aliada de la República de Pisa en el siglo XII en sus incursiones contra las, por entonces, sarracenas Mallorca e Ibiza. Su buen posicionamiento perduró incluso tras la Reconquista de Valencia en 1238.

No obstante, el ya comentado "Lo mal any primer" de 1333, hizo que descendiese bruscamente su población y su capacidad productiva.

A la crisis de subsistencia en el campo, muchos catalanes, no únicamente agricultores, sino también nobles de los conocidos como *"gentilhommes"* que ocupaban puestos de primera línea en el patriciado burgués emigraron hacia Valencia y hacia Mallorca.

Vicens Vives nos menciona que los fogatges dan cuenta de una regresión en Barcelona pues en 1340 tenía 50.000 habitantes, en 1359 tenía 38.000 habitantes, en 1477 tenía 20.000 habitantes y en 1497 poseía 28.5000 habitantes; en Perpiñán se descendió de 18.000 a 15.000; y Girona perdió de 7.000 a 4.500.

Precisamente esta desaceleración poblacional y declive económico, que además afectó también – aunque en menor medida – a la vecina Aragón, provocó que la Corona de Aragón, ante la amenaza de una partición entre Castilla y Francia, quiénes le superaban vastamente en población, decidieran unirse al primer reino para formar España. Cabe destacar que, a finales del siglo XV, Aragón solamente comprendía el 4 por cien de la población de los reinos ibéricos.

Pero el declive económico venía aparejado de la quiebra de la banca catalana, lo que hizo que los monarcas pusieran, a finales del siglo XIV, el crédito de la corona en manos de los banqueros genoveses y florentinos, así como en las familias judeoconversas de larga tradición de origen aragonés,

Cuando se habla de comercio catalán es una denominación general que extiende a todos los reinos de la Corona de Aragón, por la consideración general que durante los siglos XIII a XV, al hablar de comercio catalán, se refería la actividad de los demás pueblos de la corona aragonesa. Este comercio tuvo dos ejes principales; el primero, con los países cristianos mediterráneos, siguiendo la Ruta del Languedoc y Provenza, que fue la primera que los marinos catalanes frecuentaron, haciéndose prácticamente todas las cuentas en catalán y no en provenzal, el segundo, la Ruta de las islas – es decir la que unía Córcega, Cerdeña y Sicilia -, la Ruta del Tirreno que servía para el suministro de Nápoles especialmente de paños y altamente peligrosa por una competencia que solía ser bastante belicosa, la Ruta del Adriático con dos objetivos principales que eran Venecia y Raguas, la Ruta del Imperio Bizantino que permitía llegar hasta Tanais, a través del estrecho de Kerch, que era el final de las caravanas transasiáticas por donde venían el oro, la seda, los esclavos y las especias más caras; el segundo, el comercio con los países musulmanes, donde destacaba la ruta de Egipto, la ruta de Siria, la ruta del Norte de África; las rutas atlánticas que se deberían dividir en el ámbito europeo, basada especialmente en el comercio del estaño y la lana con Inglaterra, así como del arenque y los tejidos con Flandes, y el del ámbito atlántico africano, en el contexto de la inexorable decadencia del comercio catalán a inicios del siglo XV, reseñable al hilo de esto, es el interesante apunte que hace Vicens Vives de que los mallorquines navegaron hacia las Islas Afortunadas (el cielo cristiano, el Paraíso, contrapuesto al infierno, el Tártaro), que están por Cabo Verde, un siglo antes de que los castellanos conquistasen las Islas Canarias, que además ya fueron visitadas por Francesc dez Valers y Doménec Gual en 1342.

Las principales materias de comercio son el trigo, el arroz valenciano que es el inductor de la prosperidad valenciana que se exportaba a Italia y al Sur de Francia, el vino (catalán y valenciano), también las frutas secas y en compota (almendras, avellanas, nueces, higos secos, pasas, naranjas, granadas). En lo que respecta a la ganadería y demás productos animales, las tres principales de materias de comercio eran la lana (con más importancia en la Corona de Castilla que en la de Aragón), la miel y el tocino.

El primer contacto de los catalanes en el Imperio Bizantino fue con los almogávares de Roger de Flor, recibiendo el título de megaduque – cuarto cargo en importancia en el Imperio Bizantino, tras el emperador - por los servicios prestados al Imperio. Junto a su segundo al mando, Berenguer de Entenza, intentó materializar el proyecto *Rex Bellator* de Ramon Llull, de unificar todas las órdenes cristianas existentes para emprender a través del Sur del Mediterráneo una nueva Cruzada.

Una diferencia fundamental con el comercio castellano es que, especializándose los mercados de sus respectivas ciudades tras la revolución comercial del siglo XIII, en Barcelona se organizan una serie de plazas donde se venden géneros especializados como el trigo, el vino, el pescado, que en nada tenían que ver con las ferias castellanas de un ámbito mucho más global. Las ferias catalanas eran eminentemente locales, pues el tráfico de mercancías era cotidiano, siendo una lonja de tipo italiano. Como curiosidad, el término "corredor" – bróker – proviene de la actividad de unos agentes de cambio que a sí mismos se hacían llamar *"corredors d'orella"*, quiénes iban de un lado para otro, acercando vendedores a compradores, así como intercambiando ofertas sobre géneros y propiedad, especulando sobre los valores de la Deuda municipal.

En Cataluña pronto se destiló la letra de cambio, pues en el siglo XIV y XV ya aparece consignada como un centro de referencia testimoniándose un giro de Brujas sobre Barcelona, así pues, una letra de Florencia sobre Barcelona, transferida a Valencia, correspondiente a 1247, se trata del primer endoso documentado en la historia.

Las sociedades comanditarias – sociedades caracterizadas por la presencia de socios que responden personal y solidaria, limitándose a lo que han aportado a la sociedad – tuvieron tres fases, bien resaltadas por Vicens Vives; la primera, la de la comanda simple, que consistía en un mero encargo que una persona hace a un patrón de la venta de sus mercancías en lejanos mercados, la segunda la de la sociedad del mar, conformada por dos o tres personas unidas para una operación concreta como la compra de tejidos y su venta en tierras lejanas, de flete de un buque y la liquidación de los beneficios obtenidos, y por último, la compañía, que es una sociedad formada por cuatro o cinco personas que acuerdan unirse por tiempo fijo para dedicarse a una rama comercial o industrial, con liquidaciones periódicas de las ganancias.

Por otra parte, ya a finales del reinado de Juan II, la decadencia económica de Cataluña fue demasiado profunda, tanto como para desear el advenimiento al trono de Fernando como si se tratase de un Mesías, y, efectivamente, bajo los Reyes Católicos, el Principado se recuperó económicamente.

Nos relata Vicens Vives como en las Cortes de 1481 se llevaron a cabo dos medidas importantes; la primera sobre la restitución general de bienes, y la segunda, sobre la restauración – "redreç" – de la mercadería. Ambas medidas de carácter proteccionista, por el que se establecía un arancel de aduanas, se restringía la entrada de determinados productos extranjeros, se tomaban medidas para la salvaguardia de la industria del coral, así como la disposición del monopolio de los tejidos catalanes en Cerdeña; no obstante, entre 1481 y 1488, esta atmosfera fue comprometida ante el doble fenómeno de la revolución social en el campo y la introducción del Santo Tribunal en Barcelona.[x]

Ya para 1488, tanto la buena intención del rey Católico con la querencia de la población de vivir y de los artesanos de trabajar, generaron un visible renacimiento en la actividad mercantil e industrial del Principado., que se manifestó con una serie de medidas que afectarían al conjunto de la situación como lo fueron la regularización de la moneda, el estudio de la implantación del monopolio de los paños catalanes en Sicilia y la lucha contra el corso, que provocó que en 1491 se prohibiesen todas las salvaguardas y licencias de corso, y que un año más tarde, se dictase una pragmática liberando a los galeotes. Consecuencia de esta última política, se dictó la orden que prohibía el tráfico de naves genovesas y nizardas en los puertos catalanes, así como la limitación de la exportación de lanas catalanas, al objeto de que pudiera surtirse de ellas la industria local, estimulada por el monopolio sardo y siciliano. Hacia 1506 lo paños catalanes tenían derechos preferentes en Cerdeña, Sicilia y Nápoles, tres grandes mercados de consumo.[xi]

Otra clave de este renacimiento económico fue la llegada de la flota de Juan Sarriera a Alejandría en 1495, restableciéndose el consulado de catalanes en aquella ciudad, no interrumpiéndose tan provechoso comercio, que, no obstante, fue decayendo ante el éxito de los portugueses en su viaje a la India y las islas de las especias.

Pero hay una gran contraposición entre la política agropecuaria castellana, tendente al favorecimiento de la ganadería, y la política aragonesa, que, a través de la disposición de las cortes de Monzón de 1511, que prohibió el paso de los rebaños por los terrenos cultivados, estableció una medida que aseguró el futuro de la agricultura catalana, aunque esta política socioeconómica desigual, fue más por las inquietudes sociales vigentes en cada país, y no tanto, por la mejora de la economía.

Siglo XVI. El esplendor plateresco del Imperio que no se traduce de puertas para dentro

Guerra de las Comunidades de Castilla y perdida de la hegemonía castellana con la idea imperial de Carlos V. Guerra de las Germanías. Declive de la Mesta y nuevos métodos agrícolas.

El siglo XVI comienza en España con la consolidación de la idea de monarquía autoritaria frente a los nobles, así como la emigración hacia América por tres factores; el primero, un rasgo distintivo del hombre castellano del siglo XV que aún a pesar de las revueltas quiere la prosperidad, el segundo, la tensión que provocó la implantación de un Estado autoritario, administrativo y centralizado, y la concepción nómada de la vida que es ni más ni menos que el reflejo de la búsqueda de nuevas vías, como lo demuestra el pastor trashumante, el hidalgo de la Reconquista y el hombre que va hacia América. La historia de América es una historia que, aunque en este libro no importe, si importa lo mollar, y es que fue la historia de sucesivas emigraciones castellanas.

Otro factor importante fue el fuerte deseo de riquezas materiales, con el reflejo del oro y la plata, la ilusión de la riqueza alcanzada del golpe, así como el espíritu misionero y de justicia, que al calor de lo que desde el siglo XV se destilaba en Castilla, consideraban que su pueblo estaba vinculado a una misión evangelizadora, intentando establecer en ese mundo nuevo, un orden nuevo. Menciona Vicens Vives que en América, se intentó seguir el sistema latifundista castellano, muy especialmente en Nueva España, lo que se cristalizó en la estructuración de la propiedad a través de un sistema que, no siendo feudal ni señorial, estableciese una fuerte jerarquía social.

Los inicios del siglo XVI fueron benignos para la población española y lo rural, logrando sobreponerse a los estragos que la peste negra en el siglo XIV y el estancamiento biológico en el siglo XV provocaron en la población castellana. La población castellana alcanzó un notable aumento, cerca del 40%, durante los dos últimos tercios del siglo XVI, debiéndose este crecimiento a las ciudades castellanas y andaluzas.[30]

Durante la década de 1530 a 1540, en la Corona de Castilla, en máxima recuperación, la población aumentó en 65.000 personas al año, y más tarde de 1540 a 1595, el crecimiento anual fue sólo de 50.000 habitantes.

También hay que tener en cuenta los movimientos migratorios; comenzando por el desplazamiento de castellanos y gallegos hacia el Sur, provocado por el monopolio andaluz del tráfico con las Indias, desplazándose principalmente a Sevilla y Cádiz, la expulsión de los moriscos granadinos que afectó a unas 70.000 u 80.000 familiares que recalaron en territorio valenciano, aunque muchos llegaron a Castilla, documentándose su presencia incluso en tierras de Palencia, el descenso de los pirenaicos catalanes hacia las tierras del llano, y las migraciones externas, como lo fueron la salida de españoles rumbo a América, constando en el Archivo de Indias, hasta 15.480 expatriados, en la fecha de 1509 a 1558, predominando los emigrantes andaluces y extremeños.

Se instalaron también pobladores extranjeros como genoveses y franceses. Los primeros, Ya habían manifestado interés por los negocios españoles, manteniendo colonias en Sevilla desde tiempos de Fernando III y Alfonso X, instalándose en las ciudades mercantiles de Valencia y Cataluña, desempeñando desde 1528, un papel preponderante en las finanzas españolas, acompañando a Welser y Fugger, convirtiéndose en árbitros de las decisiones político-militares más importantes, así como propietarios de juros (títulos de renta pública), a los que dedicaremos un subcapítulo, conociéndose su época como el *siglo de los genoveses*.[31]

La acumulación de la propiedad seguía estando en mayorazgos y manos muertas, pues terminada la breve fase favorable a la producción de bienes manufacturados, se volvió a la tradicional forma de economía en España, la agropecuaria, reafirmándose la propiedad de la tierra como principal elemento de riqueza.

Las Leyes de Toro de 1505 regularon la organización del mayorazgo, extendiéndolo desde privilegio nobiliario hasta institución de derecho común, estableciéndose

---

[30] Vicens Vives, J.; Nadal Oller, J. (1967). Manual de Historia Económica de España. En *Editorial Vicens-Vives eBooks*. http://ci.nii.ac.jp/ncid/BA38028505

[31] Cebrià, E. B. (2020). El siglo de los genoveses: Castilla hacia el precipicio. *La Aventura de la historia, 257*, 40-45. https://dialnet.unirioja.es/servlet/articulo?codigo=7466436

mayorazgos cortos sobre rentas en juros o sobre pequeños matrimonios. La propiedad de mano muerta fue otra fórmula, pues el patrimonio nacional era igualmente amortizado, al engrosar la propiedad de la Iglesia, suponiendo una vinculación perpetua, de la que jerónimos y benedictinos, en Castilla, fueron sus máximos titulares, extendiéndose por la piedad de los fieles, las donaciones del poder central y las municipalidades como premio a la colaboración constante que los monasterios les prestaron.

No obstante, la mentalidad extendida por los nobles era que el trabajo envilece, mostrándole al rustico el ejemplo de que trabajaba por no tener más remedio, porque de no hacerlo se hubiese quedado sin comer. El hombre rústico, además, perseguido por un fisco exacerbado, encontró refugio en las ciudades, viviendo de la caridad de los conventos, también errabundos en busca de ocupación o intentando trabajar en gremios, siendo los primeros casos de éxodo rural.

En lo que a Castilla respecta, esta seguía marcando el paso económico, pero al fallecimiento de Isabel I de Castilla, el 26 de noviembre de 1504, que sobrevivió a sus hijos, Juan (fallecido con solo 18 años en 1497) e Isabel (fallecida en 1498, junto a su hijo, Miguel de la Paz, fruto de su matrimonio con Manuel I de Portugal), esta fue sustituida por su hija Juana, que, a partir del 12 de julio de 1506, estaría acompañada por su marido Felipe I de Habsburgo, "El Borgoñón", quién reinaría *iure uxoris*, merced a la Concordia de Salamanca del 24 de noviembre de 1505.

La Concordia de Salamanca establecía que el Rey Fernando sería nombrado gobernador perpetuo, gobernando Felipe y Juana conjuntamente, repartiéndose las rentas reales por mitad entre Fernando y el matrimonio, siendo la de los maestrazgos y las órdenes militares enteramente para el Rey Fernando.

Si la prosperidad ya se había alcanzado, si España ya era una monarquía centralizada – en el sentido de que había menguado la influencia nobiliaria – y además tenía una misión, ahí estaba Castilla marcando el paso.

El Rey Fernando de Aragón, muchos dicen que, aliviado tras el fallecimiento de su esposa, contrajo matrimonio con su sobrina-nieta Germana de Foix – que habría de desposarse posteriormente con otro Fernando de Aragón – e intentó de todas formas tener un hijo varón, para lo que se valió de un afrodisiaco que se obtenía del insecto de la carántida para cumplir sus obligaciones maritales con Germana de Foix, falleciendo.

También había muerto Felipe el Hermoso, pero diez años antes que su suegro, el día 25 de septiembre de 1506, escasos dos meses después de llegar al trono, tras una larga y fulminante enfermedad. Esta circunstancia hizo que Juana siguiese gobernando, ahora sin compañía, hasta el 14 de marzo de 1516, que fue cuando su hijo Carlos de Gante, empezaría a reinar, tras haber sido declarado mayor de edad el 5 de enero de 1515, por su confesor, el flamenco Guillermo de Croy.[32]

Comenzaba aquí la historia de la dinastía Habsburgo – o los Austria – en España. Pero, no comenzó siendo rey, esta fue una idea que él empezó a elucubrar en su cabeza y a la que tanto el mentado confesor como otros consejeros flamencos intentaron cristalizar, pues el testamento de su abuelo Fernando, del 22 de enero de 1516, lo nombraba gobernador y administrador de los reinos de Castilla y León, así como el de Aragón, en nombre de Juana, incapacitada.

A través de la bula *Pacificus et aeternum* del 1 de abril de 1517, dictada por Benedicto X, Carlos aseguró el trono, partiendo el día 8 de septiembre desde Flesinga hacia Santander, aunque *"por la mutabilidad del viento, que lo mismo se puede cambiar en malo que en bueno"*, desembarcaron en la localidad asturiana de Tazones – en el concejo de Villaviciosa – el día 17 de septiembre de 1517, siendo este el primer contacto del nieto de los Reyes Católicos con España.[xii] Dos meses después, el 8 de noviembre, recibió en Valladolid, la noticia del fallecimiento del Cardenal Cisneros, lo que allanó el camino al joven rey. Fue en Valladolid, en donde el 9 de febrero, se reunieron las cortes haciendo las siguientes peticiones al rey como lo fueron el aprender castellano, cesar el nombramiento a extranjeros (y muy especialmente a flamencos), prohibición de salida de capitales y metales al extranjero, y darle un buen trato a la reina madre Juana.

Como bien lo señala Engel de la Cruz en *"Comuneros"*, lo que iba a ser el reinado de Carlos I de España y V del Sacro Imperio Romano Germánico, ya iba manifestándose, cuando tras el fallecimiento el 12 de enero de 1519 de Maximiliano I, él decidió suspender el viaje que tenía previsto para jurar las Cortes de Aragón en Valencia para

---

[32] De La Cruz, E. (2022). *Comuneros: La revolución de Castilla*. Editorial Almuzara.

ir a Fráncfort del Meno el 28 de junio, delegando en Adriano de Utrecht, algo que no fue aceptado, como ya veremos en un subcapítulo posterior, teniendo que jurar, presencialmente, las Cortes, en Monzón, el 1 de junio de 1528.

Concurrieron muchas circunstancias para el levantamiento de las Comunidades de Castilla como lo fue el desconocimiento del castellano de Carlos I, el nepotismo hacia los flamencos para que ocupasen puestos destacados y el nombramiento del sobrino de Guillermo de Croy, también llamado Guillermo de Croy, fue como arzobispo de Toledo. Pero todo acabaría estallando con la Asamblea de La Coruña, cuando se consignó pagar el servicio al monarca, que quería cobrar a los diputados en Cortes, para hacerse coronar emperador del Sacro Imperio Romano Germánico (una idea imperial que traería muchas deudas, como ya veremos).

Estas Cortes iban a celebrarse en un principio en Santiago de Compostela, pero el descontento de las ciudades que iban a enviar a sus representantes se hizo tanto de notar, que los representantes del ayuntamiento empezaron a hablar con miembros del bajo-medio clero sobre la insostenibilidad de la situación, instándoles a hacer algo, negando a pagar el servicio del nuevo rey extranjero, convocándose en La Coruña, porque allí estaba la flota imperial, porque si la cosa no salía lo mejor posible, ellos pudieran huir. ¿Pero por qué se aprobó ese servicio aún a pesar de estar en contra gran parte de la población? Pues fue Guillermo de Croy, el tío, quién prevaricó, sobornando a los representantes de la ciudad, logrando que se pagase este servicio y se aprobase su pago.

La existencia de milicias populares en cada ciudad del reino que se sentían hermanadas entre ellas hizo que varios miembros del Ayuntamiento se convirtiesen en líderes de estas, como Juan de Padilla, de la baja nobleza y regidor del Ayuntamiento de Toledo, de gran carisma, que logró el favor de los otros regidores, gozando de un gran apoyo popular, por la gran presión fiscal que les agobiaba. Él estaba casado con una mujer que también se destacó por su valentía y su arrojo en el conflicto, como lo fue María López de Mendoza y Pacheco, quién era de la alta nobleza.

En Segovia, se destacó otro regidor, miembro de la baja nobleza, Juan Bravo; en Salamanca, estuvieron los hermanos Maldonado, Francisco y Pedro; y en Palencia, el Obispo Acuña, que participó de una forma muy activa en esta rebelión, que tenía a su disposición el ejército de la Diócesis de Zamora, un cuerpo poco profesionalizado, compuesto únicamente por sacerdotes.[xiii]

La revolución comienza, cuando tras votarse el servicio en Cortes, en Segovia, es asesinado el procurador Rodrigo de Tordesillas. Las tropas de Toledo dirigidas por Juan de Padilla a auxiliar la localidad de Segovia, asediada por los realistas, mientras que las tropas realistas incendian Medina del Campo, por negarse ellos a concederles los cañones para el bombardeo de Segovia.

Como bien asegura Engel de la Cruz, se retiraron las tropas imperiales comandadas por Rodrigo de Ronquillo, entregando los ciudadanos de Medina del Campo a los ya autoproclamados "comuneros" el parque de artillería de su ciudad, dándose cuenta ya del poder que tenían. Comisionados, se dirigieron a Tordesillas – de donde, curiosamente, era el procurador asesinado en Segovia – donde hablaron con la reina Juana, quién favoreció a los comuneros para la vuelta al buen gobierno.

Adriano de Utrecht, conminó a Carlos, a que eliminase el servicio, así como otra medida popular, como lo fue poner al mando del Ejército al condestable de Castilla. Con estas medidas, se rearma el Ejército Imperial, que va adquiriendo más poder, intentando represaliar a los comuneros.

Ya el 23 de abril de 1521, mientras los comuneros se dirigían a Toro, acabaron cercados en Villalar por la caballería del Ejército Imperial, para posteriormente, aprehenderlos en un cadalso en la localidad homónima y decapitar a Juan de Padilla, Francisco de Maldonado y Juan Bravo sin juicio previo.

La mujer de Padilla, María de Pacheco, al enterarse de que la rebelión ha sido sofocada de norte a sur, ella resiste en Toledo y con el gran favor de la población, implanta una especie de dictadura, con la que resiste. Fue la última ciudad comunera en rendirse.

En el Reino de Valencia, los gremios tuvieron una actitud revolucionaria, en lo que se conoció como las *Germanías* de Valencia. Este movimiento, menos conocido que el Levantamiento de las Comunidades, si bien no menos importante, demostró cuanto poder había de tener.

En el ámbito rural valenciano nos encontrábamos con la problemática de la mecánica de los censos, vínculo entre propietarios y arrendatarios de la tierra, constatando una apreciable evidencia de explotación inherente al sistema como lo era la sanción del comiso, la obligación del censatario de conservación y mejora de las tierras acensadas, los derechos del propietario al laudemio y la fadiga, entre otras. A través del censal, existe una misma vinculación entre prestamista-acreedor y receptor-deudor, desarrollándose en dos medios, el privado (interindividual) y el público (institucional). Los censalistas fueron represivos, y la disposición de la monarquía presionada por los acreedores, contribuyo a aumentar esa actitud, con las pragmáticas de Martín I en 1368 y 1403 o las de Alfonso III en 1427, 1428, 1430 y 1444, hasta el reinado de Fernando II de Aragón, el Rey Católico, que tuvo una postura más proteccionista hacia el deudor con la política del quitament, la eliminación de la deuda exterior o la conversión de la deuda consolidada – el censal mort – en deuda flotante – violaris -.

Lo que precipitó esta revuelta fueron el crecimiento demográfico discontinuo y desequilibrado, constatado a través del impuesto del morabatí, creando problemas de integración, reflejados en las *bandositats* de toda la Baja Edad Media, y el descenso de la producción agraria y textil, de la que sabemos por los tercios-diezmos y los registros del impuesto del tall, destacando la producción triguera, agravada por una serie de factores como el veto real a la importación de trigo castellano, la separación entre el trigo contratado y el realmente importado, la ruptura de promesas por parte de los mercadores que retienen el trigo sin circular comercialmente para obtener rédito a través de las especulaciones, la inclusión del acreedor censalista en la mecánica importada, que provoca que el hambre popular obedezca a un prestamismo fluido, así como por las alianzas entre los panaderos – conocidos como "flaquers" – y los señores de molino que provocaron una calidad fraudulenta que posibilitaba negocios especulares.

Todo esto provocó, en 1503, la crisis de subsistencia más aguda de la historia valenciana, que germinaron en manifestaciones revolucionarias que sirvieron como prolegómeno de la revuelta agermanada, alcanzando cotas singulares la inflación, haciéndose especialmente notorio a partir de 1521 (del número índice 77.7 de la década 1511-1520 se pasa a 171 en 1521-1530).

Con este aumento inflacionario, se producen crisis de las rentas en todos sus niveles, tanto de las de trabajo hasta las señoriales, lo que provocó represiones en el sistema gremial como la rigurosidad de las exigencias para el acceso a la condición del maestro o el aumento del "tall"; todo esto genera la alienación respecto al capital mercantil exógeno, pues el capital productivo valenciano tiene similitudes con el sistema "verlag" o de taller, inmediata evolución del sistema gremial, consistente en subcontratar el trabajo a fin de que la labor fuese ultimada en sus propias instalaciones.

Destacan las declaraciones de D. Rodrigo Hurtado de Mendoza que provocaron su destierro de Valencia el 11 de junio de 1520, cuando la revolución estaba presidida por la figura de Llorens, secundada por Caro y Sevilla, donde dominaban las preocupaciones legalistas con numerosas visitas al rey y expectativas limitadas al control del poder municipal.

Posteriormente, en julio de 1520, emerge la figura de Vicente Peris, que genera una inmediata confrontación bélica contra las fuerza nobiliarias en el frente septentrional y meridional destacando fracasos agermanados como Oropesa y Játiva, y algún éxito como Gandía (donde ayudaron requenenses que habían sido movilizados por las tropas reales y que se pasaron al bando agermanado), pretendiendo ahora sí un cambio estructural, que provocó una doble represión, primero por parte de D. Diego Murtado de Mendoza a partir de octubre de 1521, y de doña Germana de Foix, a partir de diciembre de 1523.

La revuelta se extendió generalmente por las zonas litorales, precisando más, la huerta de Valencia, la Ribera Alta y Baja del Júcar, el Llano de Sagunto, la Plana de Castellón, la Hoya de Alcoy, el Valle de la Albaida, la Marina y el Bajo Vinalopó, y las zonas del interior como Morella, Jérica, Castielfabib o Bocairent tomó posturas radicalmente opuestas, aunque también ha de sumarse el Alto y el Bajo Maestrazgo, la Vega de Segorbe (salvo Altura), la zona que va de Requena a Villena y el Valle de Bocairent.

También resume el maestro García Cárcel con que los lugares de presencia mudéjar fueron los más propensos a las germanías y los de ausencia a no apoyarlos, así como que los lugares de expansión de nuevas fuerzas de producción o de desarrollo de cultivos de potencialidad aperturista apoyaron a los germanados, frente al reaccionarismo de cultivos tradicionales, también entre focos productores – agermanados – y exportadores – antiagermanados -.[33]

Destaca la preeminencia de maestros gremiales de escaso poder económico, labradores, clero bajo y una mínima representación de la burguesía, únicamente hay dos nobles, que son los caballeros Bernardo de Forn y Gaspar Joan.

---

[33] García Cárcel, R. (1973). *Las germanías de Valencia y la actitud revolucionaria de los gremios.*

Como bien señala D. Ricardo García Cárcel, un número considerable de los agermanados tenía bienes requisados por 36% por valor de más de 1.000 sueldos, y de ellos, únicamente un 17% por valor de más de 5.000 sueldos, tratándose – según la categorización de Michelet y Jaurés a los procesos revolucionarios – de una revolución de la miseria, aunque fue de un gran progreso cultural y muchos de los agermanados además dominaban el castellano, pues en su haber, estaba el haber leído *"El Laberinto de la Fortuna"*, *"La Celestina"* o *"El cancionero general"*.

Resalta también D. Ricardo García Cárcel, las reivindicaciones a través de los gremios que buscaban la homogeneización niveladora de la jerarquía de los gremios y una autonomía en la comercialización de la propia producción (1), una regulación y control del avituallamiento municipal de trigo y carne (2) y también con dos objetivos como la supresión drástica de censales y el bautismo forzoso de los mudéjares (3).

	Número de maestros	Cantidad pagada (en sueldos)
Velluters	242	3972
Perayres	241	3100
Corredors dòrella	149	1928
Teixidors de lana	139	1405
Fusters	128	1910
Sastres	121	1333
Argenters	72	1270
Farmers	69	782
Ferrers	69	680
Flaquers	68	1228
Obrers de vila	65	758
Carabacers	62	626
Corredors de coll	61	500
Carnicers	54	1028
Velers	50	594
Assaonadors	49	628
Moliners	46	720
Cirugians y barber	45	671
Peixcadors	36	362
Traginers	35	214
Boneteres	34	382
Apuntaors	33	517
Pellers o giponers	33	335
Blanquers	31	335
Aluders	30	310
Matalafers y vanov	28	217
Apothecaris	28	2405
Guanters	27	217
Boters	27	301
Speciers	27	745
Tapiners	25	289
Corders	24	248
Mesurers	21	249
Corregers e cinters	20	136
Carders	17	248
Metges	15	640
Pidrapequers	15	198
Sparters	14	139
Pellicers	14	290
Tintorers	14	1100
Garbelladors	14	140
Flaçadors	14	272
Brunaters	13	160
Sombrers	12	111
Calderors	10	70
Tirasaschs	8	50

Tabla 1. Relación de profesiones y salarios.

xiv

Respecto a la actividad agropecuaria, Vicens Vives destaca que la nota de este siglo XVI, que fue la victoria de la ganadería trashumante sobre la estante, aunque los dos modelos de ganadería se impusieron sobre la agricultura, siendo el modelo económico dominante hasta finales del siglo XVIII, mal que empezó en este siglo su decadencia, incluso aun con la proclamación de os Reyes Católicos de que "la crianza y conservación del ganado ha de ser la principal substancia de estos reinos". Aunque, la economía campesina típica fue siempre el cultivo de cereales que comenzó en la segunda mitad del siglo XVI.

La conocida por Braudel como "eterna trinidad" del Mediterráneo que eran el trigo, el vino y el aceite, se encontraron en este siglo en expansión.

Ya hablaremos en el capítulo dedicado a Felipe II, con la introducción de medidas para la bonificación de suelo como huertas y vegas, aunque ya desde el principio del siglo XVI, la agricultura nacional optó casi siempre por el sistema de roturación de nuevas tierras, en una época en la que el control y dirección de las tareas agrarias estaban a cargo de los hombres del campo, quiénes invertían poco en tecnificación y no estaban especialmente favorecidos por el dinero indiano.

El proyecto del Canal Imperial de Aragón, derivado del Ebro, fue iniciado por Carlos I en 1529, aunque no se finalizó su construcción hasta más de dos siglos después, reinando Carlos III, en las que el monarca imperial favoreció el riego de la vega de Colmenar de Oreja por las aguas del Tajo, continuado por Felipe II que planeó la azuda de Écija, bañado multitud de jardines y huertos.

Durante la primera mitad del siglo XVI, y debido a la gran demanda de productos agrícolas por parte de América, así como por el aumento poblacional que demandaba una ingente cantidad de cereal, generó la posibilidad pecuniaria de roturar nuevas tierras, así como de mejorar el rendimiento de las que ya se hallaban en cultivo, lo que desembocó en la extensión de las áreas cultivadas y el incremento de las cosechas, aunque las deficiencias de la estructura agraria castellana y la intromisión de señores y burgueses, tuvieron causas negativas que perjudicaron a la clase campesina. Causas negativas que tuvieron consecuencia en el régimen jurídico del trabajo agrícola.

Volvió el arrendamiento de la tierra, que sustituyó los antiguos derechos feudales, las inversiones dinerarias se realizaron en forma de *censos al quitar*[34], siendo el grupo señorial el principal interesado, haciendo un doble esfuerzo por crear explotaciones agrícolas de nuevo cuño en los espacios baldíos de sus antiguas heredades, rescatando las que ya se hallaban en posesión de los cultivadores, posteriormente, la nobleza entregó o devolvió esas tierras colonizadas en condiciones diferentes anteriores a los mismos campesinos, imponiendo el contrato de arrendamiento pro tiempo limitado y con un rédito efectivo. La participación del capital burgués en los negocios agrícolas, con el ya mencionado censo al quitar, préstamo a corto plazo e interés muy gravoso, garantizado a través de la hipoteca sobre las tierras del arrendatario, convirtiéndose el campo en un objeto de especulación con intereses elevadísimos que llegaban a pagarse hasta el 50%. **Las consecuencias de este proceso fueron que el arrendamiento de tierras y la aportación de capitales beneficiaron el desarrollo de la agricultura, mientras la coyuntura se mantuvo en alza, pues el elevado rendimiento de las cosechas permitía el cultivados saldas sus cuentas con señor y con el censualista, pero cuando arribó la desvalorización de los productos agrícolas, pues, generalmente la economía de las Indias se basaba en el autoabastecimiento por sus recursos naturales, el labrador se encontró con que no podía pagar los intereses debidos. Situación que a Andalucía no afectó, pues era la gran beneficiaria del comercio sevillano, además que el cultivo de la vid y del olivo se fue extendiendo por toda la cuenca del Guadalquivir.**

Menciona Vicens Vives la masiva roturación, distribuyéndose parcelas a los campesinos en las nuevas tierras, ateniéndose este reparto al modelo tradicional de diseminar las parcelas atendiendo a la diferente calidad del suelo, provocando que los campesinos tardasen más en ir de una parcela a otra. Todo esto, generó la aparición de la mula, un animal más rápido, aunque menos resistente que el buey, siendo que un par de ellas podía trabajar una fanega en un día, compensando el mayor coste de

---

[34] *Los censos al quitar en la Corona de Aragón: su influencia en la creación de las Taules de canvi de Barcelona (1401), y de Valencia (1407).* (n.d.). vLex. https://vlex.es/vid/censos-quitar-corona-influencia-taules-canvi-232398

las mulas, aunque los campesinos habían de dedicar una parte considerable de las parcelas al cultivo de cualquier cereal para alimentarlas.

El hecho de que el buey ya no fuese el principal animal-medio de transporte de los campesinos, también provocó un efecto dominó, en la ganadería. Al ser la ganadería, la forma económica que exige menos brazos, su extensión en detrimento de la agricultura proporcionaba grandes cantidades de hombres aptos para engrosar los tercios en Flandes o Italia, aunque, realmente el predominio de la trashumancia también tenía bastante que ver con el ideal político de la monarquía renacentista que buscaba recuperar los privilegios y prerrogativas conculcadas por los atropellos nobiliarios, y es algo de lo que la monarquía – al igual que la Mesta – buenamente se resarció durante el siglo XV.

Ambrosio de Morales, calificó a la Mesta, ya en tiempos de Felipe II, como "organismo político"[35], debido al aumento de los atributos de esta contra los derechos jurisdiccionales de los nobles, de las comunidades religiosas, de las ciudades y hasta de las universidades, aunque este aumento de sus prerrogativas fue más un quebradero de cabeza para la monarquía que otra cosa, pues no hubo esa tan efectiva ayuda.

A partir de 1525, la ratificación de las prerrogativas de la Mesta convirtió a la ayuda prestada a la Corona por la asociación en una especie de crédito abierto con carácter permanente y vinculada a Carlos I. Al fallecer este, sumado al desnivel entre precios castellanos y europeos, que obstaculizaban las exportaciones, comenzó el declive de la Mesta, pues al hacerse insuperable el alza de los precios hacia 1550, provocando entre otras cosas, la disminución de las ventas de lana, así como también la cabaña de los ganados trashumantes de Castilla, se llegó a una reducción notoria que provocó, que de 1556 a 1561, la mesta perdiera el 15% de sus efectivos. [36]

En lo que respecta a la agricultura, Vicens Vives argumenta que los agricultores, sempiternamente enfrentados a los ganaderos, aunque con relación de amor-odio, vieron con temor, como al desaparecer los rebaños anualmente, sus cultivos eran constantemente atropellados. En el carácter industrial, la exportación de la lana fue el

---

[35] *Biblioteca Histórica Marqués de Valdecilla*. (n.d.). https://biblioteca.ucm.es/historica/morales,-ambrosio-de
[36] Vicens Vives, J.; Nadal Oller, J. (1967). Manual de Historia Económica de España. En *Editorial Vicens-Vives eBooks*. http://ci.nii.ac.jp/ncid/BA38028505

principal problema, pues mientras los ganaderos querían exportar el máximo de ella, los industriales pañeros anhelaban retener la cantidad que necesitaban para sus manufacturas, ampliando el derecho que les fue concedido en el siglo XV sobre el tercio de la lana producida hasta la mitad en tiempos de Carlos I.

Hay que destacar que la organización de la industria tenía una función proteccionista respecto de la producción nacional, y, por encima de todo, de los componentes de esta, dejando aparcada la mejora de la producción a través de los avances técnicos para intentar eliminar a la competencia.

Dentro de la producción castellana, resaltaba la industria pañera, por la abundancia de la lana, que encontró con el monopolio del mercado indiano, un nuevo panorama, que le brindó ampliar su clientela. La industria lanera se localizaba en cuatro ciudades principales que fueron Segovia, Toledo, Córdoba y Cuenca, teniendo Aragón, una industria pañera importante, reglamentada por las ordenanzas de 1522, 1547 y 1550, siendo famosos sus tintes y paños de Zaragoza, así como los paños y bayetas de Huesca, los *draps* y *ordellats* de Barcelona, siendo Valencia y Perpiñán otros centros laneros importantes.[xv]

Vicens Vives subraya que, no obstante, España no fue diestra en la importación de otras fibras como el cáñamo, cultivado en Aragón y Valencia, y el esparto, cultivado en la zona levantina, que servía para usos domésticos, instrumentos de navegación y pesca, como sí lo era en los hilados de lino de Brabante y Holanda.

Creció, por otra parte, el mercado sedero, en zonas de gran influencia musulmana como Toledo, Granada y Valencia, siendo mi pueblo, Requena, una de las zonas nucleares del comercio sedero.

El no contar con una industria pañera de exportación al momento del Descubrimiento de América, fue una dificultad que perduró, aunque de 1540 a 1590, los paños castellanos experimentaron un auge extraordinario, saliendo en grandes cantidades hacia América, Portugal e Italia. Ante la excesiva alza de precios, que cerraba los mercados a las manufacturas nacionales, las cortes de Valladolid de 1548 solicitaron que se autorizase la entrada de tejidos extranjeros, prohibiéndose la salida, incluso en dirección a las Indias, de los del país, obteniendo este permiso a las Cortes en 1548 y esta prohibición en 1552. Todo ello, generó medidas contraproducentes, pues la decretada importación de paños extranjeros evidenció y ahondo la inferioridad de la industria nacional, combatida con productos más baratos en su propio reducto.

También es de notar el declive de la pesca, actividad donde los vascos, que llegaban hasta el Báltico, eran bastante doctos. Al llegar la dinastía de los Austrias y el comercio con América, estas naves se pusieron al servicio del transporte marítimo, provocando deficiencias en el mercado español de la pesca, subsanadas por marinos bretones, que introdujeron en España el bacalao. Las naves de los bretones llegaban periódicamente a las costas de Cantabria, internándose en aguas del Mediterráneo, apareciendo frecuentemente en Barcelona cargamentos de pesca de altura traídos por bajeles de Bretaña. En Levante, este pescado atlántico entró en competencia con el pescado tradicional que solía venir de Cerdeña, señalándose también en Barcelona, frecuentes partidas de pescado venido de Portugal.

Existe una variante del idioma euskera que es un pidgin (lengua formada a partir de dos o más lenguas que permite la comunicación entre hablantes de distintas lenguas pero que no comparten un origen étnico o de comunidad similar)[37] entre el euskera y el islandés. Ese euskera hablado es un dialecto labortano, lo que denota procedencia de la zona vascofrancesa de San Juan de Luz. El primer diccionario en Islandia fue para traducir el euskera en 1937.[38]

Fijación de tasas, bonificación del suelo. Ni con Felipe II y los juros bastan.

Aunque, en 1539, la tasa que ya era remanente de los Reyes Católicos se instauró como carácter permanente, la política de tasas se adoptó y consolidó definitivamente para todo el reino en 1588, aunque en un principio era de aplicación únicamente al interior del país, eximiéndose las regiones costeras que estuviesen hasta un límite de diez leguas desde la orilla del mar. Es bastante probable, como apunta el historiador Antonio Domínguez Ortiz, que esta política no llegase a aplicarse de forma plena, ya que, en tiempos de abundancia, bajaban los precios, y en épocas de escasez, la mayor

[37] Asale, R.-. (n.d.). *pidgin | Diccionario de la lengua española*. «Diccionario De La Lengua Española» - Edición Del Tricentenario. https://dle.rae.es/pidgin
[38] Bilbao, G. (2013). Glossaria Vasco-Islandica-ren aurkezpen gisakoa. *Anuario del Seminario de Filología Vasca Julio de Urquijo: International journal of basque linguistics and philology*, 25(2), 315-316. https://dialnet.unirioja.es/servlet/articulo?codigo=2777676

parte de la gente eludía la ley. Quiénes si pudieron cumplir a rajatabla estas leyes económicas, fueron varias instituciones, entre las que destaca la iglesia, responsables de la mayor parte del cereal que salía al mercado, pues se esperaba que vendiese la mayor parte de su grano a precios oficiales.[39]

No obstante, todo lo que se hizo al albor del esplendor de la agricultura en la primera parte del siglo XVI en España, en la segunda mitad, ante su franco declive, acabo por venirse abajo. El autoabastecimiento de América, ya mencionado, así como el alza de los precios, hicieron que la producción descendiese en suelo peninsular. Quizá el aumento de las semillas, de los aperos de labranza, de los salarios de los jornaleros del campo entre otra cosa, provocaron el encarecimiento del producto, poniéndole en una situación de desventaja cuando salía al mercado.

La tasa se realizó más pensando en el consumidor que en el productor, pues al elevarse demasiado el precio, en vez de incentivar la producción, colocando al campesino en una situación de agravio respecto a los restantes ramos de la producción, agrandándose el desequilibrio entre el rendimiento y los costos de la producción agraria.

Todo esto generó emigración de los agricultores a grandes ciudades o a América, así como la desvalorización de suelo, que pasó a poder de grandes terratenientes, provocando la vuelta del latifundismo; así como también la reducción del área cultivada al faltar brazos, y la aparición del mercado negro y del hambre, dentro del marco de una economía primaria, de trueque, en el que al descender la producción, mientas aumentaba la población, brotó un precio paralelo al legal - que era el regulado por la tasa - que fue el de mercado, que estaba sometido a la ley de oferta y demanda, dominado por unos comerciantes minoristas, llamados *regatones* por su tendencia a regatear, generalmente al alza para sus intereses, los productos que vendían. El fantasma de la peste negra que ya se había ido abandonando durante los primeros años del siglo XVI volvió con más virulencia a partir de 1570, tras igualarse los precios agrícolas con los industriales.

La economía de trueque en la que los campesinos estaban inmersos, no les impidió formar parte de los dos tipos de economía monetaria que coexistían en España como

---

[39] Vicens Vives, J.; Nadal Oller, J. (1967). Manual de Historia Económica de España. En *Editorial Vicens-Vives eBooks*. http://ci.nii.ac.jp/ncid/BA38028505

lo fueron la de la plata relacionada con el gran capitalismo mercantil de la Real Hacienda, que era como generalmente se cobraban impuestos a los campesinos como los de los diezmos, las cargas señoriales y las rentas; y la de la moneda de vellón, que se relacionaba con la vida económica de comunidades urbanas y rurales.

Hay que destacar la importancia del municipio en materia socioeconómica, política y cultural, como así lo atestiguaron Joaquín Costa, Susan Tax Freeman o Benjamín García Sanz, a través de tres razones; la primera, va relacionada con la vida económica del municipio, pues se responsabilizada del abono de tributos a autoridades políticas y eclesiásticas, acatando también como unidad frente al poder local y el gobierno central; en segundo lugar, los derechos comunales que la mayoría de los municipios poseían sobre una considerable porción de tierra, que por lo general era monte de leña y pastos, pero casi siempre, tierra cultivable, destinándose en ocasiones, esta tierra común para el beneficio de todos como en el caso de la forma de pastoreo en estas tierras, o también de una forma más específica, a través del arriendo a alguno de ellos, tratándose como bienes de propios, lo que generaba así rentas para las finanzas del consejo, y ya, en tercer lugar, los municipios tenían la discreción de regular diversos aspectos de las agrarias de sus miembros, pudiendo varias considerablemente, como una coordinación para garantizar la rotación de cultivo y barbecho, así como el control del pastoreo del ganado en las rastrojeras tras la cosecha. Las regulaciones municipales, incluso, llegaban hasta la redistribución periódica de tierras mediante sorteo, una usanza que perduró en algunos territorios hasta el siglo XX, destacando también provisiones para asignar determinados trabajos como el de pastor, boyero, guarda o aguador comunal, y varías formas de "sistemas de seguro", que incluían la entrada de caballería, que obligaba a todos los habitantes del pueblo a ayudar en la compra de una mula o un buey cuando algún vecino perdido su animal por circunstancias que no podía controlar; así como también el granero público, también conocido como pósito, del que los individuos podían obtener préstamos en tiempos difíciles. [40]

Señala De Carlos que también exigían los municipios el trabajo a sus miembros como la reparación de caminos y otros, pudiendo coaligarse en ligas de pueblos o ciudades

---

[40] De Carlos Morales, C. J. (2013). *Endeudamiento dinástico y crisis financieras en tiempo de los Austrias: las suspensiones de pagos de 1557-1627*. Dialnet. https://dialnet.unirioja.es/servlet/articulo?codigo=4540500

con otros municipios vecinas con límites comunes, teniendo estas alianzas la misión de la regulación de pastos comunes y el ejercicio de presión sobre la Mesta. La organización territorial disponía que la pertenencia de los municipios, podía ser tanto a un distrito como a un territorio más amplio, sujeto a la autoridad de un señor o de una villa de cabecera, conformando una Comunidad de Villa y Tierra, a imagen y semejanza de las originales que germinaron en la Extremadura castellana entre los siglos XI y XII. La crisis del reinado carolino se hizo notar con una repercusión entre 1556 y 1560, para lo que fue necesaria la refinanciación de la liquidez – una condición fundamental para el funcionamiento de los mercados financieros -. La Hacienda Real durante el reinado de Carlos I, tuvo que recurrir al endeudamiento flotante, que acabó descuadrándose ante la acumulación de un déficit permanente y el dispendio de la guerra contra Francia y el Papado, provocando la suspensión de pagos en 1557, debida fundamentalmente a una crisis de fondos de la Hacienda Real, complementada por una contracción del crédito privado, incrementándose la primera de riesgo que la Hacienda Real tenía que asumir. Como no había seguridad, las consignaciones ofrecidas y obtenidas por los asentistas no les permitía la concurrencia a las ferias para negociarlas y ofrecerles a cambio de depósitos y cambios. [xvi]

Felipe II, pues, tuvo que emplear varios expedientes transitorios como el decomiso de las remesas llegadas a la Casa de Contratación, así como el inicio de numerosas medidas de enajenación de oficios y otros expedientes fiscales que sustentaron las arcas del nuevo factor general, para acabar con la ordenación del sobreseimiento de consignaciones y libranzas entre abril y junio de 1556 que permitía reestablecer fondos que se destinaron a Flandes y a Italia, así como garantía de negociación de nuevos cambios y asientos, recurriendo la Hacienda real, posteriormente entre 1558 y 1560, a la entrega de juros como pago de los asientos de la "deuda vieja", incentivando también el acuerdo de nuevos préstamos, como el concertado en mayo de 1558 con el gran banquero de Felipe II, Nicolao de Grimaldo, pudiendo refinanciar la deuda flotante acumulada, recuperando la confianza de los contratante, y, por ende, la liquidez, aunque eso supuso un aumento patente del endeudamiento de la Hacienda Real, tanto por el aumento notable del volumen del situado como la cesión de la gestión de la deuda consolidada. El nivel que alcanzó la deuda flotante, superó los ingresos esperados, por lo que Felipe II ordenó el decreto de Toledo en noviembre de 1560, aludiendo a las dificultades de financiación, así como al volumen acumulado de deuda flotante y las distorsiones en la celebración de las ferias. Este decreto acabo fracasando como consecuencia de la necesidad de financiación exterior, pues el gasto bélico aumentó a partir de 1565, llevando consigo el aumento de la fiscalidad que no pudo seguir el mismo ritmo, por lo que la Hacienda real hubo de recurrir a los juros de resguardo, el precedente del actual título de la deuda pública, que podía ser perpetuo o al quitar – es decir, redimible a través del pago de la cantidad por la que se adquirió el juro, más los intereses -, dado para asegurar el pago de un asiento ordinario realizado por un prestamista a la monarquía, pudiendo el monarca adjudicar de forma unilateral a la Hacienda Real todo o parte del producto de las rentas de juros en uno o varios ejercicios económicos[41]. Aunque esta fórmula funcionó, a partir de 1573, empezaron a verse sus carencias, comenzando el apalancamiento financiero, que habría de durar hasta 1578. Drelichmann y Voth la definieron como una crisis de liquidez, mientras que Álvarez Nogal y Chamley proponen que se generó cuando el nivel de los intereses de la deuda a largo plazo superó el importe de las rentas ordinarias que los soportaban, negándose las Cortes a conceder un incremento del encabezamiento general.[42]

Se llegó a una crisis de sostenibilidad, con diversas manifestaciones, que tenían como raíz, el problema del descontrol del endeudamiento dinástico, pues desde 1461 se había dispuesto un modelo de financiación en el que los contratistas conseguían proveer grandes montos a la Hacienda recurriendo al crédito privado. La colateralización de la deuda flotante permitió la superación de déficits anuales, aunque la contratación de asientos significó tanto que se acumulasen créditos a corto plazo como que incrementasen el volumen de la deuda consolida. Hacia 1575, la Hacienda Real, reconoció no tener el control sobre la deuda flotante perteneciente a los asentistas.

Menciona de Carlos Morales que la decisión de la suspensión de pagos se llevaba planteando desde el verano de 1573.

---

[41] Rae, R. a. E.-. (n.d.). juro. *Diccionario Panhispánico Del Español Jurídico - Real Academia Española.* https://dpej.rae.es/lema/juro
[42] De Carlos Morales, C. J. (2013). *Endeudamiento dinástico y crisis financieras en tiempo de los Austrias: las suspensiones de pagos de 1557-1627.* Dialnet. https://dialnet.unirioja.es/servlet/articulo?codigo=4540500

Señala, asimismo de Carlos Morales, que el asunto mollar de la crisis financiera estuvo en la voluntad de Felipe II de detener los costes financieros y rescatar el control sobre juros de resguardo y de comodidad que los contratistas recibían desde 1561, por tanto, la sostenibilidad, pasaba por la conversión de las deudas flotantes. En septiembre de 1575, Felipe II decidió efectuar una medida dirigida contra la hegemonía de los hombres de negocios, quizá como bien aseguraban Álvarez Nogal y Chamley, encauzada como una forma de presión directa sobre las minorías oligárquicas urbanas de ciudades y de las villas para que accedieran al cobro del crecimiento que las Cortes habían proporcionado con anterioridad, beneficiándose de este endeudamiento dinástico, los mercaderes-banqueros castellanos, así como las élites que invertían en los juros que salían al mercado secundario, estando, a menudo, devaluados.

Las ferias, que fueron el principal centro comercial y económico de Castilla durante la Edad Media, también entraron en franca decadencia, destacando la de Medina del Campo. En el siglo XVI, las ferias se convirtieron en la contratación de los cambios de la circulación monetaria, convirtiéndose en instituciones con carácter financiero.

Destacaban en Castilla, las de Villalón, Medina de Rioseco y la de Medina del Campo, protegida de la Reina Isabel. Las dos primeras estuvieron vinculadas a familias nobiliarias importantes, pues las de Villalón se celebraron en territorios de los que eran señores los Pimentel, y la de Medina de Rioseco, pertenecía a los Enríquez, almirantes de Castilla.

Fueron beneficiadas por el comercio indiano, aunque los galeones llegaban irregularmente, sincronizándose, difícilmente, las ferias, siendo origen de graves dificultades para su celebración, acentuándose con las crisis anteriormente mencionadas, que, entre otras consecuencias, tuvo el retraso de la plata americana en 1566, respecto a los pagos a efectuar en la fiera medinesa, que llegó a un año, con la intervención del Consejo de Castilla.

Para beneficiar a Medina del Campo, a Villalón le sustrajeron los cambios, devolviendo a su feria la condición inicial de simple mercado económico, para, posteriormente, hacer lo mismo con Medina de Rioseco, en 1567, aunque el obispo de Cuenca, confesor de Felipe II, defendiese su resistencia.

Fue Madrid, flamante capital de España desde 1561, y que fue además la primera sede fija de la monarquía, quién recogió todas las ganancias de estas aguas revueltas, pues al acentuarse los retrasos en los pagos y, por tanto, un retraso en las transacciones, el alcalde de Medina de Campo decidió en 1571 a expulsar a los negociantes de la ciudad y embargar los libros de los cambistas. Génova, tradicional aliada mercantil de Castilla, había suspendido los cambios con España en 1567.

En 1578, las garantías que la Corona dio a los acreedores consiguieron que genoveses y lioneses retornasen, y que Medina pudiese recobrar la importancia de antaño, manteniéndose hasta 1590, para que, cuatro años más tarde, el retraso entre la mayor riada de plata y el regreso de los galeones provocó la interrupción de las ferias hasta 1598. Ya, en 1606, siendo Madrid, capital política tras un breve lapso de cinco años (1601-1606) en que Valladolid fue la capitalidad, Medina del Campo desapareció como dirección financiera.

En el aspecto agrario, la época filipina de estancamiento introdujo las mejoras técnicas más importantes, pues cuando el burgués de la ciudad, retirándose del negocio industrial o mercantil, se dedicó a invertir en agricultura, siendo posible el drenaje de los terrenos pantanosos, que eran los más productivos. Esta nueva situación que se creó en las ciudades castellanas al iniciarse las crisis industriales proporcionó los capitales necesarios para realizar un sistema que ya era tradicional en el Mediterráneo. Alrededor de las ciudades – es decir, donde los burgueses tenían sus posesiones - nacieron esplendidas vegas y huertos fertilizados por medio del regadío, notando los embajadores que en España sólo se hallaba cultivado alrededor de los núcleos urbanos.

Siguiendo la teoría de Braudel, en el sur europeo era mucho más difícil la imposición de esta mejora técnica, parcialmente, sólo se había intentado la roturación, debido a la situación climática más calurosa, tardando hasta dos años en el Mediterráneo que la parte incultivada se recuperase, mientras que en el Norte era radicalmente distinto.

Siglo XVII. El declive de los Austrias y la División de la Península Ibérica

Suspensión de pagos bajo Felipe III. Declive demográfico en la agricultura española. Mitos y realidades sobre la expulsión de los moriscos en el Reino de Valencia.

El siglo XVII comenzaría en España con la consolidación de la Paz de Vervins en 1598, que ponía fin a la colaboración de España en las Guerras de Religión de Francia, así como con la firma del Tratado de Londres de 1604 que ponía fin a la Guerra Hispano-Inglesa de 1585 a 1604, de la que había habido incursiones en el Golfo de Cádiz aquel mismo año con victoria española comandada por Antonio de Oquendo y una tregua transitoria, la de Amberes, firmado en 1609 entre España y las Provincias Unidas de los Países Bajos que fue un paréntesis de la Guerra de los Ochenta Años, dando paso al periodo de pax hispánica.

Huelga decir que la paráfrasis "pax hispánica" a imagen y semejanza de "pax romana" o ahora, "pax americana", no tiene que ver, necesariamente, con un periodo de pacificación, sino que la potencia en cuestión es la potencia hegemónica en el ámbito político, económico, estructural y hasta lingüístico.

El legado económico que recogió Felipe III de su abuelo y su padre, no sólo fue la gravosa que vamos a ver en este subcapítulo, sino la consolidación de un Imperio y unas estructuras.

Felipe III, que ascendió al trono, el día 13 de septiembre de 1598, protagonizó la primera suspensión de pagos de España, y su válido, el Duque de Lerma, fue quién protagonizó una red clientelar de corrupción, acompañada de tráfico de influencias y venta de cargos públicos, consiguiendo incluso que el Rey cambiase la capitalidad a Valladolid, tras que el Duque invirtiese cantidades insultantes de dinero en propiedades.

La previa bancarrota de 1596, fue descrita como Conklin, como derivada de la sanción impuesta por los banqueros ante la superación del nivel de deuda que la Real Hacienda podía soportar. Las causas de la suspensión, decretada el noviembre de 1596, se genera con la necesidad constante de desarrollar una reestructuración de una parte significativa de la deuda consolidada, planteando las Cortes desde 1592, medidas de reducción del principal y de sus intereses a través del crecimiento de juros. En noviembre de 1596, los ministros de Felipe II decidieron ejecutar una nueva suspensión de consignaciones, y pocos meses antes de que Felipe III subiese al trono, en febrero de 1598, el Medio General consistió en un negocio financiero.

Ruiz Martín también definió esta crisis como una adaptación de los vínculos con los hombres de negocios, situándola, por tanto, en el proceso de dominio de estos – especialmente genoveses y flamencos – sobre las finanzas reales, en un contexto de disminución de ingresos de la Real Hacienda, su capacidad, por tanto, para seguir captando fondos en el mercado financiera dependía sobre todo, de la disposición de los juros dados como consignación y caución en los asientos, pasando a la segunda parte, el medio general de 1608.[43]

La herencia que recibió Felipe III en Real Hacienda fue especialmente gravosa, lo que no le impidió aumentar los gastos cortesanos y militares, destacando el consumo de 350.000 ducados mensuales por parte de los Países Bajos. Destacando las rentas extraordinarias que se entregaron como hipoteca en el Medio general de 1598, la obtención de liquidez se obtuvo principalmente a través del nuevo servicio de millones concedido en 1601, así como con el inicio de expedientes hacendísticos como las emisiones de vellón, sumándose a la negociación financiera, como principales formas de respaldo de los asientos jurídicos, junto a un tercer elemento que permitió la consolidación el crédito como consignación y aval complementario, que fue la utilización de los juros como resguardos o crecimientos, trasladándose así la deuda flotante hacia el ahorrador castellano. Este grave sobreendeudamiento, imposibilitó la disponibilidad de liquidez, siendo la tónica de esta crisis, que llevó a la suspensión de pagos de noviembre de 1607, como bien señaló de Carlos Morales.

Esta suspensión de pagos generó el acuerdo de Medio General de mayo de 1608, en que Felipe III y los hombres de negocios, convinieron una forma de pago de la deuda flotante acumulada, que inició un proceso de reestructuración de la deuda dinástica a través de dos procedimientos simultáneos; como lo fueron la conversión de la deuda flotante reconocida en deuda consolidada por medio de los crecimientos de juros y la

---

[43] De Carlos Morales, C. J. (2017). Crisis financieras y deuda dinástica, 1557-1627. *Cuadernos de historia moderna*, 513-516. https://doi.org/10.5209/chmo.58072

propia reorganización de la deuda consolidada, al desempeñarse títulos al quitar a un principal el interés que se modificaban y se volvían a vender de manera que se diera cabida a la deuda de los hombres de negocios, pasando la responsabilidad de devolución del débito flotante acumulado hacia el ahorrado castellano.

Parejo a las quiebras de finales del siglo XVI, vino el declive agropecuario, industrial, y mercantil de España, definiéndose como *"aridez, deforestación, cosechas deficientes, emigración, expulsiones, extensión de las manos muertas, de las limosnas y de las vocaciones eclesiásticas, vagabundismo, desprecio del trabajo, manía de ennoblecimiento, mayorazgos, recios elevados, salarios en alza, impuestos, guerras, debilidades de los favoritos y de los propios soberanos…"*. La impotencia política, la incapacidad productiva, la desarticulación social y la grandísima corrupción provocaron la crisis general del siglo XVII.

Ruiz Almansa elaboró a fines del siglo XVI un censo que, hoy, ante las lagunas documentales que presentó Cataluña en ese siglo, se nos muestra inexacto, pues mientras él aseguraba que la población española se mantuvo constante durante este siglo, oscilando en torno a los ocho millones de habitantes, Hamilton le atribuye una pérdida de hasta el 25%, mientras que Beloch asegura que, al acabar esta centuria, España contaba únicamente con seis millones de pobladores. Y, ciertamente, el problema poblacional fue una gran problemática que, ya en tiempos de Felipe IV, se intentó atajar, pero la ruptura de la línea ascendente de la demografía española en el siglo anterior siguió durante toda esta centuria.

Varios factores contribuyeron a una despoblación de las zonas agrarias, que eran la Meseta y el centro peninsular, y uno de ellos, lo señala Martín y Olcina en *Clima y Tiempo*, en el marco de la Pequeña Edad de Hielo, período climático mundial aparecido durante la Baja Edad Media en el siglo XIV y que permaneció hasta el siglo XIX[44], pues de las cuatro grandes catástrofes climáticas habidas en España, estuvo la del período de 1570 a 1610, coincidente con los desbarajustes económicos, la sequía y la falta de inversión en el campo.

---

[44] *Earth Observatory Glossary*. (n.d.).
    https://web.archive.org/web/20080628075235/http://eobglossary.gsfc.nasa.gov/Library/glossary.ph
    p3?xref=Little%20Ice%20Age

Huelga decir que el conocido como Madrid de los Austrias era una zona eminentemente agrícola y de alto valor cinegético, en el que los monarcas y nobles podían distraerse con frecuencia de sus quehaceres diarios, no siendo, en ese entonces, una capital al uso y ni mucho menos una ciudad comercial o financiera, como estaba empezando a ser, pues todavía Valencia, por poner un ejemplo, la superaba en población y en importancia.

Mientras la periferia peninsular iba poblándose, Cataluña seguía sufriendo no sólo el bandolerismo que durante el siglo pasado la había solado, sino ahora también las incursiones berberiscas.

Cabe añadir que el bandolerismo no ha de confundirse con asaltadores de caminos, pues generalmente eran redes clientelares de nobles y señores feudales, enraizadas en las prácticas del *deseiximent* (acto jurídico que mostraba el antagonismo de una parte con otra) y el *auxilian* (prestación de ayuda que un vasallo debía hacer a su señor feudal), siendo muchas veces soldados de los nobles como Perot Rocaguinarda, quién no era el *hereu* – el Código Civil de Cataluña estipula en su artículo 421.2 que debe instituirse, por lo menos un heredero[45] – al que había de dársele la herencia para no repartirse el patrimonio familiar, o mismos nobles como Joan de Serrallonga, que atemorizó la comarca de Ademuz durante todo el siglo XVII.

Cataluña no siguió la tónica poblacional del reinado de Felipe III, pues durante 1615-1620 hubo una recuperación, un óptimo demográfico, debido a la inmigración francesa. La época de Felipe III, en cuanto a población, fue una época de estancamiento y declive, con los sucesivos decretos que en 1609 hizo para expulsar a los moriscos, antiguos musulmanes que no renegaban de su religión.

Si bien es cierto, las consecuencias fueron negativas en lo poblacional, como lo asegura un memorial de 1638 que dice que, de 453 localidades valencianas ocupadas anteriormente por moriscos, 205 seguían abandonadas mientras que 248 tuvieron que ser repobladas por habitantes de otras ciudades.

La expulsión de los moriscos tuvo efectos relativamente negativos para la actividad agrícola española, tan demeritada frente a la ganadería, pero desde luego, no puede determinarse que los efectos fueran tan concluyentemente negativos, sobre todo,

---

[45] Abogados Herencias Barcelona. (2022, June 14). *Artículo 421-2 del Código Civil de Cataluña.* https://abogadosherencias.cat/es/codigo-civil-cataluna/articulo-421-2/

porque la agricultura de secano no fue dominada jamás por los moriscos, destacando así a Jaime Bleda que decía lo siguiente de ellos: *"Aquella triste gente eran malos labradores y trabajadores para tierras de secano y las más estaban yermas en sus lugares. No curaban de plantarlas de árboles ni de viñas; sólo andaban ocupados en cultivar sus huertas y jardines que regaban, las cuales tenían divididas en pequeños pedazos; y les tomaba el corazón haber de trabajar en un campo ancho y grande. No perseveraban en la labor todo el día sino dos, tres o cuatro horas. Eran naturalmente amigos de la ociosidad, y muy flojos por lo mal que comían y bebían; si para sembrar la tierra había de ararse seis o siete veces, ellos se contentaban con ararla tres o cuatro, y esas fuera de tiempo".*

Otros como Jaume Bendicho, gobernador del marquesado de Llombai en la década de 1640, justificaban la expulsión de los moriscos por el maltrato que hacían a la población nativa cristiana.

Guiémonos por lo que decía Henri Lapeyre, en su obra de 1959, que decía lo siguiente (traducido del francés): *"Si nosotros tenemos en cuenta la distinción tradicional de las tierras de secano y de regadío, nosotros constatamos que los moriscos predominaron en las primeras, a excepción de la provincia actual de Castellón, donde las altas tierras de Morella y del Maestrazgo conformaban un sólido bloque cristiano (…) Aquí nos han conducido a una constatación fundamental de la naturaleza a sorprender a aquellos que creyendo, sobre la locura de afirmaciones frecuentemente repetidas, que las fértiles huertas eran de la predilección de los moriscos".*[46]

Otros autores como Eugenio Ciscar, ya en los años 70 del pasado siglo, estuvieron imbuidos de una nada disimulada moriscofilia, que les llevó a agravar las consecuencias nefastas económicas de la expulsión de los moriscos hasta el punto de culpar del atraso industrial valenciano de los siglos XIX y XX a un feudalismo prolongado en el tiempo, que no generó una estructura capitalista moderna al albor del primitivo comercio interoceánico del siglo XVII y la excesiva dependencia de un trabajo de servidumbres.[47]

[46] Lapeyre, H.; Rodríguez García, L. C. (1986). *Geografía de la España Morisca.* http://ci.nii.ac.jp/ncid/BA20081519
[47] Ardit Lucas, M. (2009). Una reflexión sobre la expulsión de los moriscos valencianos y la repoblación. *Revista de historia moderna, 27,* 295. https://doi.org/10.14198/rhm2009.27.12

Manuel Ardit, que es a quién cito aquí como fuente secundaria y ahora como primaria, intentó establecer que hubiese pasado con la economía valenciana si los moriscos no hubieren sido expulsados. Las hipótesis del maestro Ardit se basaron en documentaciones de la época en que los años posteriores a la expulsión de los moriscos, la oferta de alimentos habría de haber descendido, y, por tanto, los precios deberían haberse incrementado, pero como bien señalaba el profesor estadounidense Earl J. Hamilton, la expulsión de los moriscos no dañó la agricultura, pues tras el período comprendido de 1609 a 1611, los precios agrícolas no se incrementaron tan rápido como los no agrícolas en el período de 1612 a 1615, yendo a la zaga de estos a lo largo de esta centuria. Los diezmos y los precios no presentaron ninguna alteración notable.[xvii]

De los cuatro arzobispados en los que el reino de Valencia se dividían que eran Orihuela, Valencia, Segorbe y Tortosa, el obispado valenciano, recaudaba diferentes tipos de diezmos, destacando el del *pa i vi*, también conocido como diezmo mayor, que gravaba principalmente los granos y el vino, aunque, frecuentemente, se incardinaban en él todas las demás producciones agrícolas; existiendo también otros diezmos como el de *paner* para los productos hortícolas y el de *fulla* para la hoja de morera, aunque, generalmente, se pagaba en metálico, según acuerdos suscritos con el arzobispado. Estos diezmos eran arrendados en subasta pública para un período de tres o cuatro años, mostrando generalmente un pequeño retraso de tres o cuatro años respecto a la producción real.

La división territorial del arzobispado de Valencia era en distritos decimales conocidos como *delmaris*, subdividiéndose en *filloles*.[xviii]

Manuel Ardit en su estudio, delimitó las comarcas de La Safor y la Costera de la macrocomarca de las Huertas, intentando separar los *delmaris* cristianos de los moriscos. Comparando el brusco descenso del diezmo, en los años siguientes a 1609, solamente podría equipararse con el prolapso sucedido a principios del siglo XVIII como consecuencia de la guerra de Sucesión o con la posguerra de la Guerra Civil Española. Toda la crisis que pudiera haber habido, realmente, hay que empezar a contextualizarla en un ciclo regresivo entre 1580 y 1620, llegando al punto más bajo en el 1640, más de tres décadas después de la expulsión de los moriscos. Por tanto, se puede concluir que el descenso continuado del diezmo en la primera mitad del siglo

XVII, responde más al contexto complejo de crisis del siglo XVII que a la expulsión de los moriscos. Las principales conclusiones establecen grandes complicaciones en la repoblación y recuperación de cultivo, debido a la crisis posterior a la expulsión, mayor en la Safor que en la Costera. Como bien señaló Ardit Lucas, las comarcas de la Ribera Alta y la Ribera Baixa experimentaron, a lo largo de este período, un considerable crecimiento agrario, quizá debido a la expansión del cultivo del arroz y la morera, aunque aquí jamás hubo primacía de los moriscos sobre los cristianos.

Se resalta que los moriscos habitaban las peores tierras como las encomiendas del marquesado de Llombai o la baronía de Sumacàrcer, frente a las fértiles huertas de Carcaixent, Alzira o Algemesí.

No obstante, los terrenos moriscos periféricos de L'Horta aún tenían algunas posibilidades de expansión a través de las roturaciones, crecimiento conseguido con una población relativa inferior en un 12% a la que tenían en 1609.

James Casey concluyó que tras la expulsión de los moriscos, el campesino se beneficiaba más convenientemente de un dominio ajustado a su necesidad, con el nacimiento de una organización social firme, basada en una agricultura más fuerte que la de 1609.[xix]

Es de reseñar que la propiedad morisca era minifundista y con escasa concentración, cambiando mucho esta composición, debido a la repoblación cristiana, pues un de los primeros estudios que revelaron estas características fueron los de Adelina Bataller sobre las localidades de la comarca de la Safor regados por las aguas del río Vernissa, como lo eran Real, Benipeixcar, Benirredrà, Beniopa, Benicanena y l'Alqueria Nova. En 1630, fue notable el retroceso de las pequeñas propiedades en detrimento de las medianas y las grandes, que aumentaron. En el caso particular de Benirredrà, la propiedad media aumentó de forma muy significativa tras la repoblación, pues el 75% de campos moriscos no superaban la extensión de 4 hanegadas (0,3 Ha), descendiendo esta proporción al 33% tras la expulsión. La distribución de la tierra fue casi igualitaria, en Albatera y la Granja de Rocamora, mientras que en las localidades cristianas de la misma comarca como Orihuela, Callosa de Segura, Almoradí, Catral y Guardamar, las dimensiones de la propiedad agraria fueron muy superiores, presentándose ingentes disimilitudes entre un gran número de pequeños propietarios, que fueron definidos por Ardit Lucas como *"una cúspide social que poseía casi la mitad de la superficie cultivada".*

Entre 1581 y 1699, la economía agropecuaria valenciana viró de ser una economía de subsistencia a ser comercial, cultivando la morera, alimento de los gusanos de seda, cuya producción se destinaba a las fábricas de Toledo y Valencia, así como el pequeño crecimiento de la viña, el olivo y el algarrobo es sólo aparente, cultivándose, junto al cereal en secano.[xx]

Podemos concluir por tanto que la expulsión de los moriscos solo tuvo efectos negativos notables en la demografía, muy especialmente, en la valenciana, mientras que la demografía aragonesa pudo mitigar esas pérdidas con la inmigración francesa.

CORONA DE CASTILLA	Cifras absolutas	Porcentaje
Zona central e intermedia (las dos Castillas, León, La Mancha y Extremadura)	45.000	0,90%
Zona meridional (Murcia y Andalucía)	37.000	0,74%
CORONA DE ARAGÓN		
Aragón	64.000	1,28%
Cataluña	5.000	0,10%
Valencia	135.000	2,70%
	286.000	100%

Tabla 2. Cifras de la expulsión de los moriscos.

Aún a pesar de que Jaume Vicens Vives, acertadamente documenta lo que en mayo de 1610 dispuso la audiencia de Valencia que fue "la falta de trabajadores causada por la expulsión de los propios moriscos que lo eran en extremo", así como la desaparición de las rentas con que los nobles señores de vasallos pagaban intereses o pensiones devengados por préstamos hipotecarios contratados con los especuladores de las ciudades, erróneamente señaló que se impuso una economía feudalista con primacía del olivo, la viña y el cereal, cuando no fue así por lo visto en los últimos estudios actualizados.

Pero cabe concluir que la demografía de un territorio iba ligada a su actividad agropecuaria, y más en una estructura económica cerrada, sin masa capitalista, como la de los Austria. Incidió aquí el factor peste sobre el desarrollo de la población, sumado a conocimientos médicos estancados todavía en la Edad Antigua y una carestía de alimentos en el común de la población, provocada por la crisis económica y agropecuaria. Por tanto, las comarcas agrícolas y del interior, pasaban malas temporadas si no había cosechas que se les ajustasen, mientras que las comarcas costeras, todavía podían sobrevivir por la importación. Por tanto, con esta ligadura, la mortalidad aparecía estrechamente unida a las oscilaciones de la producción agrícola local, desplegando la población considerables esfuerzos, reservando los sobrantes de los años mejores, aunque siempre llegaba la sucesión de las malas cosechas, lo que hacía insuficientes todos los recursos desplegados.

También hay que tener en cuenta la desertización del clima a finales del siglo XVI y comienzo del siglo XVII, pues la aridez determinó el fracaso de muchas cosechas, generando esa falta de alimentación, el triunfo de la peste y la despoblación. Siendo el siglo XVII y el siglo XIV, los más catastróficos para la demoraría española.

Con la desproporción entre población y cultivos ya patente e insostenible, apareció el factor peste que causó terribles estragos entre la población desnutrida, y gracias a los estudios de Jean Meuvret se ha podido constatar la exacta coincidencia en tiempo de hambre entre las curvas de mortalidad y del precio del trigo, pues al faltar el grano de este, su cotización se incrementa vertiginosamente.

Demográficamente, se constató la perdida de al menos la tercera o cuarta parte de los habitantes de una localidad o región a causa de la peste, aunque con datos inexactos y poco concisos, como el Dietario del antiguo Concejo de Barcelona, que si bien, permite seguir con toda precisión el impacto de la epidemia sobre la capital catalana a través del tiempo, baile en las cifras. La incidencia casi constante de las enfermedades contagiosas se debe, principalmente, a la depresión demográfica de la zona levantina de España durante el siglo XVII, aun a pesar del contrapeso de una natalidad exorbitante, del orden del 40 al 50 por 1.000. Estas pestes, aparecieron durante la época de Felipe IV (1629-1631 y 1650-1654), más otra en el reinado de Carlos II en 1694, y una anterior en el reinado de Felipe II (1589-1591), presentándose con una periodicidad estimada media de veinticinco años, no escapando ninguna generación a sus efectos, produciendo escollos demográficos imposibles de remontar.

Como anticipo del siguiente subcapítulo, que ya entra de lleno en la crisis total bajo el reinado de Felipe IV, la más mortal fue la de 1650 a 1654, dentro del período de franco declive, de gran destrucción, que sufrió la Península Ibérica.

Concluyendo, el estudio de estas pestes ha corroborado la teoría sobre la íntima relación entre déficit alimentario y el alza de la mortalidad. Así pues, el camino recorrido por el contagio de los años 50 del XVII es así; se inició en Andalucía en 1648, después pasó a Murcia y Valencia, a Cataluña, después a Aragón por el Maestrazgo, a Francia, y, finalmente, a Mallorca, Cerdeña y Nápoles, donde persistió todavía hasta 1656.

Durante la época de Felipe III, destaca la publicación de las dos partes de Don Quijote de La Mancha, la primera en 1605 y la segunda en 1615. Un libro que, servidor, se leía y releía cuando solo contaba con cinco años. Pero dejándonos de vericuetos personales, esta acendrada crítica a las novelas caballerescas y a los hidalgos que se imbuían de estas como es el caso del bienintencionado D. Alonso Quijano en sus demasiados tiempos libres, estaba en consonancia con la visión que se tenía del trabajo y del pago de impuestos en el siglo XVII, y de como muchos españoles, pecheros, eran capaces de pagar para comprar la patente de hidalguía, y, por tanto, cambiar de condición.

"Las gentes de la plebe se desdeñan de trabajar en las fábricas, obradores y talleres, y destinan a sus hijos a otras a carreras en las cuales, para uno que se gane se pierden mil".

La adquisición de un privilegio de hidalguía podía hacerse para demostrar un linaje de cristiano viejo – es decir, sin ascendiente judíos, ni musulmanes – que ni muchos nobles, y ni tan siquiera, miembros de la Santa Inquisición, de la época poseían, y, generalmente para eximirse de tributar.

Eso sí, el eximente de tributar, llevaba al hidalgo a hacer un esfuerzo militar, por lo que, mientras el pechero tenía que pagar, el hidalgo la defendía.

Pero en el siglo XVII, ante el decremento de la técnica de los Tercios que fueron la mayor fuerza de élite militar en Europa en la centuria anterior y que Francia, Provincias Unidas e Inglaterra ya habían vencido a España en la carrera naval - al menos en el continente europeo, pero ya eran notorias sus incursiones en las provincias de Ultramar -, esta profesión fue denostada, que a muchos no les importó seguir siendo plebeyos y ver en el trabajo una dignificación del espíritu, pues *"está tan persuadido el pueblo de que todos los que sientan plaza son gente infame, que no habrá sastre ni zapatero que no tenga por gran deshonra que su hijo lo sea"*[48]. Aún a pesar de todo, los tributos también lo pagarían los más privilegiados, a fin de contribuir a las derruidas arcas

---

[48] De Estudios Jurídicos, I. N. (1951). *La desigualdad contributiva en Castilla durante el siglo XVII.*

reales, por lo que ya no hubo una diferencia efectiva entre el plebeyo y un hidalgo, ya que, como asegura Prieto Bances, el hidalgo no era noble por no tener poder, ni forzosamente libre por estar en servidumbre, ni militar por obligación porque podían eximirse de los servicios.

Ya decía Domínguez Ortiz que el hidalgo castellano obligado por la Corona a contribuir, defendió mucho más su inmunidad más que su bolsa, tan mermada.

Estos hidalgos castellanos no toleraron la capitación personal, por considerarla infame pecho, resignándose a los impuestos de carácter general, "siempre que, para salvar el principio, se les concediera una refaccio no c cantidad minima que el estado o el municipio oles daba como indemnización por la parte de sisa correspondiente a su consumo personal. Muchos contribuyeron hasta quedar arruinados, pero siempre empeñados en observar la ficción legal que les eximiera de figurar en los padrones de pecheros".

En otras ocasiones, el no poder trabajar, no era por un "lujo" de los que Manuel Fraga llamaría desfaenados, sino que se debía al clima generalizado de bancarrota y miseria, tan bien descrita en el *Guzmán de Alfarache* del misántropo Mateo Alemán de Nero tan influenciado, al igual que la obra de *Lazarillo de Tormes* y demás sátiras de la literatura española del XVI, por el humorista retórico Luciano de Samosata, en el que el protagonista, el Guzmán, a cada capítulo salía del bache para volver a recaer, comenzando cada capítulo como una enmienda.

En su dedicatoria al vulgo, dice lo siguiente: *"Eres ratón campestre, comes la dura corteza del melón, amarga y desabrida, y en llegando a lo dulce, te empalagas. Imitas a la mosca importuna, pesada y enfadosa, que, no reparando en oloroso, huye de jardines y florestas por seguir los muladares y partes asquerosas. No miras ni reparas en las altas moralidades de tan divinos ingenios, y solo te contestas de lo que dijo el perro y respondió la zorra: eso se te pega y como lo leíste se te queda. ¡Oh, zorra desventurada! Que tal eres comparado, y cual ella serás, como inútil, corrido. Perseguido. No quiero gozar el privilegio de tus honras, ni la franqueza de tus lisonjas, cuando con ello quieras honrarme, que la alabanza del malo es vergonzosa: quiero más la represión del bueno, por serlo el fin con que la hace, que tu estimación depravada, pues forzoso ha de ser mala. Libertad tienes, desenfrenado eres, materia se te ofrece, corre, destroza, rompe, despedaza como mejor parezca, que las flores holladas de tus pies coronan las sienes y dan fragancia al olfato del virtuoso. Las mortales navajadas de tus colmillos y heridas de tus manos sanaran las del discreto, en cuyo abrigo seré (dichosamente) de tus adversas tempestades amparado"*[49].

Esta dedicación se hace a aquellos que emigraban desde esas "partes asquerosas" del campo hacia las grandes ciudades, en tiempos de carestía y de malas cosechas, consideradas como gentes vagas, de mal gusto y propensas a la envidia y a la difamación. Sí, era una sátira, ¿pero no suena a lo que se dice hoy desde determinados movimientos políticos sobre el campo?

Cellorigo definía el parasitismo imperante en muchísimos españoles, ya sea por la holgazanería de los que compraban títulos de hidalguía, o por no poder, como la conversión del país "en una república ociosa y viciosa".

Pero, la miseria, continuaría con Felipe IV, que da paso a este subcapítulo.

El declive con Felipe IV. Fracaso del proceso unificador del Conde-Duque de Olivares. Las crisis de 1640. Perdida de la hegemonía en los mares. Despoblación a raudales y motines del hambre.

Y sí, el reinado de Felipe IV, es el período bajo el que continua toda esta miseria continuada, con sucesivas bancarrotas, y en la que ni el propio rey, un consumado mujeriego – lo cual no es reprochable, ya quisiéramos muchos – pudo estar a salvo, pues dos de sus hijos varones, Baltasar Carlos (1629-1646) y Felipe Próspero de Austria (1657-1661), tenidos con Isabel de Borbón (1602-1644) y Mariana de Austria (1634-1696), respectivamente, fallecieron, dejando un intrincado problema sucesorio.

Baltasar Carlos, paradójicamente, fallecería mientras se organizaron vísperas y nocturnos en memorias de su madre, quién falleció el 6 de octubre de 1644, falleciendo él, el día 9 de octubre de 1646, en Zaragoza, mientras intentaba atraerse el favor de las Cortes de Aragón, donde ya juró el 20 de agosto de 1645.[50] Dios tenga en la gloria a este joven tan retratado por el sevillano universal, Diego de Velázquez.

---

[49] Alemán, M. (1681). *Vida y hechos del pícaro Guzmán de Alfarache: Atalaya De La Vida Humana.*
[50] *INDIFERENTE,429, L.39, F.9R-9V - Fallecimiento del príncipe Baltasar Carlos.* (n.d.). PARES.
   https://pares.mcu.es/ParesBusquedas20/catalogo/description/268325

La herencia gravosa que recogió de su abuelo y su padre, fue aumentada por él hasta límites insospechados, aunque su reinado, comenzó con buenas intenciones, cuando el Conde-Duque de Olivares, su válido, intentó hacer reformas en la vida pública, fomento de la economía, mejora de la hacienda y el impulso de un ejército común a través de la Unión de Armas de 1626, así como intentar que todos los reinos del Imperio estuviesen bajo las leyes y costumbres castellanas, contando esto último con la férrea oposición de la nobleza.

En 1618, viviendo y reinando todavía Felipe III, las emisiones de moneda de cobre puro sirvieron para monetizar la deuda, así como para atenuar el endeudamiento de la Real Hacienda, aunque provocaron inflación y premio de la plata, perjudicándose además el poder adquisitivo de los juros, ante el exceso del recurso al vellón. En 1626, se decretó el cese de las acuñaciones, y la moneda de vellón perdió su valoración como dinero crediticio, siendo una remora para la Real Hacienda.

Nada más subir al trono, el 7 de octubre de 1621, se firmó la pragmática de San Lorenzo destacable por la reducción forzosa a 20.000 el millar el interés de todos los juros todavía existentes con un interés superior, pudiéndose acordar crédito a corto plazo, sirviendo para la entrega juros de consignación y en resguardo de los asientos, no obstante, esto provoco la desvalorización de los títulos, acentuándose, por los retrasos e impagos de los créditos anuales de los juros, como consecuencia de las complicaciones sufridas por la Real Hacienda en la recaudación de alcabalas y otras situados.[51]

A través de un nuevo servicio de millones, traslapado con el anterior, se aumentó el umbral de deuda consolidada, resultando preciso encontrar otra fuente de renta que tuvo que ser el papel de los servicios de millones.

Después, se ajustó el valor de la moneda de vellón para reducir el premio de la plata, lo que pudo permitir salir airoso a Felipe IV durante el periodo de 1627-1628.

No obstante, volverían la inestabilidad y los conflictos, cuando Isabel Clara Eugenia, hermana de Felipe III y tía de Felipe IV, falleció el 1 de diciembre de 1633 a la edad de 67 años. Ella ejerció como cogobernadora de los Países Bajos de los Habsburgo, junto a su marido, Alberto VII de Austria, desde 1598 hasta 1621, y desde 1621 a 1633, que

[51] Vives, J. V.; Oller, J. N. (1967). Manual de Historia Económica de España. En *Editorial Vicens-Vives eBooks*. http://ci.nii.ac.jp/ncid/BA38028505

fue el período en el que se firmó la mencionada Tregua de Amberes, como gobernadora en solitario. Los tres hijos que tuvieron en la primera década del seiscientos fallecieron siendo aún niños, por lo que la gobernación de los Países Bajos volvería a Felipe IV, quién ejerció como Felipe VII, reanudándose las hostilidades, oficialmente, aunque en ese mismo año, en junio, España había recuperado la isla de San Martín, en las Antillas neerlandesas.

El Tratado de Fontainebleau de 1611, promovido por Paulo V y el gran duque de Toscana Cosme II de Medici, se firmó en el marco de la "pax hispánica" mencionada en el anterior subcapítulo. El Príncipe de Asturias y que reinaría como Felipe IV fue comprometido con Isabel de Borbón, hija de Enrique IV de Francia, y la hermana de Felipe, Ana de Austria, se emparejaría con el que ya era entonces rey Luis XIII de Francia. Todos ellos eran menores de edad. El mismo año en que se celebraron las bodas, en octubre de 1615, las contrayentes asumieron la obligación de renunciar por sí mismas y sus herederos a los derechos correspondientes a la sucesión al trono de su país de origen. Se firmó en una época de distensión, pero quizá fue una especie de "sucesión", casi noventa años antes de que llegasen los Borbones a España, pues la Francia borbónica asumió en el siglo XVII la hegemonía europea correspondiente a los Habsburgo.

Con una espiral de endeudamiento y tensiones territoriales, la vocación unificadora que tenía el Conde-Duque de Olivares con respecto a todos los reinos peninsulares, se llevó hasta las obligaciones tributarias, debido al agotamiento que estaba sufriendo Castilla, contando con la oposición, no únicamente de la nobleza y la alta burguesía local, sino también de la población.

Una medida económica, una Real Cédula, que se firmó en 1633[52], afectó a los privilegios de la Mesta, que los había visto reducidos con la Pragmática de Belén de 1619, que declara acto voluntario el entrar en la hermandad de ganaderos, así como limitando las funciones de los jueces de la organización. Esta Real Cédula prohibió los rompientes y mandaba reducir a pasto todas las dehesas, fuesen particulares como municipales, los términos públicos, ejidos y baldíos posteriores a 1590, sin licencia o con ella, si se hubiera cumplido el tiempo de la concesión, una medida

---

[52] *OSUNA, C.15, D.21* -. (n.d.). PARES.
https://pares.mcu.es/ParesBusquedas20/catalogo/description/3908134

contraproducente, definida como una *"pragmática del hambre que condenaba a los hombres a padecer necesidades para que estuviesen hartos los ganados"* como apuntaba Colmerio, que exigió un deslinde y apeo de las dehesas, de donde surgieron numerosos pleitos que sumieron a la agricultura y a la ganadería estante en una situación de crisis, preludio de lo que estaba por venir.[53]

En la segunda mitad del siglo XVII, y por las cifras de Klein, sabemos que el número de cabezas de ganado lanar controlada por la Mesta era inferior a dos millones, hecho que confirma la disminución iniciada ya un siglo antes. Todo esto se enmarca en las crisis del siglo XVII, la principal, la climática ya anteriormente consignada, así como la disminución de la revolución de los precios, que en España se hizo notar más que en ningún otro país, y que está íntimamente relacionada con la crisis demográfica, y con los conflictos que partieron de la crisis de 1640, que suspendieron el discurrir de los habituales pastos y cañadas.

En cuanto a la industria, es en esta época, como lo señala un memorial de Martínez de la Mata en 1655, sobre hasta diecisiete gremios desaparecidos.

No obstante, hay que destacar el establecimiento en Cantabria de los hornos de fundición de artillería y municiones, concretamente en las localidades de Liérgana y la Cavada, así como en la ría de Tijero que separa la Marina de Cudeyo y Medio Cudeyo, de mano del belga Juan Curtius y el luxemburgués Jorge Labande, por las políticas liberalizadoras del Conde-Duque de Olivares[54].

Vicens Vives enumera los principales factores que determinaron la disminución de las manufacturas castellanas pueden encontrarse: primeramente, en la perdida de hegemonía frente a Inglaterra, Francia y Países Bajos, que también superaron industrialmente a Castilla; segundamente, la desviación de los precios españoles respecto de los europeos, como consecuencia del aflujo de la plata americana; terceramente, el decrecimiento del espíritu capitalista e inversor de Castilla en los siglos XVI y XVII; por último, los funestos resultados de la intervención europea de la Casa de Austria.

---

[53] Vicens Vives, J.; Nadal Oller, J. (1967). Manual de Historia Económica de España. En *Editorial Vicens-Vives eBooks*. http://ci.nii.ac.jp/ncid/BA38028505
[54] Piris, M. C. (2022). *Liérganes y La Cavada: los primeros altos hornos*. Dialnet. https://dialnet.unirioja.es/servlet/articulo?codigo=8862920

Llegando a 1640, encontramos a España y Portugal, dos monarquías unidas en unión personal desde que Felipe II de España triunfase en 1580, siendo el centro del tráfico mundial, con Sevilla y Lisboa, siendo los puntos neurálgicos del ámbito colonial en el conteniente europeo. Como señala Vicens Vives, era frecuente encontrar cortesanos castellanos en las altas instancias portuguesas, y cortesanos portugueses en las altas instancias castellanas.

Más de quince años antes, el día 25 de diciembre de 1624, día de Navidad, el Conde-Duque de Olivares elaboró un memorando donde resumía la difícil situación por la que pasaba la Monarquía Hispánica, y, plasmando su ideario de *multa regna, sed una lex*, que no atentaba contra el ideal de monarquía compuesta de los Austrias, y, que, desde luego, no era la "castellanización" de España que han intentado argüir los separatistas durante mucho tiempo, simplemente, era la uniformidad de leyes, pero respetando los usos y costumbres de los distintos reinos, todo ello, como consecuencia de unos continuados conflictos bélicos que exigían dinero y esfuerzos aunados, en consonancia con lo que se hacía en otras monarquías europeas, como la francesa de Luis XIII – consiguiéndolo, después, su hijo Luis XIV -, que igualmente eran de carácter compuesto, también como preludio a la Paz de Westfalia de 1648, que introduce el concepto de la soberanía nacional, venciendo la concepción feudal de que los territorios son patrimonios hereditarios de los gobernantes.

El Conde-Duque, eso sí, le instaba a que no se contentase con ser Rey de Portugal, de Aragón, de Valencia y Conde de Barcelona, sino que los redujese a las leyes castellanas, donde el poder real era más efectivo, y si para ello, necesitaba fomentar los matrimonios de los naturales de cada reino, así como con la concesión de cargos a no castellanos, se haría. Le instó también a que no permaneciese en Madrid, sino que tuviese una corte itinerante en cada reino. Huelga decir que el historiador John H. Elliot jamás estuvo de acuerdo con los que defendían el nacionalismo extremista castellano de Olivares, e incluso, saca a colación, una defensa en un Consejo de Ministros de 1632 que hizo del patriotismo de los catalanes cuando este era puesto en duda[55].

---

[55] Elliott, J. (1977). *La rebelión de los catalanes: un estudio sobre la decadencia de España [1598- 1640].* Dialnet. https://dialnet.unirioja.es/servlet/libro?codigo=56824

Recogía estas tesis de los arbitristas, evolución de la Escuela de Salamanca, como Luis Ortiz, Martín González de Cellórigo, sancho de Moncada, Luis Valle de la Cerda, Pedro Fernández de Navarrete o, a posteriori, Jacinto de Alcázar Arriaza que escribió en 1646, *"Medios políticos para el remedio universal de España"*, que fueron precursores del mercantilismo francés e inglés, y que defendían como "árbitros", que el rey, debía adoptar las medidas que mejor conviniesen para sacar adelante a la Hacienda Real. Este término aparece por primera vez en la obra de Miguel de Cervantes, *"Novela del coloquio de los perros"*, publicada en 1613[56], donde entre otras cosas, el arbitrista, en la cama de la enfermería, mencionaba haberle dado a Su Majestad, en diferentes tiempos, *"muchos y diferentes arbitrios, todos en provecho suyo y sin daño del reino; y ahora tengo hecho un memorial donde le suplico me señale persona con quien comunique un nuevo arbitrio que tengo"*.

La Unión de Armas, realmente, fue un segundo memorial, realizado para ganar tiempo, en tanto que se lograba la unificación de los tributos de los reinos en torno a Castilla, incorporando a este proyecto la idea de uniformidad fiscal defendida por los arbitristas, propuesta como una vía para agilizar la unión entre los diferentes reinos y estados de la Monarquía. Este precedente de unidad del estado-nación, preveía la creación de un ejército de reserva de 140.000 hombres, enlorados y mantenidos por los diferentes territorios de la Monarquía Hispánica, atendiendo a sus posibilidades.[57] No obstante, ni en las Cortes de Aragón de 1626, ni las de Cataluña en 1632, se mostraron muy entusiastas con la idea, lo que sumado a la decadencia austracista provocó aquellos sucesos.

Y no es óbice decir que en las tropas de la Monarquía Hispánica había muchos reclutas que provenían de territorios con influencia calvinista, de dominios del Sacro Imperio Romano Germánico o de los antiguos Países Bajos españoles, donde había una cierta tolerancia religiosa. Y ya sabemos que uno de los ejes del calvinismo era la

---

[56] De Cervantes, B. V. M. (n.d.). *El coloquio de los perros*. Biblioteca Virtual Miguel De Cervantes. https://www.cervantesvirtual.com/obra-visor/el-coloquio-de-los-perros--0/html/ff31b1bc-82b1-11df-acc7-002185ce6064_32.html

[57] Esteban Estríngana, A. (2002). Guerra y redistribución de cargas defensivas. La unión de armas en los países Bajos católicos. *Cuadernos de historia moderna*, 27(27), 49-98. https://doi.org/10.5209/chmo.23853

iconoclastia. Porque con esto, se explicarán una de las motivaciones de una rebelión de carácter agrario, la de los Segadors en Cataluña en 1640.[58]

Cuando hablamos de los *segadors* estamos condensando lo que fue el lóbrego XVII para España, y muy especialmente para su demografía y para la situación campestre. Define Gracia-Arnau, a los *segadors* como los miembros más pobres del campesinado catalán, que no poseían tierras y que, por consiguiente, debían ir a las grandes ciudades, especialmente Barcelona, a buscar empleo cuando era época de cosechas. Tiene particularidades que la hace similar a la revuelta de los *remensas* como su fervor religioso y su esperanza en que un buen Rey, que debía administrar un buen Gobierno, una buena "república", habría de salvarlos de la situación injusta que padecía su tierra; pero también tiene cosas que difieren, pues si en el caso de los *remensa*, la práctica totalidad de sus reivindicaciones fueron de carácter agrario, en el caso de los *segadors*, este fue otro punto fuerte importante, pero no el principal, pues el principal fue la ofensa de los iconos religiosos y también su sentimiento catalán frente a la amenaza de la política del Conde-Duque, y huelga decir, que si los *remensas* no gozaron del apoyo de la Diputación de la General, y como se ha visto, fueron hasta perseguidos, los *segadors* si contaron con el apoyo de esta y hasta también con el patrocinio. Pasemos pues, a hablar de lo que fue la Guerra dels Segadors, atendiendo a los estudios de Gracia-Arnau.

Tras reanudarse las hostilidades con Francia en 1635, y preparándose la recuperación de la fortaleza de Salses en 1639, en el Rosellón, los tercios fueron transferidos a la frontera catalana con Francia, distribuidos y destacados en el Norte y Este de Cataluña donde pasaron el invierno de 1639-1640, siendo obligadas las poblaciones donde se alojaron en proveerles de alimentos, alojamientos y demás sustancia básica.

La pobre remuneración de los soldados, además, envalentonó a estos, a saquear y abusar poblaciones enteras, incluso también la Eucaristía de las iglesias. Pronto, todos estos desmanes llegaron a oídos de la Diputación del General, que se opuso a la política del asentamiento del virrey Dalmau de Queralt, por considerar que era una violación flagrante de las constituciones catalanas.

---

[58] Gracia Arnau, I. (2022). *Barcelona, 1640: popular violence and the use of urban spaces during the revolt of Corpus Christi Day*. Dialnet. https://dialnet.unirioja.es/servlet/articulo?codigo=8945597

Localidades como Santa Coloma de Farners, en la zona de La Selva, rechazaron la entrada un tercio, por lo que el virrey envió a Miquel Joan de Montrodon a restaurar el orden. No obstante, su llegada no sólo fue bien recibida, sino que este fue asesinado el 30 de abril de 1640.

Pronto, los disturbios fueron creciendo, y los campesinos de las áreas circundantes unieron fuerzas. Los soldados, antes de retirarse, decidieron incendiar Riudarenes, incluso la iglesia en donde los aldeanos habían escondido sus provisiones. Pocos días más tarde, como señala Gracia-Arnau, el virrey ordenó la destrucción de Santa Coloma de Farners como un castigo.

En mayo, la revolución ya era imparable, un ejército popular con 4.000 campesinos comenzó a hostigar a los Tercios. El día 22, un grupo de esos campesinos entró a Barcelona con la imagen del Santo Cristo sobre una bandera, y encabezaron un ataque contra la prisión real para liberar a los prisioneros.

En este punto, empezaron a configurarse las motivaciones políticas de los *segadors*, pues se encauzó, en un inicio, como un conflicto religioso, debido al saqueo e incendio de Iglesias, por parte de los destacamentos entre los que se encontraban soldados del Norte de Europa y demás zonas luteranas, considerándose por tanto que estos no fueron daños colaterales de los Tercios, pero sí suponían una amenaza a la comunidad católica.

Cabe destacar que el movimiento de la Contrarreforma entre los siglos XVI y XVII consideraba que su centro estaba en la Eucaristía.

Aquel verano, en el mes de julio, comenzó la publicación y difusión de panfletos detallando los acontecimientos.

Dos meses antes, en mayo, el arzobispo de Girona, vestido con una capa negra, excomulgó, anatemizó y maldijo al tercio de Leonardo Moles por haber incendiado la iglesia de Riudarenes.

Pero, por encima de todo, los *segadors*, siguieron una política de castigo y represalia contra los traidores.

En el mes de junio, mes de cosecha, cientos de campesinos se dirigían a la ciudad en búsqueda de trabajo, y algunos de ellos, incluso habían luchado contra los soldados reales. El virrey instó a las autoridades locales, a que les restringiesen la entrada, haciendo caso omiso a sus indicaciones.

El elemento popular del Corpus Christi fue imposible de detener, y la ciudad fue imposible de controlar las asonadas de los *segadors*, quiénes avanzaron por la Rambla, mientras las principales autoridades de Cataluña atendían la misa. Entonces, corrió la noticia de que en el Carrer Ample, un segador fue herido por un servidor de Montrodon.

Los *segadors*, al grito de *"¡Larga vida a la Santa Madre Iglesia, larga vida al Rey y muerte a los traidores!"* y *"¡Larga vida a la Patria y muerte a los traidores!"*, marcharon descalzos en procesión hasta el palacio del virrey Queralt, blandiendo un crucifijo y el sacramento bendecido.[xxi]

En un principio, la llegada de las autoridades pareció aplacar a los *segadors*, pero estos, destrozaron la casa del juez Gabriel Berart, quien había sido juez en la Reial Audiència desde 1631, y que, había dictado sentencias de prisión de gente que luchó contra la corona francesa, y que, era una de las personas más odiadas.

La violencia popular era similar a la de la justicia con los convictos, sumándose a que, una vez destruida, la casa era reemplazada por un monumento recordando las razones de su destrucción, para que los descendientes del ajusticiado reconociesen la vergüenza y como un aviso a navegantes para quién se saltase la ley.

Con esto, conseguían exponer públicamente a Gabriel Berart como un traidor a la comunidad y castigarlo por fallar enteramente a su deber. Atacaron también los domicilios de García Álvarez de Toledo, el Marqués de Villafranca, y de los miembros de la Real Audiència, Guerau de Guardiola, Felip Vinyes, Jaume Mir, Rafael Puig, Lluís Ramona, Josep Massó y Pablo Jolís. Tampoco se salvó de su ira, la casa de Miquel Joan de Magarola, regente del Consejo de Aragón.

Relata García-Arnau, que el virrey, que había escapado camino de Montjuïc, la principal fortificación de Barcelona, cercada a la playa, fue finalmente asesinado. Su cuerpo fue arrastrado, como se arrastraba a los bandidos, pues el 4 de diciembre de 1638, tres acusados de asesinato y robo fueron zarandeados, arrastrados tras la ciudad, y posteriormente colgados y descuartizados.

Los *segadors* creían tener a Dios de su lado, incluso cometiendo atrocidades frente a imágenes santas, justificándose en que, en el mismo momento, en el que los ministros reales no castigaron a los que quemaban iglesias, ellos buscaron que se les quemasen sus posesiones.

Las posesiones de Guerau Guardiola incendiadas en la Plaza de Santa Ana fueron carruajes dorados, bolsas con monedas de oro y plata, tapices de seda y lino, cortinas y librerías, que eran interpretadas como lujo desmedido. Este incendio fue alimentado con arcas decoradas, Bézier plateados, tapices, sedas y muebles de cobre. Lo mismo hicieron con las posesiones de otros ministros. Sus actos, fueron justificados por ellos, como que no eran de bandidaje, pero eran similares a un alto contenido simbólico, y era cierto.

Los *segadors* tuvieron cuidado de no incendiar ninguna imagen o figura de santos, organizando guardas para detener a la gente de sustraer algo de los incendios.

Habiéndose suspendido ya el Corpus Christi, a partir de entonces conocido como *Corpus de Sang* por lo que supuso, los consellers engañaron a los segadores, prometiéndoles ir con ellos en su guerra santa. Lluís Joan de Calders, *el conseller en cap* – y, por tanto, jefe del Consell de Cent -, les convocó "con el objetivo de matar a los enemigos de la fe católica y expulsarlos de Cataluña". Cuando los *segadors* se reunieron a las afueras de la ciudad, observaron que él se había marchado, por lo que le secuestraron y le obligaron a seguirles hasta Granollers. Tras esa traición, comenzaron a destrozar y quemar los palacios de los ministros reales y de los caballeros catalanes, localizados en la periferia de Barcelona, corriéndose el rumor de que tomarían Barcelona el Día de San Juan.

Desde Madrid, se ordenó el envío de tropas para pacificar Cataluña y restaurar la justicia real, aunque las autoridades catalanas ya habían sofocado la revuelta. En septiembre, las instituciones catalanas más representativas decidieron resistir, con armas, la llegada de tropas y unir esfuerzos con Francia.

Veinte años más tarde, el 12 de noviembre de 1660, Miquel de Salvá y de Vallgornera – como representante de Felipe IV – y Hyacinthe Serroni, arzobispo de Orange – como representante de Luis XIV -, firmaron el Tratado de Llivia, que entregaba 33 pueblos, pertenecientes a la cara norte de los Pirineos, prácticamente toda la Cerdaña. Llivia, tenía el título de villa, un privilegio que se reconocía a poblaciones, entre otras cosas, por méritos contraídos o haber pagado una gran contribución, y quedó como enclave español en Francia, hasta ahora, con la condición de que jamás se fortificase. Los 33 pueblos que pasaron a posesión francesa fueron Querol, Enveig, Ur, Dorres, Vilanova de Escaldes, Odello, Bolquera, Sallagosa, La Pera, Llo, Eina, San Pedro de los Forcats, Sainte-Leócadie, Er, Planés, Caldegas y Ocejas.[59]

Portugal, emprendería el mismo proceso, el 1 de diciembre de 1640, comenzando la larga guerra de Restauración Portuguesa, que habría de acabar el 13 de febrero de 1668.

El *secula horribilis* estaba, para desgracia de los Austrias, en su máximo esplendor, porque Francisco Antonio Silvestre de Guzmán y Sotomayor, V marqués de Ayamonte, y Gaspar Alonso Pérez de Guzmán el Bueno, IX duque de Medina-Sidonia, protagonizaron una conspiración, que llevó el nombre de este último, por el que se intentó, quizá, proclamar una monarquía andaluza, independiente de España, en 1640. La conspiración del Duque de Híjar en Aragón en 1648, la posible secesión de Navarra, la traición del comandante de la Armada de Barlovento – D. Pedro de Velaz de Medrano – pasando a los franceses o la revuelta napolitana de 1647, liderada por el joven pescador Masaniello, fueron consecuencia de esta crisis.

Ya, por último, la peste de 1649 segó la vida de 60.000 sevillanos, la mitad de esa población que era el centro del comercio indiano. La ciudad beneficiada de esta tragedia fue Cádiz, que supo aprovecharlo para sacar adelante su comercio.

Burgos, centro coordinador de la vida económica castellana hasta el siglo XVII, declinó en favor de una ciudad hecha a imagen y medida de sus dirigentes, como lo fue Madrid, como consecuencia de la ya mencionada decadencia de la exportación lanar. Numerosos burgaleses abandonaron sus oficios y ocupaciones para trasladarse a Madrid, donde era fácil negociar y medrar, llegando a contar en 1660, con aproximadamente, 340.000 habitantes, más habitantes de los que nunca una ciudad española había tenido hasta la fecha, moviendo la palanca de esta economía, los Cinco Gremios Mayores, nacidos a finales del siglo XV, pero que alcanzaron su apogeo a mediados del siglo XVII.

A través de Sevilla y Lisboa entraron la plata, el azúcar, el cacao, la pimienta, los cueros y varias plantas tintóreas, y se exportaron la seda, el hierro y la lana. Cuando el tráfico marítimo pasó a manos extranjeras, el número de buques de carga de las Indias alcanzo el mínimo tonelaje en 1640, generando la crisis del flete. Desapareció el galeón

---

[59] www.6tems.com. (n.d.). *Ayuntamiento de Llívia*. Copyright © - 6tems. http://llivia.org/es/que-hacer/cultura/tratado-de-los-pirineos.html

progresivamente y fue sustituida por la nave, impuesta por ingleses y holandeses, siendo estos últimos, la gran potencia marítima del siglo XVII. La exportación pujante pudo haber contenido la disminución de la marina española, pero como ya se ha visto, no existió. [60]

La lana española fue sustituida por la irlandesa y el hierro de Suecia empezó a exportarse hacia Inglaterra y Francia, mientras que la seda fue sustituida por al de los piamonteses.

Para acabar de rematar, en 1652, y al grito de *"¡Viva el rey y muera el mal gobierno!"*[61], el 22 de mayo en Sevilla, y como consecuencia de los sucesos ocurridos dieciséis días antes, con la muerte de un joven muchacho en San Lorenzo, barrio de Córdoba, la gente sevillana en solidaridad con sus vecinos cordobeses, protagonizaron la revuelta del pan o el motín del hambre.

Isidoro de Torres y Francisco Hurtado, oficiales tejedores de seda, comienzan una refriega con un panadero por el precio del pan, establecido a 6 reales por hogaza, siendo los 6 reales, el salario de un trabajador.[62]

En estos sucesos, se asaltó la Armería de la Alhóndiga, para posteriormente, tomar puntos neurálgicos para conseguir el trigo necesario y las armas para seguir con la revolución.

Las autoridades accedieron a las peticiones de los sublevados tras ofrecerles bajadas de precios y promesas de un abastecimiento debido la ciudad, respondiendo estos que las autoridades habían de abolir los tributos más onerosos, así como la bajada de la moneda y del papel sellado. El Caballero de la Orden de Calatrava, Gobernador de la Feria, Juan de Villacís, consigue que algunos depongan las armas.

No obstante, esta treta hizo que el 26 de julio se represaliase a los amotinados irredentos, atacándolos sorpresivamente al amanecer, otros tantos de los allí

[60] Vicens Vives, J.; Nadal Oller, J. (1967). Manual de Historia Económica de España. En *Editorial Vicens-Vives eBooks*. http://ci.nii.ac.jp/ncid/BA38028505
[61] CARPIO ELÍAS, Juan. "Actitudes religiosas durante el levantamiento popular de la Feria: Sevilla, 1652". Hespérides: Anuario de investigaciones, N.º 13-14, 2005-2006, pp. 27-42

[62] CALVO POYATO, José. "Recesión y hambre en Sevilla: El Motín de la Feria". La Aventura de la historia, N.º. 171, 2013, pp. 40-44

presentes, se ahogaron en el rio intentaron escapar. El líder, Francisco Hurtado, fue decapitado.

Las "alteraciones andaluzas" – como las definió Antonio Domínguez Ortiz – en su libro homónimo - fueron revueltas de carácter urbano, pero con corpus agrícola, basadas en la falta de sustento. Añadía José Contreras, que estas revoluciones no eran profundas – pero sí lo suficientemente mayoritarias para considerarlas revoluciones – pues únicamente querían soluciones prácticas, sin plantearse que era lo que estaba sucediendo.

El día 12 de junio de 1653 llegó el perdón real, una amnistía general que no alcanzó a los que, previamente, al motín tenían causas pendientes con la justicia, y a los inductores a la comisión de desafueros contra personas y bienes. Concediendo una exención de muy pocos impuestos, medidas de las que se beneficiaron los hombres leales a la Corona y a la ciudad, con una gran cantidad de demandas de recompensas, principalmente hábitos de las Ordenes Militares, que eran una distinción muy codiciada por significar limpieza de sangre, aunque muy pocos obtuvieron alguna prebenda real. El 24 de junio, día de San Juan, Pedro Hurtado Zamora asumió el cargo.[63]

Con el hambre generalizada, con pérdidas territoriales y la cesión de la hegemonía marítima a Inglaterra – que también lo pasó mal, con tres guerras civiles desde 1642 hasta 1651, y una posterior proclamación de una república-protectorado en 1659 -, la continental a Francia y la industrial a las Provincias Unidas, finalizaba el reinado de Felipe IV, un mecenas de las artes, bajo cuyo auspicio, brillaron las vivas pinceladas de Velázquez, pero que demostró, para desgracia de la generación de su tiempo y de varias generaciones venideras, ser un dirigente bastante ineficaz. Dios lo tenga en su gloria y sepa perdonarle el mal hecho, las cuentas ya no pueden rendirse.

El "hechizado" Carlos II y los motines del hambre en Valencia, Cataluña y Madrid.

Si Dios ha de tener en la gloria al pobre rey Felipe, con su hijo Carlos, habrá de ser también misericordioso, al fin y al cabo, el pobre hombre hizo lo que pudo y no lo hizo

---

[63] DOMÍNGUEZ ORTIZ, Antonio, Op Alteraciones andaluzas. Madrid: Narcea, 1973

bastante mal, pero la herencia que tuvo fue bastante gravosa. El hijo de Felipe IV y Mariana de Austria, hubo de venir al mundo, el 5 de noviembre de 1661, 5 días después de que falleciese su hermano mayor, Felipe Próspero de Austria, fallecido el 1 de noviembre de 1661, justo 39 años antes que su hermano Carlos. Las cartas marcadas que diría alguien.

El 17 de septiembre de 1665, al fallecimiento de su padre, Carlos accedió al trono, con tan sólo tres años, siendo regente, su madre, Mariana de Austria, asistida por una Junta de Regencia conformada por seis miembros que fueron García Haro Sotomayor y Guzmán, conde de Castrillo (Presidente del Consejo de Castilla), Cristóbal Crespi de Valldaura (vicecanciller del Consejo de Aragón), Gaspar de Bracamonte y Guzmán, Conde de Peñaranda (representante del Consejo de Estado), Guillén Ramón de Moncada, marqués de Aytona (grande de España), Pascual de Aragón (Inquisidor General) y Baltasar Moscoso y Sandoval (arzobispo de Toledo, máxima autoridad religiosa en la Monarquía). Baltasar, murió pocas horas antes que Felipe IV, en el mismo día 17 de septiembre, por lo que Pascual de Aragón ocupó el cargo de arzobispo de Toledo y el puesto de inquisidor le correspondió al jesuita austriaco Johann Eberhard Nithard, y que era el confesor de la reina Mariana.[64]

Nithard únicamente poseía conocimientos, de manera superficial, de Teología, pero no los tenía sobre administración o economía, pero sí sabía muy bien cómo administrar favores y mercedes, pues supo colocar a sus adláteres en los puestos de más influencia del Reino. Ocupando no solo el puesto de inquisidor general, también formó parte del Consejo de Estado. La reina removió Roma con Santiago, y nunca mejor dicho, para poner a su confesor en los más altos cargos, pues el cargo de Inquisidor General no podía ser ocupado por extranjeros, y se dirigió a Alejandro VII, para que le concediese el permiso de ocupar ese cargo. Aunque la influencia política no fue tan grande, se granjeo numerosos enemigos, tanto por sus fracasos diplomáticos en Lisboa y Aquisgrán, como por su poca predisposición a la elaboración de una política de contención del gasto.

---

[64] *Carlos II.* (n.d.). Real Academia De La Historia. https://dbe.rah.es/biografias/10732/carlos-ii

Nithard fue depuesto, tras un pronunciamiento militar encabezado por el medio hermano del rey Carlos II, Juan José de Austria, hijo de la actriz María Calderón, en 1669.[65]

Bajo la presidencia de Don Juan de Austria, en 1674, se congregaron treinta y dos diputados aragoneses con el fin de reconstruir el potencial económico del reino, aunque la polémica entre libertad o limitación del comercio encalló los esfuerzos. En Cataluña, los esfuerzos de una generación unidas en torno a Narcís Feliu de la Penya obtuvieron resultados positivos con ayuda de técnicos extranjeros. Todo ello germinó en 1682, con la promulgación de la Real Pragmática, que fue el primer paso hacia la rehabilitación de las artes y oficios, al declarar que el mantener o haber mantenido fábricas de sedas, paños, telas y otros tejidos no iba contra la calidad de la nobleza.

No únicamente Juan José de Austria hizo medidas para reflotar la maltrecha economía imperial, pues el hijo de un humilde capitán destinado en Nápoles como lo era Fernando de Valenzuela, que está siendo recientemente redimido por la historiografía, presentó un programa político-pragmático para afrontar la situación económica, comenzando por el resguardo de la seguridad del monarca, contando con el apoyo del pueblo, incluso con los rumores que le imputaban una relación amorosa con la reina de Mariana de Austria, quién por cierto, pensó alejarlo de Carlos II, en el momento de cumplir este la mayoría de edad, nombrándolo virrey de Mesina. En 1674, Gaspar de Bracamonte Guzmán, conde de Peñaranda y presidente del Consejo de Italia, le concedió una plaza de conservador en el organismo dirigido por él, lo que incrementó la influencia de Valenzuela, quien un año más tarde, adquirió un señorío en tierras de Ávila, que comprendía la villa de San Bartolomé de Pinares y los terrenos de Villasierra, del que fue nombrado marqués el día 3 de noviembre de 1675, recibiendo ese mismo año, el nombramiento como embajador de la Corte en Venecia y capitán general del Reino de Granada, copiando el modo de regeneración de las arcas reales del Conde-Duque de Olivares, como el consentimiento de mercedes a cambio de dinero, que sirvió en su origen. No obstante, su deseo de disminuir el número de ministros y oficiales regios, así como las de apuntalar la Armada, le granjearon enemigos envidiosos en la nobleza, pues no tenía alianzas como sí las tenía su predecesor Don Juan de Austria,

---

[65] *Juan José de Austria*. (n.d.). Real Academia De La Historia. https://dbe.rah.es/biografias/13467/juan-jose-de-austria

que era apoyado por los cardenales de Aragón y Portocarrero, el marqués de Castel Rodrigo, Medellín, el conde de Ayala o el príncipe de Astillano, la conocida como 'facción juanista' que aupó al poder al medio-hermano del rey en 1675. Tras una reunión en el Real Alcázar de Madrid se convino que Valenzuela y Don Juan habrían de permanecer lejos de la Corona, ambos en Italia, aunque el último permaneció en la Península Ibérica, donde pudo llevar a cabo su proyecto de seguir mostrando una fastuosa apariencia de una Monarquía Hispánica decadente a través de la mejora del teatro y demás diversiones culturales. Tras unas falsas acusaciones de prevaricación y venta de cargos públicos, se refugió en el real monasterio de San Lorenzo del Escorial, donde las tropas de Don Juan José, provenientes de Zaragoza, lo cogieron de mala manera. Fue desterrado a Filipinas hasta 1686, cuando acabó en Nueva España.

Don Juan José de Austria, que en 1676 volvió al cargo, ostentándolo hasta su muerte en 1679, fue el principal promotor de la *Junta de Comercio y Moneda*, de la que pasaron a depender los gremios tanto en lo gubernativo como en lo económico. En 1667, un acuerdo comercial firmado con Inglaterra hizo que España abriese sus fronteras a los géneros británicos con tarifas a peso, sumamente desfavorables, lo cual fue la última estocada de la industria española en el XVII.

En lo que respecta al sector agropecuario, si ya descendió el número de cabezas de ganado lanar controlado por la Mesta, así como la dificultad del tránsito por las sucesivas crisis territoriales ibéricas del 1640, ahora fue el blanco de las críticas también desde el poder real que la aupó, precedida de los procuradores de Cortes, de las cancillerías, defensoras de la agricultura, de los cercados, y los grandes acreedores de la Corona, dirigidos especialmente hacia el Alcalde entregador, quién vio limitas sus facultades.[66] Desde 1685, se apuntaba en los libros de la mesta la amenaza de una inminente bancarrota, y como apuntaba Klein, *"los últimos Habsburgos se hallaban tan arruinados, que estaban igualmente dispuestos a recibir subsidios de los enemigos de la Mesta, como a pedir préstamos de esta organización ya casi insolvente"*.

[66] Vicens Vives, J. ; Nadal Oller, J. (1967). Manual de Historia Económica de España. En *Editorial Vicens-Vives eBooks*. http://ci.nii.ac.jp/ncid/BA38028505

Vicens Vives vincula la decadencia de la influencia de la Mesta, el principal negocio castellano, a la de la influencia de Castilla, y como lo hizo la monarquía imperial, dando paso en el siglo XVIII a una economía eminentemente agraria.

No obstante, se intentó reflotar la industria, como cuando en 1667, los Cinco Gremios Mayores, ya fundados en el siglo XV, se establecieron en Madrid, y empezaron a mover todos los resortes de la economía industrial española, pues los gremios de Merceros, Sederos, Joyeros, Pañeros y Drogueros, mantuvieron no únicamente el monopolio gremial de la importación, producción y distribución de sus respectivos productos, sino que además también fueron el principal proveedor de la Corte, y ante el desplome del eje Sevilla-Cádiz, intervinieron en el comercio de las Américas.[67]

Llegamos a 1680, año en que se descubre oro en Brasil[68], cuando Juan Francisco de la Cerda, duque de Medinaceli, consigue una de las mayores deflaciones de la Historia, en una época en donde el descenso prolongado de los precios de bienes y servicios motivado por el exceso de oferta era la tónica común, pero se arruino lo poco que quedaba en pie de la economía castellana.

Madrid pasó de 340.000 habitantes a 170.000 habitantes, y los gremios fueron disolviéndose. Un ejemplo claro es la industria de acero toledana que pidió permiso al gobierno para que importase obreros extranjeros especializados.

Cuando ya estaba claro que Carlos II no iba a tener descendencia, sus cortesanos ya previenen un futuro, que todavía no se esclarece si será borbónico o austriaco. Todos, salvo el Conde de Oropesa, Manuel Joaquín Álvarez de Toledo, que promovió las primeras reformas hacendísticas y comerciales.

Por otra parte, la autonomía valenciana de la que Valencia y Cataluña gozaron siempre, y que defendieron testarudamente contra el proyecto unificador del Conde-Duque, evitaron esa inestabilidad económica que llevó a la ruina. El Principado de Cataluña, que fue durante doce años, el campo de batalla entre Borbones y Habsburgo, y que perdió prácticamente todo el Rosellón, todavía estaba con los efectos de la deflación del 1654, impuesta para combatir toda tendencia inflacionista.

---

[67] Rae, R. a. E.-. (n.d.). Cinco Gremios Mayores de Madrid. *Diccionario Panhispánico Del Español Jurídico - Real Academia Española*. https://dpej.rae.es/lema/cinco-gremios-mayores-de-madrid

[68]*Brazilian gold and British traders in the first half of the eighteenth century on JSTOR*. (n.d.). https://www.jstor.org/stable/2511780

Ese caso omiso a la centralización, que incluía las nuevas acuñaciones tan solo a las exigencias de un mercado en expansión, se fundamentó en que el exceso de moneda perjudicaría el comercio internacional.

La Paz de los Pirineos, de 1659, liberalizó el comercio del textil, promoviendo un renacimiento de su industria, frente al Reino de Aragón, sofocado por el proteccionismo, que favorecía a productores de géneros de baja calidad.

El campo catalán empieza a funcionar, y se genera la roturación del suelo, que produce aguardiente, que es vendido a ingleses y holandeses, crecen los viñedos y las industrias rurales.

Cataluña resurge a partir de 1680, ante el declive castellano, al igual que en Valencia, pero como veremos ahora, hubo una gran diferencia entre la economía capitalista boyante del litoral con la eminentemente agraria del interior.

Comenzaremos, no cronológicamente, pero explicando la situación agrícola en Valencia, no tan negativa como pudiera parecer, más si controversial para sus trabajadores, protagonizó un levantamiento en las ultimidades del reinado de Carlos II. Desde 1650 a 1660, en Valencia caen los precios (índice pasa de 121 a 116), de 1660 a 1670, los precios también se desploman (índice pasa de 116 a 106), tercera, de 1670 a 1680, se avista una pequeña recuperación, pero sigue la tendencia decreciente (índice 100), de 1680 a 1690, la máxima de la depresión (índice 100 a 90), y de 1690 a 1700, una tendencia alcista, que permite que el índice crezca del 90 a 103.[69]

Recuperándose de la máxima depresión, se produce uno de los innumerables "motines del hambre" que ocurrieron en la España del XVII, conocido como "la segunda Germania", pero sin relación con la primera, mayoritariamente gremial, pues esta fue eminentemente agraria.

Ya se ha visto que la expulsión de los moriscos fue perjudicial en lo demográfico, relativamente en lo agrícola, pues ellos jamás dominaron la agricultura de secano, pero las relaciones contractuales que se tenían con ellos, bastante onerosas, pasaron a los cristianos viejos repobladores que se establecieron en el territorio.

No obstante, hubo un gran sector de la población valenciana, no sujeto al régimen señorial, como aquellos que vivían en zonas reales, por tanto, no están sujetos al pago

---

[69] Pérez Aparicio, C. (2007). La guerra de Sucesión en Valencia. retrospectiva historiográfica y estado de la cuestión. *Revista de historia moderna*. https://doi.org/10.14198/rhm2007.25.11

de censos en dinero o en especie por la tierra o por las casas, siendo, más factible que aquellos que residían en el ámbito del señorío laico o eclesiástico, con condiciones no asimilables a las del realengo, viva en estado de sometimiento.

Los señore vieron con la expulsión de los moriscos, quiénes no pudieron disponer de sus propiedad y medios, una nueva distribución que conllevase medidas contractuales que incidieran en el reparto de frutos y limitación de trabajos personales.

Los propios afectados denunciaron las crudas demandas forzosamente impuestas en las cartas de población ante la Real Audiencia y el Consejo de Aragón, exigiendo la reparación.

Por tanto, como consecuencia de la crisis de crecimiento del campo valenciano a finales del siglo XVII, se plantearon reivindicaciones jurídicas de gran alcance por parte de los vasallos de los señoríos para revisar las cartas de población pactadas tras la expulsión de los moriscos. La escalada de esta contienda jurídica, que sólo bajo esas circunstancias de un relativo bienestar podía florecer, propició que los protagonistas de esta revolución fueron los grupos más pudientes y educados del ámbito rural. Todo esto se explica a través del crecimiento económico que en la última década del siglo XVII experimentaba Valencia, que era creador de riqueza a la par que desvelador de conciencias, y, por tanto, cada uno empezó a ser consciente de sus derechos y a querer que sus reivindicaciones fuesen tenidas en cuenta.

La población valenciana aumentaba desde 1646, y son las comarcas de La Hoya de Buñol, el Alto Vinalopó, les Valls del Vinalopó, la Marina Baixa, el Vinalopó Medio, la Safor, la Plana Baixa, los Serranos, el Alto Mijares, el Valle de Cofrentes, la Ribera Alta y el Comtat, quiénes aumentaron del 20 hasta el 60%, mientras que comarcas pobladas por cristianos viejos, no sufrieron un cambio significativo, salvo L'Alacantí que creció un 30,30% por el crecimiento de su capital.

El incremento de la producción se refleja desde la década de los años 40 del siglo XVII, referentes a la construcción de nuevas acequias y la desecación de tierras de marjal para el cultivo del arroz, así como el establecimiento de tierras tanto en el secano como en la comarca de L'Horta donde la Ciudad de Valencia concede en enfiteusis distintas parcelas de tierra marjal. El alza que experimenta la renta de tierra es también destacable, destacándose el aumento significativo del precio de los arrendamientos de derechos señoriales. En la baronía de Benilloba, se arrendaron por 850 libras al año de 1689 a 1692, en 1696, se adjudicaron los derechos dominicales de Zucaina, Ludiente y Castillo de Villamalefa por 625 libras al año, cifra que se elevó a 729 en 700; el marqués de Denia obtuvo del señorío de Xàbia unos ingresos de 620 libras al año desde 1697, cifra que ascendió a 800 libras. Similar a las rentas procedentes de diezmos y primicias, pues el cura de la parroquia de Castelló de la Ribera arrendó los frutos primiciales en 1697 por 700 libras al año, como bien señaló Carmen Pérez Aparicio.

Es de destacar que, en un espacio tan corto de tiempo, la justicia hubo de pronunciarse sobre lo procedente o improcedente de las reclamaciones presentadas, estudiándose las fuentes documentales demandas de la Real Audiencia, documentándose alrededor de cincuenta casos, superando el centenar las intervenciones del mayor tribunal del Reino de Valencia.

Destacan dos procesos de reversión bicentenarios, como el del señorío de Elche, donde la potestad se remontaba a 1470, año en que la villa de Elche y el lugar de Crevillent fueron alienados del Real Patrimonio a favor de Don Gutierre de Cárdena, desencadenando un fuerte movimiento antiseñorial, donde el fisco real coadyuvo a la causa de la villa en el Consejo de Aragón, por lo menos hasta que, en 1663, Felipe IV, decide su retirada tras un pacto con los pretendientes a la sucesión, disponiendo a cambio de 37.000 escudos de diez reales cada uno de la cantidad producida por el secuestro de las rentas señoriales, manifestando al mismo tiempo, al regente de la Lugartenencia General, don Basilio de Castellví y Ponce, que los derechos de la corona no habrían de verse perjudicados, aunque, si el fisco real se apartaba de todas las judiciales, difícilmente quedarían defendidos los intereses reales y de rebote de la villa. De hecho, en la villa ilicitana, en 1656, se produjo una manifestación de protesta contra el dominio señorial, tras el fallecimiento de Don francisco de Cárdenas Manrique de Lara, quién no dejo descendencia. La virulencia de esta manifestación, llevo incluso a la intervención real.

Realmente y para ser más sucintos, todo esto hay que circunscribirlo al señorío de la Valldigna, que comprende lo que hoy es el valle de la Valldigna en la Safor. Estos vasallos tenían fama de indóciles al poder ejercido por el señor, comenzando esta conflictividad antiseñorial en un intento de motín de 1669, que se saldó con el procesamiento de 37 personas.

Carmen Pérez Aparicio muestra que estos enfrentamientos continuarían durante la década de 1670, que demostraron la presión y control ejercido sobre las autoridades locales y de los vasallos por parte del señor, que se saldó en la perdida de privilegios como la remoción del horno de pan cocer en Simat, y que los Ferrando, familia de origen aragonesa, perdieran las condiciones de establecimiento anteriores a 1609.

Relata también Pérez Aparicio, como en enero de 1693, el procurador del abad y monasterio de Simat de la Valldigna, presenta una *ferma de dret* ante la Real Audiencia sobre la posesión de la baronía de la Vall de Alfandec, Barx, Rugat y la Vall de Almussafes, localidades donde ejerce toda la jurisdicción, posee derecho de obrar censos, partes de frutos y otros impuestos, así como posesión de regalías. Ese año, se elevó un memorial a Carlos II que incluía la denuncia de las duras condiciones que soportaban estos vasallos, este memorial fue llevado por Francesc García, de Ràfol de l'Almúnia, quién representaba a esos vasallos.

La *ferma de dret* fue un proceso foral de la Corona de Aragón, que, en el caso específico del derecho foral valenciano, era un procedimiento especial de reivindicación de la posesión sobre inmuebles, sirviendo también como un escrito de iniciación de un procedimiento penal por delitos de homicidios o lesiones, proveniente del Fuero de Jaime I. En el caso aragonés, se entendía que era para reforzar, asegurar, siendo una compilación de figuras jurídicas, significando estar a derecho, es decir, respetar las resultas de juicio haciendo en su momento el entero cumplimiento de la justicia, apareciendo como una actuación de parte.[70]

Muchos de esos agricultores eran procuradores de los 35 señoríos que rechazaban los *"muchos tributos que tienen impuestos contra equidad"*.

Otro punto neurálgico fue el Muro del Comtat, pues su señor, Gaspar Roís de Corella, conde de Cocentaina, exigía a sus repobladores que reconocieran la propiedad señorial de las tierras, la residencia obligatoria en ellas, la sumisión total a la jurisdicción nobiliaria por parte del consejo general, la reserva por aparte de el de la morería y de parte de la producción, entre otras cosas. Allí, en 1657, Vicent Terol, había intentado iniciar, a instancia del consejo general de Muro, gestiones para rebajar los censos de los campesinos.

---

[70] Rae, R. a. E.-. (n.d.). ferma de dret. *Diccionario Panhispánico Del Español Jurídico - Real Academia Española*. https://dpej.rae.es/lema/ferma-de-dret

La revuelta toma un cariz menos jurídico, a partir de julio, cuando en una semana (9 al 15 de julio), a raíz del fracaso de la remisión del memorial al Consejo de Aragón, pueste este lo envió a la Real Audiencia de Valencia, quien fue juez y parte, por tener intereses señoriales a en la zona.

El 9 de julio, el alcalde de Gandía, por un requerimiento del duque, apresa cuatro campesinos que se negaban a repartir la cosecha. El improvisado ejército de revelados, rápida y espontáneamente formados, bajo la comandancia de Josep Navarro, barbero de Muro, no hizo más cosa que liberar a los compañeros y enfrentarse, en inferioridad de condiciones, a las tropas del lugarteniente, marqués de Castelo Rodrigo. Sus tropas derrotaron a los revelados en Setla de Nunyes, el 15 de julio de 1693, promoviendo después una represión, favorecida por la nobleza y la alta clero, como lo atestigua el proceder del arzobispo de Toledo, Tomàs de Rocabertí, opuesto a los sacerdotes rurales que apoyaban a los campesinos. [71]

Años antes, de 1687 a 1689, tuvo lugar la famosa revuelta de los barretines en las comarcas del interior catalán, eminentemente agrario, y que al igual que el enfrentamiento anteriormente consignado, contó con el apoyo de los más cultos de entre los estratos rurales, bien fuesen abogados, diputados u hombres de negocios con una educación superior.

Se les llamó *barretines* por su uniformidad al llevar un gorro morado o rojo, característico de Cataluña, con semejanza con el gorro frigio. [72]

Los orígenes históricos de esta rebelión fueron similares a la de los *segadors* en 1640, esta vez debido al alojamiento de soldados en comarcas del interior catalán como consecuencia de la Guerra de los Nueve Años (1688-1697) en la que España, coaligada junto a Inglaterra, Portugal, Provincias Unidas o Suecia entre otras, se enfrentó a Francia.

Joaquim Albareda recalca que constituyeron un contingente elevado de soldados, que como en 1639, no recibía suficiente comida por parte de unas maltrechas arcas reales, por lo que tuvieron que sobrevivir tanto de la vía legal, como lo era la obligación que se

---

[71] *Segona Germania | Enciclopedia.cat*. (n.d.). https://www.enciclopedia.cat/gran-enciclopedia-catalana/segona-germania

[72] Albareda, J. (n.d.). *De la revuelta de los Barretines (1687-1689) a la resistencia catalana de 1713-1714 contra Felipe V*. © Casa De Velázquez, 2017 OpenEdition Books License. https://books.openedition.org/cvz/1908?lang=es#tocfrom1n1

imponían a los ayuntamientos y gobernaciones de esas comarcas de proveerles de alimentos, avituallamiento y alojamiento, como de la vía ilegal, que era el bandidaje. No obstante, no hubo aquí ninguna lesión herética a los motivos religiosos.

Componentes del estamento privilegiado como lo eran nobles, eclesiásticos, familiares de la inquisición, así como los considerados como ciudadanos honrados eran ajenos a estos problemas. La revuelta respondió a un amplio descontento social, agravándose por el hecho de que el alojamiento recayese única y exclusivamente en las comarcas del interior, condenadas por una plaga de langostas que destruyó la cosecha de 1687. Elementos como el alojamiento en casas particulares, así como las contribuciones impositivas en los pueblos, no aparecían en las Constituciones de Cataluña, como arguyeron los dirigentes barretines y sus abogados, coincidiendo con lo dicho por el tesorero real Pere de Montaner en 1686 que dijo que el número de soldados habría de establecerse de acuerdo a lo establecido en las Constituciones de Cataluña.

El levantamiento comenzó en Centelles, localidad de la comarca de Osona, donde el malestar que generaba el señor jurisdiccional, Francesc Xavier Blanes i Carrós, conde de Centelles, por intentar imponer arbitrariamente sus criterios, a una población que quería conseguir un gobierno municipal autónomo, los llevó a aquella situación. Los avanzados conocimientos políticos en aquella localidad, generaron el surgimiento de los principales dirigentes de la revuelta.

Se enviaron dos escritos; uno desde la comunidad local de Centelles destinado al rey en noviembre de 1687, y otro dirigido al nuevo virrey, Juan Tomás Enríquez de Cabrera y Álvarez de Toledo, en diciembre de 1688, donde se hacía patente el poder arbitrario del conde en aquella población. El doctor Valerià de Valda, representante del común, entró en contacto con Antoni Saiol, diputado eclesiástico de la Diputación, y tras negociaciones con abogados como Josep Pujades, decidió junto con otros tres miembros del consistorio de la Diputación enviar una carta al rey, donde mostraba las arbitrariedades del virrey Diego Felipe de Guzmán, así como a ocho destacados nobles de la corte como el conde de Oropesa, el duque de Osuna, el duque de Alba o Pere Antoni d'Aragó, presidente del Consejo de Aragón. Antoni Saiol, Daniel Saiol y el oidor de cuentas, Josep Sitges, fueron apartados por el virrey de sus cargos.

El segundo memorial, bien podría ser un precedente de los panfletos de *"política popular"*, donde se asegura que los ciudadanos padecieron maltratos, sometimientos y una mala administración gubernamental y legislativa, apelando al bien público y común, pues *"en qualquiere república y universidad que tengan alguna apariencia de economía y política"* están prohibidos las ocupaciones de cargos públicos por parte de personas que tengan intereses en productos de subsistencia vendidos en los comercios municipales, por lo que presentaron algunos pleitos a la Audiencia expresando el gran pesar que afligía a la colectividad por la falta de justicia y gobierno, así como por la inobservancia del bien común, dando buena cuenta de los opresivos procederes del señor jurisdiccional y de las gravosas imposiciones económicas que restringían el libre comercio de productos de primera necesidad, y los desmesurados hospedamientos, en complicidad con el virrey, que sometían a sus vasallos a *"dura y intolerable esclavitud"*.[xxii]

El relato de Joaquim Albareda, de los sucesos del 8 de octubre de 1687, nos muestra como arribó a Centelles, un contingente conformado por 300 soldados de caballería y 500 soldados de infantería para instalarse en un pequeño pueblo que tendría, según un censo posterior de 1717, tan solo 216 familias (aproximadamente 420 a 450 personas en total). ¡Al grito de "Via fora!", los jurados se opusieron al alojamiento de las tropas, iniciándose la revuelta, y su posterior expansión hacia las poblaciones vecinas, mientras el común de Centelles, se negaba al pago de las contribuciones de manutención de las tropas si el virrey no restablecía a los hermanos Saiol y a Josep Sitges.

Durante la primera de 1688, la revuelta de los Barretines fue imparable, expandiéndose por toda Cataluña, dirigida por Sebastià Enric Torres y sus vecinos de l'Estany, Francesc Rocabruna y Josep Rocafort, siguiendo con el apoyo de los abogados, estando en contacto con los diputados Saiol, asistiendo a las reuniones también Antoni Soler de Sant Boi (dirigente de la revuelta y asesinado en 1689), Pujol de Caldes y dos jurados, uno de Sant Feliu de Llobregat y San Just Desvern, y también el barón Terré. No obstante, los grupos que apoyaban al virrey Diego Felipe de Guzmán eran más poderosos, pues el grueso militar y el Consell de Cent lo apoyaban.

La Diputació del General – así como el Consell de Cent – que tanto había apoyado la revuelta de los *segadors* en 1640 y fue el máximo instigador de una unión tutelada por Francia, condenó la revuelta, dando apoyo a la represión que llevó a cabo el virrey Carlos de Aragón de Gurrea y Borja en 1689.

Un año antes, el susomentado virrey, fue junto a los jueces de la Audiencia y el tesorero, el blanco de todo tipo de panfletos y sonetos, manifestado en la ejecución pública de forma simbólica del tesorero por sus medidas de gobierno "contra Cataluña". Cinco de los seis personajes que sufrieron la presión popular; Fèlix Marimon, J. Portell, doctor Tristany, Rius i Bruniquer y Josep Pastor, engrosaron las filas borbónicas durante la Guerra de Sucesión.[xxiii]

De vuelta a 1689, nos encontramos al resurgimiento de la revuelta, lo que provocó la movilización de hasta 18.000 hombres del *"exèrcit de la terra"*, provocando la represión ejercida por el virrey, en la que 71 barretines, como Torres, Rocafort y Rocabruna pasaran a Francia, entrando al servicio de la monarquía vecina y de un "partido francés" ya activo en Cataluña en ese entonces. Esas incursiones de barretines en Cataluña, muchas veces al servicio de la corona francesa, daban apoyo a las entradas anuales de las tropas francesas e hicieron creer a Ramón Trobat, intendente del Rosselló, de que Cataluña podría ser parte de Francia. A raíz de ello, al menos, Centelles logró una concordia con su señor jurisdiccional, por la que la universidad obtuvo el derecho de disposición de servicios municipales de abasto, así como entre otros, de hostal, taberna, derechos de caza y uso de aguas, adquiriendo legitimidad el gobierno municipal, a través de un consejo ordinario formado por 32 miembros y otro general de 72, sustituyendo al antiguo consejo de cabezas de familia.

Podríamos interpretar que esta revuelta, fue una *"política popular"* para asegurar el *"bien público"* así como el de la justicia a través de la cual el *hombre común* participa activamente en cuestione que afectan a su tranquilidad personal y al de los suyos, bien fuese con la presentación de agravios y memoriales, con la protesta o también con la justicia popular – llamada también "cultura de la retribución" – y que como ya vimos, estaba en boga con los castigos que se hicieron durante la Edad Moderna alrededor de toda Europa durante los motines del hambre, atacando las posesiones, las finanzas y los domicilios particulares de aquellos dirigentes que les imponían tan opresivas y onerosas condiciones. Esta política combina el *"monarquismo ingenuo"* donde se confía en el accionar del rey, reclamando, como contrapartida, unas obligaciones a los gobernantes, previo a la idea contractualista, con la reivindicación y la negociación, recurriendo a las instituciones catalanas, llegando, en caso de ser necesario, a la revuelta.

Como decía Peter Blickle, *"la justicia era una exigencia de los débiles"*, y, por lo tanto, los artesanos y los campesinos, además de poder beneficiarse de las posibilidades ofrecidas por las instituciones representativas locales y territoriales, se acogieron también a los procedimientos judiciales. Al no funcionar, se recurría a la revuelta con la consigna *"Viva el rey y muera el mal gobierno"*.

Estas demandas encontraron amparo en las Constituciones, apeladas por los dirigentes, regulando estas normas los hospedamientos, los procedimientos judiciales y la discrecionalidad de los ministros reales, invocándose, por tanto, estas disposiciones, en nombre de "la tierra"; para denunciar aquellos procedimientos del rey no acordes con la ley, como las exigencias derivadas de los acantonamientos o la detención de los diputados que apoyaron a los sublevados. Esta apelación al derecho sirvió para demostrar que los elementos resistentes del Antiguo Régimen luchaban en defensa de la ley o de la justicia, así como demostrar que eran fieles súbditos del rey, con lo que buscaban darle un cariz legítimo la rebeldía, cuya distinta gravedad era admitida entonces.

Comenzada ya la guerra de los Nueve Años, se alojó una horquilla de 10.000 a 20.000 hombres de armas, activándose por tanto la Conferencia de los Comunes, que era un organismo consultivo que reunía a representantes del Brazo militar, de la Diputació y del Consell de Cent barcelonés, buscando la toma de decisiones conjunta, convirtiéndose en el órgano director de la política catalana entre 1697 y 1714, así como el mayor valedor de las Constituciones, encabezado por ciudadanos honrados y comerciantes.

El virrey Carlos de Aragón de Gurrea y Borja escribía al rey en 1690: *"estos consistorios juntos se abrogan tal autoridad que presumen tenerla sobre los lugartenientes generales (y) se le formará a V. Mgd. en Cataluña un tribunal que no reconozca superior"*.[xxiv]

Tras la experiencia de 1640, el recelo tanto de la institución real como de la institución catalana creció, sirviendo como mayor ejemplificación, el impreso anónimo *"Luz de la verdad"*, en la que se hacía patente la fidelidad - naciente del pactismo - que los catalanes tenían al príncipe, rechazando las acusaciones de rebeldía que se les imputaba a causa de la revuelta de los Barretines. Este impreso se cimentó en una idea contractual bastante anterior a la del siglo XVIII, pero que ya estaba en liza, especialmente por la experiencia de la Commonwealth inglesa y de los resultados de la Paz de Westfalia, donde se decía que *"de dos maneras se puede poseer el reino: o absolutamente o condicionalmente. Absolutamente, como cuando él con sus armas y dinero gana alguna provincia (…). Condicionalmente (…) que entonces es contrato, y está obligado a ello, y no puede hacer ni deshacer sin su consentimiento, y en caso de que lo haga pierde el derecho al reino".*[xxv]

Otro motín del hambre, ya en el último año de Carlos II, fue el "motín de los gatos" ocurrido en Madrid, y así denominado por la denominación clásica que recibían los madrileños como era el de "gatos".

En 1696, tras el fallecimiento de Mariana de Austria, la "reina madre", mujer de Felipe IV y madre de Carlos II, fue su sobrino-nieto José Fernando de Baviera, nacido en 1692, de frágil salud y cuidado en la corte vienesa, el nombrado como heredero a la Corona Hispánica, al momento en que su malhadado tío Carlos II falleciese, como estaba previsto, sin descendencia, tras un testamento que este suscribió en septiembre de 1696. Se formó entonces un "partido bávaro" como moderador del partido imperial – de tendencia austracista – y del partido francés – de tendencia borbónica – que estaban en liza ya en la corte madrileña.

Por lo menos, el embrollo sucesorio estaba solucionado, pensarían el cardenal Portocarrero y Manuel Joaquín Álvarez Toledo, conde de Oropesa, cuando en 1698, lo que más preocupaba era la decadente situación económica de España. En todo caso, la estabilidad que procuraba el Tratado de Ryswick que dio fin a la indecisa Guerra de los Nueve Años, no iba a ser conculcada en un principio.

No obstante, en 1696-1697, se había producido una quebradura del ritmo en los precios del aceite en Castilla la Nueva, mientras que, en 1698, se protagonizó una cosecha nefasta.[73]

A principios de 1699, los precios de alimentos sufrieron una fase alcista que generaron un descontento. Y entonces, llegó la noticia, el día 6 de febrero de 1699, el pobre niño José Fernando de Baviera, a quién Dios tenga en su gloria, falleció repentinamente después de una noche en la que le dio un ataque epiléptico y vómitos.

---

[73] Egido López, T. (1980). El motín madrileño de 1699. El motín madrileño de 1699. *Investigaciones históricas: Época moderna y contemporánea, 2,* 256.
https://dialnet.unirioja.es/descarga/articulo/2921779.pdf

Más allá de las intrigas de la corte, en esos primeros meses de 1699, se acumularon las subidas de más del 100% en el precio del trigo, sumado al año anterior, serán dos años de cosecha seguidos y deficitarios.

	Precio del trigo (maravedí por fanega)	Precio del aceite (maravedí por arroba)
1695	433	862
1696	442	611
1697	425	901
1698	977	855
1699	986	1.095
1700	634	1.048

Tabla 3. Aumento del precio del trigo de 1695 a 1700.

xxvi

Estas son las cifras que el historiador E.J. Hamilton en su libro *War and Prices in Spain, 1651-1800*, ofrece sobre los precios del trigo y del aceite. Como se puede ver, entre 1695-1697 hubo sostenibilidad en el trigo, para romper abruptamente a partir de 1698 a 1699. En el aceite hubo inestabilidad, pues en 1695 estuvo en 862, para descender abruptamente en 1696 e irrumpir en 1697, superando el millar a partir de 1699.

Esa subida de precios mostraría las tragedias en el pueblo madrileño, con un bajo nivel adquisitivo que iba descendiendo cada vez más.

La falta de pan fue prácticamente literal, siendo, además, el poco que había, caro y de baja calidad, ante unas cosechas paupérrimas.

Ni tan siquiera las damas de palacio podían disponer de pan, mientras que los panaderos han de presentarse *"custodiados por alguaciles para que no los saqueen"*. Se habló de que hasta 40.000 artesanos estuvieron desempleados, y que los mendigos, muriendo de hambre, cometían crímenes por las calles diariamente para tener un pan, que una vez encontrado valía un dineral. Ese dineral era, en concreto, doce cuartos, que era por los que el pan se comerciaba en el mercado madrileño a finales de abril, momento en que inicia la revuelta, y que ascendió hasta 15 en mayo.

Aquel martes 28 de abril de 1699, *"a eso de las seis de la tarde"*, el corregidor D. Francisco de Vargas, se presentó en el mercado en misión de inspección, y bastante socarrón – a malas – le contestó a una mujer que le abroncó, que en su casa le esperaban un marido desempleado y seis hijos famélicos a los que no podía alimentar con el pan, caro y negro, que acababa de comprar a doce cuartos: *"haced castrar a vuestro marido para que no os haga tantos hijos"*. Un sacerdote reprendió los comentarios capciosos de la autoridad y otros, con menos Gracia Divina, le insultaron. Se menciona que los "populares", *"levantaron las manos con piedras y roncazos, dándole al Corregidor tantos, que le arrojaron la cabellera y dieron en un ojo;: y hubo de retirarse a una tienda donde lo abrigaron. Al Alguacil Mayor lo ajaron y quitaron la vara"*.[xxvii]

A la consigna de *"pan, pan, queremos pan"*, las multitudes se aglomeraron para dirigirse a la plazuela del Palacio Real. Con vivas al rey, intentaron que el monarca Carlos pudiese ayudarles, y, una vez allí en Palacio, forcejearon para conseguir que apareciese el Rey para que les prometiese la baja de los precios. Entraron en varias estancias del Palacio, donde no avistaron al monarca, aunque el Conde de Benavente, sumiller de corps de Carlos II, sí que hizo acto de presencia, y les dijo que acudiesen al Presidente de Castilla, que él les daría justicia. El Consejo de Castilla tenía entre sus competencias, el abastecimiento de la Villa, y el Conde de Oropesa, que era su presidente, ejercía las funciones de válido desde marzo de 1698, dirigirse contra él era dirigirse contra el gobierno.

La manifestación del hambre, que continuo en el Palacio Real con exultantes vivas al rey, se desdobló, siguiendo las intentonas de Benavente, marchando a la Plazuela de Santo Domingo, donde se ubica la posada presidencial, donde se añade el *"muera el mal gobierno"*, pidiéndose la muerte del Conde de Oropesa, divulgándose su responsabilidad en el encarecimiento del aceite como consecuencia de la excesiva acumulación que su mujer y él realizaron. Otros gritos fueron el *"muera, muera el perro que nos ha traído esta miseria"*.

Toda la mañana de aquel martes, en la Plazuela de Santo Domingo, vinieron las multitudes, asaltándose la mansión-posada del Conde de Oropesa de forma violenta.

En el Palacio Real, se hacía oídos sordos a lo que decía el Sumiller, pues se gritaba por la bajada de precio del pan y se exigía que Don Francisco Ronquillo fuese Corregidor de Madrid.

La jornada fue violenta en la posada-mansión, pues los sobrevivientes llegaron a palacio, portando a hombros, los cuerpos de los caídos en el asalto.

Aquellas peticiones de bajada de precio y nombramiento de Ronquillo como corregidor de Madrid fueron atendidas por el rey Carlos, quién dijo: *"Sí, os perdono; perdonadme vosotros también a mí, porque no sabía vuestra necesidad, y daré las órdenes necesarias para remediarla".*[xxviii]

Aunque no haya datos que confirmen, el doctor Geleen calculó que, pudo haber alrededor de 10.000 personas que se mantuvieron bregando hasta el anochecer por entrar en la mansión y saquearla, así como aplaudiendo o simplemente, contemplando el discurrir de los acontecimientos. Cuando llegó la noche, llevaron las fuerzas del orden, armadas, de 15.000 a 20.000 que había dado vivas por ver sus peticiones reclamadas, acabaron dispersándose, quedando únicamente 500.

Los amotinados mañaneros fueron calificados como *"esportilleros, muchachos, pobres, vagabundos y mujeres ruines"* añadiendo a los *"mirones".* [xxix]

No obstante, no contaron como en los motines del hambre valenciano y catalán, con lideres representativos característicos que atendieses sus necesidades, simplemente, fueron guiados, en momentos puntuales, por el cardenal Portocarrero en sus intrigas palaciegas contra el Conde de Oropesa, no ayudando tampoco el clero, que en muchísimos motines del hambre se ponían de parte de los amotinados.

Los efectos de esta revuelta fueron los inicialmente buscados por los revoltiscos como lo eran la baratura del pan, así como su mejor calidad, y el cambio del gobierno de Madrid. No obstante, el nuevo corregidor Ronquillo, quién volvía tras haber tenido una buena gestión anteriormente, sólo fue conocido por sus medidas demagógicas, y las soluciones fueron bastante paternalistas, a que los precios siguieron subiendo. El espectro del hambre se agigantó tanto que contribuyó al movimiento de los acaparadores. Debido a la acaparación que hacían los asentistas, hubo de recurrirse a la extracción de granos de las dos Castillas, que fue el sistema tradicional de abastecimiento de la Corte para evitar los períodos políticos de las crisis de hambre. Un método de aprovisionamiento que recorría los caminos de la Meseta, con carretas y acémilas con granos que eran decomisados si no había otra posibilidad hacia Madrid. Este trasiego se hacía en determinados años, que eran de carestía, y con el descontento de los castellanos, quiénes veían con impotencia la depredación de sus excedentes agrícolas y del producto imprescindible para su sustento en aquellas convulsas épocas. Como no podía proveerse una política alimentaria exitosa, Oropesa sabía por su experiencia como válido durante la década anterior, que la política habría de basarse en ordenar el suministro ante los síntomas de cercana penuria. Quizá distraído por las intrigas cortesanas, en su segundo mandato, no pudo tomar las medidas adecuadas a este problema, cayendo en la torpeza de las exportaciones portuguesas.

Su sucesor en el Consejo de Castilla, Don Sebastián de Cotes, fue comisionado para el aprovisionamiento de trigo y harina en Castilla la Vieja, mientras el Corregidor Ronquillo vela por la defensa de los panaderos y del pan, por el orden de su distribución.

Aunque el motín acabase, oficialmente, el 28 de abril, en Valladolid también hubo otros motines, no únicamente por el hambre, sino también por las protestas contra el sistema de abasteciiento de la Corte, pues en estos municipios se intenta, afrontar la crisis económica bajo criterios políticos, asegurando el aprovisionamiento de la ciudad a base de confiscaciones de los granos a determinadas leguas a la redonda para evitar que el descontento popular dirija sus quejas o explote el motín contra las autoridades locales, siendo conocidos como los "motines de secuestro" por Tilly.

No obstante, este motín de subsistencia también tuvo un cariz político, pues todas las quejas por los altos precios fueron dirigidas contra el Conde de Oropesa y su bando, donde no sólo se le acusó de la acaparaciones del aceite, sino de la desaparición de la justicia en todos los confines en los que él era dirigente. Dirá de él, Ronquillo, *"aprendió en la escuela de don Juan de Austria, su amo, la ciencia de conmover pueblos, malquistar reinas y arrojar ministros"*. Y Ronquillo, probablemente, preparó los sucesos del motín, para auparse a sí mismo y su facción al poder, como infirió Cánovas del Castillo.[xxx]

Fue precisamente el bando profrancés el que más explotó el motín, y una vez defenestrado el Conde de Oropesa, intentaron aniquilar a la facción austriaca, con el distanciamiento de los "malos lados" de la reina.

Esta revolución fue consecuencia de la carestía, derivada por la escalada de precios, donde además se reclamaba la justicia que faltaba por toda Castilla.

Resalta Egido López, que no sólo fue el Conde de Oropesa, el blanco de los ataques, también lo fue la reina Mariana de Neoburgo, por su insistencia en mantener al susomentado conde o a Don Juan Tomás Enríquez de Cabrera, almirante de Castilla, y por demás negocios mantenidos con ellos, cantándose, a propósito de ella, una copla: *"Si el rey-no muere, el reino muere"*, protagonizándose una furia contra todo lo alemán, después de años en los que Francia era la gran enemiga.

Este motín pudo haber sido algo más y se quedó en intriga política, pero en cierto modo, puso fin a un siglo que presentaba a una España cansada y a una economía agropecuaria en declive.

CIUDAD	1530	1594	1646	1694
Burgos	1.500	2.665	600	1.881
Valladolid	6.750	8.112	3.000	3.637
Palencia	1.364	3.063	800	972
Salamanca	2.459	4.953	2.965	2.416
Ávila	1.523	2.826	1.123	965
Segovia	2.850	5.548	0	1.625
Toledo	5.893	10.933	500	5.000
Cuenca	0	3.095	800	1.641 [74]

Tabla 4. Índice poblacional de las grandes ciudades castellanas desde 1646.

Este cuadro marca el declive de las grandes ciudades castellanas a partir de 1646, época en que la crisis de 1640 todavía seguía coleando, hasta 1694. Huelga decir que Valladolid, que antes de ser capital en 1601-1605, había sido una importante ciudad de Castilla, llegando a ser parte de la Corte itinerante, experimentó su pico más alto en 1594 hasta perder más de 5.000 habitantes, un 63,01%, no recuperándose del todo.

En el acumulado de los Habsburgo españoles, hemos de diferenciar dos modos de recaudar dinero para la Corona castellana en rentas ordinarias procedentes de impuestos, como lo eran las procedentes del poder real sobre salinas, minas y almadabas de Cádiz, así como la renta de los Maestrazgos de las Órdenes Militares que fueron añadidas a la Corona por los Reyes Católicos, y rentas de naturaleza impositiva en que podemos diferenciar:

---

[74] Vicens Vives, J.; Nadal Oller, J. (1967). Manual de Historia Económica de España. En *Editorial Vicens-Vives eBooks*. http://ci.nii.ac.jp/ncid/BA38028505

A. Los impuestos distribuidos por vía de repartimiento: servicio ordinario y extraordinario, moneda forera (esto es, cantidad pagada por todos los vasallos en reconocimiento dl señorío real), chapín de la reina (correspondientes a 150 millones de maravedís con motivo de la boda del rey).

B. Los impuestos sobre el consumo, que gravaban el tránsito y la producción de mercancías; los derechos aduaneros que eran diezmos de la mar, rentas de los puertos secos, venta del prebostazgo, renta de las lanas, almojarifazgo mayor de Sevilla, almojarifazgo de Indias, venta de las rajas, impuesto de la pasa de Málaga, y uno por ciento de las aduanas de Málaga y Cádiz (1), el impuesto universal obre el consumo que fueron la alcabala (ampliación del impuesto del cinco por ciento sobre el valor de cualquier transacción) y los cientos (cuatro regados del 1% sobre las ventas, creándose en 1626, 1639, 1650 y 1653, en 1686, se rebajaron a cuatro medios por ciento) (2), y los impuestos que gravaban consumos especiales que podían establecerse en forma de estanco – monopolización legal de la venta de un artículo – que se cobraba por vía de siesa (reserva en beneficio del fisco de una parte de la mercancía pagada enteramente) y por vía de impuesto (pago de una cuota por unidad de medida del artículo gravado).

C. Los impuestos subrogatorios o diversificadores sobre patrimonios o determinadas clases de rentas, procedentes por lo general de ingresos pertenecientes al estado eclesiástico, exento di impuestos que no fueran de consumo. Destacan entre estos bienes, las bulas de la Santa Cruzada que en 1500 fueron cedidas por Julio II, el subsidio de galeras de más de 20.000 ducados procedentes de las rentas eclesiástica, concedido por Pío IV en 1561, y el excusado o diezmos de la mayor casa de cada parroquia, concedido por Pío V en 1567, subsistiendo los tercios reales, que consistían en las dos novenas partes de los diezmos eclesiásticos.

Desde 1575, por lo menos, la curva del índice tributario supera considerablemente la curva del índice general de precios, aumentando la presión tributaria, mientras perdía el poder adquisitivo el dinero. En el último cuarto del siglo XVI, la agricultura y la industria trabajaron menos, por lo que hay que entender lo que significó ese aumento a lo largo del siglo que trata este capítulo.

Siglo XVIII. Reformismo borbónico. La agricultura como eje principal del crecimiento económico español.

Los primeros años de los Borbones

El día 1 de noviembre de 1700, Día de Todos los Santos, falleció Carlos II de España, a quién Dios haya de tener en su gloria. Cuando el niño José Fernando de Baviera, a quién Dios también ha de tener en su gloria, fue nombrado su sucesor en su testamento de 1696, Luis XIV de Francia dispuso la "partición" de España en un tratado de 1698, donde resolvió que Luis de Francia (1661-1711), *Grand Dauphin*, obtuviese el Reino de Nápoles, el Reino de Sicilia, el Estado de los Reales Presidios de Toscana, el Marquesado de Finale, así como Guipúzcoa, dejando el resto para el niño bávaro que se quedaría además con los Países Bajos españoles y las Indias. En 1699, tras la muerte prematura de José Fernando, anteriormente consignada, se firmó un segundo tratado de partición, en el que se establecía que el joven archiduque Carlos, bisnieto de Felipe III de España, sería quién heredaría la Corona de España. Carlos II se negó a ambos tratados, y a última hora, convencido por el "partido francés", máximo agitador del "motín de los gatos", nombró a Felipe de Anjou, bisnieto de Felipe IV de España, como su sucesor al trono.

Dice mucho de cómo se encontraba el estado hacendístico de la Monarquía Española, cuando siendo, todavía, el mayor imperio interoceánico en extensión y que, aún a pesar del empuje inglés y neerlandés, se mantenía como la potencia dominadora del comercio indiano, se tuviesen que negociar tratados de partición con los territorios peninsulares, a fin de mantener el equilibrio europeo.

Para el siglo XVIII, quiero diferenciarlo en dos grupos, en donde el segundo grupo se dividirá en varios subcapítulos: siendo el primero, la introducción de los Borbones y sus reformas en España, y el segundo, a partir de los últimos compases del reinado de Felipe V, la agricultura como eje principal del crecimiento económico español, ante la decadencia de la Mesta (aunque la ganadería experimentó un auge) y a raíz de su expansión en el período carlino de 1763-1765, el preludio de las primeras medidas desamortizadoras, que aparecieron, alrededor de la década de los años 30 del siglo XVIII, y el establecimiento de colonias en Sierra Morena.[75]

Lo que sí que podemos decir, es que aún a pesar del primer tumultuoso cuarto de siglo, que ocupó la Guerra de Sucesión Española, por lo menos, los primeros treinta años, fueron una época de considerable progreso económico y demográfico, respecto a los Austrias.

Gracias a uno de los puntales del reformismo borbónico, como lo fue la centralización administrativa, que introdujo los censos de población, tenemos datos de población, que si bien, no precisos, nos permiten hacer un esbozo general.

Como generalmente para estos años, hay que acudir a estadísticas militares, y el economista Jerónimo de Ustáriz en su *Teoría y Práctica de Comercio. Marina*, publicado en 1724, extrae datos de estas estadísticas, procedentes de 1710 a 1717, en las que se consignaban hasta 1.140.013 vecinos, más o menos, siete millones y medio de habitantes, cifras bastante inferiores a las del siglo XV, época de los Reyes Católicos.

El progreso económico posibilitó que la población se concentrase en las grandes ciudades y que, entre otras cosas, hubiese una gran afluencia de población extranjera, especialmente de franceses, quiénes beneficiados por el cambio de dinastía, creyeron que recibirían más prebendas, incluso minorías católicas de países protestantes se instalaron en España, aunque no faltaron los protestantes hanseáticos que, por cuestión de negocios, iban a vivir a las costas.

Precisamente, el problema de la despoblación trajo bastantes quebraderos de cabeza a la administración borbónica durante estos primeros treinta años, por lo que vieron con buenos ojos, el proyecto prusiano que consistía en la colonización de tierras del interior por parte de emigrantes.

Enfatiza Vicens Vives que España seguía siendo un país cerealístico, y a lo largo de este siglo, tendría gran importancia el maíz, traído en 1604, por el asturiano Gonzalo Méndez de Cancio, quién había sido designado Gobernador y Capitán General de Florida por Felipe II, natural de Tapias de Casariego.

---

[75] Vicens Vives, J.; Nadal Oller, J. (1967). Manual de Historia Económica de España. En *Editorial Vicens-Vives eBooks*. http://ci.nii.ac.jp/ncid/BA38028505

Tres cuartas partes del territorio agrícola español fueron ocupadas por el trigo, la cebada y el centeno, favorecido también por los avances técnicos que estaan por venir. El clima político español, por otra parte, y aún a pesar de la Guerra de Sucesión Española, provocada por el temor de que España y Francia se aunasen en una misma monarquía pilotada por los Borbones, pues Felipe de Anjou (aún a pesar de que su padre, el *Grand Dauphin* aún contaba con vida, pero acabaría falleciendo en 1711) todavía conservaba sus derechos al Reino de Francia, fue bastante menos tenso que en siglos anteriores, lo cual permitió un pequeño respiro para acometer todas las reformas.

Mucho tendría que ver la nobleza de la Corona de Aragón, aquella contra la que sus súbditos habían pleiteado estas pasadas décadas, para que el Archiduque Carlos – también bisnieto de Felipe IV y primo-segundo de Felipe de Anjou – pudiera plantar batalla, mientras que, en Castilla y Navarra, la cosa no fue así, pues ellos apoyaron claramente al bando felipista.

Entre las reformas que hizo Felipe V, tanto en tiempo de guerra como ya pacificada, fue la institucionalización del Consejo de Gobierno, que virtualmente hizo desaparecer la figura del válido, y que fue un precedente de lo que sería ya a partir del siglo XIX el Consejo de Ministros, llegando a crear hasta cuatro departamentos distintas, encargados de la Iglesia, la justicia, la guerra y el Estado, decayendo los consejos tradicionales, pues tras remover los de Flandes el 14 de abril de 1702 y el de Italia el 1 de mayo de 1717, por las pérdidas de estos territorios, también aprovechó para modernizarlos.[76] Reformó el ejército, dejando el control de las fuerzas armadas en manos del rey, cambiando el nombre del tercio por el regimiento e introduciendo el cargo de brigadier. A su vez, intentó reformar la Marina, para recuperar la hegemonía española en los mares, tras el empuje inglés y neerlandés, así como la creación de un ejército paralelo, como lo fue la guardia, todo a fin de profesionalizar el ejército, creándose la guardia de corps en 1704 y estando activa desde el 22 de febrero de 1706[77], así como también de una guardia de infantería.

---

[76] De Dieu, J. (2000b). La Nueva Planta en su contexto: Las reformas del aparato del Estado en el reinado de Felipe V. *Manuscrits: Revista d'història moderna*, 18, 116. https://dialnet.unirioja.es/servlet/articulo?codigo=108308

[77] España. Real Cuerpo de Guardias de Corps. (n.d.). *España. Real Cuerpo de Guardias de Corps*. datos.bne.es. https://datos.bne.es/entidad/XX5412328.html

Sin embargo, las reformas más notorias, fueron las de los estatutos de los territorios componentes de la Corona de Aragón, los conocidos como "Decretos de Nueva Planta", que, abolieron, en primer lugar, las instituciones propias del Reino de Valencia (recordemos que hoy, la Comunidad Valenciana, no ha recuperado sus derechos forales) y el Reino de Aragón el 29 de junio de 1707, tras la Batalla de Almansa, a través de un decreto en el que se incidía que ambos reinos y sus súbditos, perdieron todos sus tradicionales derechos (*"fueros, privilegios, exenciones y libertades"*) por una presunta rebelión y apelando a una de sus discrecionalidades como Monarca como era la imposición y derogación de ley, la unificación de todos los textos legislativos bajo las leyes de Castilla, así como también sus costumbres, su gobierno y su política.[78]

Una medida en la que incluso partidarios felipistas como Luis Blanquer y José Ortí tildaron de injusta, pues mantenían que nunca hubo una sublevación en Valencia, ya desguarecida cuando en ella entraron las tropas del archiduque Carlos. Melchor de Macanaz, fue enviado en ese entonces a Valencia, comisionado para analizar el estado de las finanzas y prepara un plan de reorganización del reino, en lo que se interpreta, fue un censo primigenio. Esta Nueva Planta tuvo tres poderes en los que se equilibró; como lo fueron el militar, el gubernativo-judicial y el financiero, quiénes fueron representados por la Capitanía General, la Chancillería y la Superintendencia, respectivamente. También se suprimió el derecho civil privado de los valencianos, supresión que hasta hoy día continúa. Pero, mientras otros tienen la fama, otros cardamos la lana.

Tras la capitulación de Barcelona, el 11 de septiembre de 1714, cuatro días más tarde, el 15, el Duque de Berwick que entró con una coalición francocastellana, comenzó el proceso de supresión de las antiguas instituciones catalanas, con la desaparición del *"Consell de Cent"* y la creación, provisional, de la *"Junta Superior de Justicia y Gobierno del Principado"*, nombrándose a José Patiño, uno de los más reconocidos ministros del primer felipismo.

El 26 de noviembre de 1715, en el Reino de Mallorca, nueve años después, de que apoyasen la causa del Archiduque Carlos, aunque gran parte de la nobleza, desafecta a las instituciones aragonesas, apoyó a Felipe V, también se procedió a la liquidación

---

[78] Bonell Colmenero, R. (2010). LOS DECRETOS DE NUEVA PLANTA. *S A B E R E S Revista de estudios jurídicos, económicos y sociales*, 8, 19.

de sus instituciones, aunque, cuando cayeron el 2 de julio de 1715, aquellas capitulaciones ofrecidas por los felipistas decían cumplir las tradiciones locales. El decreto de noviembre abolirá todo el antiguo sistema de gobierno de las islas, y aún a pesar de las moderadas declaraciones del monarca, no fue de manera provisional.

Como bien señala Bonell Colmenero, se sustituyó la figura del virrey por la figura del Intendente, desapareciendo así también, las cortes, las diputaciones y la administración fiscal propia, quedando esta última a discreción del monarca. Se suprimieron también las reservas de naturalidad, esto es, aquellos asuntos en los que no podía intervenir el rey.

El monarca además se adjudicó la potestad del nombramiento de las autoridades locales. La derogación de prácticamente todos los derechos forales – aunque como ya hemos mencionado Cataluña y Aragón los recuperaron – hizo que se aplicase la primacía del derecho foral castellano, aboliéndose el Consejo de Aragón.

La amplia jurisdicción política que se le daba al capitán general abrió las puertas a Macanaz a la abolición de todas aquellas disposiciones contrarias a las prerrogativas reales. También destacan las reformas fiscales y hacendísticas, como la simplificación del sistema hacendístico.

Destaca también la creación de los "colegios mayores" que supuso una reforma del sistema universitario hasta entonces existente.

En cuanto a las relaciones con la Santa Sede, mientras el 15 de enero de 1709, Clemente XI, fue hostigado por las tropas austracistas, él reconoció el derecho del archiduque Carlos al trono español por sobre los de Felipe de Anjou, que provocó que el 22 de abril de 1709, se firmase un decreto que promulgaba la libertad de los obispos con respecto de la Santa Sede, lo cual generó un conflicto entre aquellos clérigos antiregalistas – es decir, opuestos a la primacía del poder real sobre el papal – en el que tuvo que mediar Luis XIV.

Deprimido, Felipe V, abdicó en su hijo Luis el día 10 de enero de 1724. Él, adolescente, de sólo diecisiete años no tuvo tiempo ni para gestionar nada, pues de todo se ocupaba Isabel de Farnesio, la mujer de su padre, mientras él bastante tenía con controlar a la disoluta Luisa Isabel de Orleans, que al menos cuidó del pobre Luis cuando este contrajo la viruela en agosto, que fulminantemente acabaría con él. Felipe V, aún a pesar de que la abdicación no podía volverse atrás, retornó al trono español, en parte porque su mujer Isabel Farnesio movió los hilos para que aceptasen su retorno y que no se proclamase rey a su hijo Fernando, que entonces contaba con sólo ocho años.[79] Los primeros treinta años de los Borbones en España se caracterizaron por una mejora de la Administración. Pero, para mejorar la situación del campo, aún quedaba bastante. Pero vayamos ahora a los últimos setenta años del siglo XVIII.

Nuevas técnicas agrícolas. Primeras sociedades agrícolas.

La década de los años 30 del siglo XVIII en España fue bastante prolífica en lo que a avances materiales y tecnológicos agrarios Se refiere, debido en parte a dos procesos correlacionados entre si como los agrarios y demográficos, que generaron cambios en los planes del gobierno y la cultura política.[80]

No obstante, el problema esencial seguía siendo el rendimiento del suelo agrícola, que parecía indicar un nivel bajísimo, pues el atraso técnico se manifestaba en que todavía se araba con el arado romano y se dejaba la tierra al sistema de *año y vez*. La falta de tecnificación se debía a los pocos capitales que tenía el agricultor para la mejora de su equipo, así como escasos medios auxiliares animales. Vicens Vives muestra los censos del último tercio del siglo, que nos hablan de 214.000 mulas, 139.000 caballos y 237.000 asnos, cifras que no eran suficientes para un país con más de 2.000.000 de labradores, por eso para el comercio de simiente, se consideraba abundante el año que rendía 4 años de uno, muy bueno si daba 5, extraordinario si se escogían de 6 a 7.

Vicens Vives resalta que la estabilidad política, así como los avances económicos, permitieron que se pudiese dejar más espacio al crecimiento económico agrario, pues, conforme aumentaba la población, empezó a expandirse constantemente la demanda, lo que provocó un alza en los precios de los productos agrarios y de la tierra, que conllevó a que se roturasen terrenos y se subastasen tierras, con lo que aumentó la superficie cultivable, y, consecuentemente, la producción agrícola.

---

[79] *Felipe V*. (n.d.). Real Academia De La Historia. https://dbe.rah.es/biografias/10077/felipe-v
[80] Vicens Vives, J.; Nadal Oller, J. (1967). Manual de Historia Económica de España. En *Editorial Vicens-Vives eBooks*. http://ci.nii.ac.jp/ncid/BA38028505

Pongamos el ejemplo de Requena, que, en 1722, para atender las finanzas municipales, el ayuntamiento autorizó que se roturase y sembrase por diez años y 500 hanegadas en el prado de Albalá y en el Ardal del Campo[81].

Vicens Vives resalta como entre 1730 y 1800, la producción cerealista en la provincia de Palencia, aumentó del índice de 116 al de 185; similar a los marcadores de Segovia, que aumentó de 102 a 127, y a los de la Tierra de Peñafiel, que aumentaron de 152 a 181.

Influenciados por el regalismo, los reformistas que luego participaron en el exilio de la Compañía de Jesús consideraron que, en el nuevo escenario agrario, la Iglesia ocuparía un lugar menor, considerando que debía limitarse la cantidad de tierra que ella controlaba, como Campomanes argumentó en su *Tratado de la Regalía de Amortización* de 1765, donde además, se hacía una loa al agricultor, apelándolos a ser "ciudadanos" responsables de la *res publica*; imaginando un mundo en que una clase de campesinos medios y pequeños serían propietarios de la tierra o, al menos, poseedores de un derecho permanente sobre esta, garantizado por la Corona, y a cambio, el agricultor, proporcionaría la base de una economía nacional.

No obstante, el discurrir del agricultor seguía siendo el mismo de siempre, pues al numeroso trabajo y poco remunerado, siempre al albur de una mala cosecha o anomalías climáticas, se les sumaban la falta de reservas alimenticias, un transporte dificultoso y pestilencias, lo cual les hacía caer en la misma rutina de siempre, en la subalimentación, cuando no, escapar a la ciudad.

No obstante, como señala Vicens Vives, las hambrunas ahora son más espaciadas en el tiempo (1709, 1723, 1734, 1752), la sociedad dispone de más recursos para combatir el hambre y el comercio exterior agrícola abre, además, infinitas posibilidades a las zonas periféricas, y no solo a ellas, sino también a las del interior, pues en 1752-1753, una grave crisis de abastos fue salvada por transportistas de trigo desde Alicante y Albacete, y por arrieros catalanes y valencianos.

No sólo fuimos un país eminentemente cerealístico, pues Vicens Vives da cuenta de la aparición de las legumbres, con una producción de 16.000.000 de fanegas, y sirvieron como principal alimento, los garbanzos, las habas, los guisantes. Las alubias, aunque

---

[81] Piqueras Haba, J. (1997). *Geografía de la Meseta de Requena-Utiel.*

fueron desplazados por la patata, que fue cultivada de forma sistemática, por vez primera, en Mondoñedo en 1768.

El primer producto español fue siempre el aceite, que producía 6 millones de arrobas al año y abarcaba grandes extensiones en Andalucía, Aragón y Cataluña.

En Cataluña, Pierre Vilar constata el esplendor de los viñedos catalanes, desde la leve recuperación económica de 1680, así como su extraordinaria importancia como fuente de capitalización en una fase de coyuntura depresiva, siendo los altos precios de los productos vinícolas una excepción a la tendencia decreciente de los demás productos del campo, siendo el vino, el principal producto a exportar, destacando junto a los caldos catalanes, el vino andaluz.

En las tierras levantinas, muy especialmente en Valencia, incrementaron el cultivo naranjero de finales del siglo XVII, que había quedado en manos españolas, tras el conflicto sucesorio portugués. El manzano fue otro producto frutal que adquirió una importancia que excedía sus comarcas, ocupando en el Norte un lugar privilegiado.

Nos habla Vicens Vives del retroceso de la caña de azúcar y el algodón, pues no pueden luchar con sus congéneres americanos y en el caso de estos últimos, con malta, limitándose su cultivo a unas contadas áreas de Andalucía; así pues, el cáñamo de Galicia y el lino de León, sufren la competencia de los de Francia, Flandes y Holanda.

El cultivo del arroz, del que la llanura valenciana daba 420.000 fanegas, servirá para hablar del fenómeno poblacional, pues es a partir de esta década, cuando se empiezan a plantear los primeros proyectos de repoblación y colonización, vinculadas a la desecación – esto, es decir, la colonización de las tierras bajas, a fin de limpiarlas de aguas malsanas -, con el que buscaban expandir los cultivos arroceros y cultivar las áreas pantanosas y encharcadas, áreas insalubres por las que proliferaba el paludismo.[82]

Alberola-Romá nos destaca la Albufereta de Alicante, como un permanente foco de paludismo, que fue el primer ejemplo de colmatación, comenzando desde finales de 1677.

---

[82] Alberola Romá, A.; Giménez López, E. (1997). Antecedentes colonizadores en la España del siglo XVIII. Proyectos y realidades en las tierras de la antigua Corona de Aragón. *Revista de historia económica, 15*(2), 273. https://doi.org/10.1017/s0212610900006510

Alberola-Romá también nos señala la mención que el botánico Cavanilles hizo de los enclaves insalubres con municipios tan deprimidos como Sollana o Museros, o los inconvenientes que padecían los vecinos de Oropesa o Torreblanca, proponiendo él, el desagüe de las lagunas interiores, así como la mejora de los almarjales y albuferas costeros, que perseguían alcanzar aprovechamientos económicos procedentes de la ampliación de la superficie cultivable y la mejora del hábitat, al conseguir acabar con los problemas de insalubridad.

El cardenal proborbónico Don Luis Belluga y Moncada fue el máximo promotor de estos proyectos a través de sus Pías Fundaciones, comenzando en 1715, con la obtención de Orihuela de 25.000 tahúllas, bajo la condición de diseñar un canal de desagüe que vertiera las aguas en término de Elche, así como una superficie extensa de almarjal cercana a las 40.000 tahúllas, algo más de 44.000 m^{2,} localizada entre la vega oriolana y el término de Elche. Consiguió, con ello, la colmatación masiva de parcelas en la Albufera valenciana, intentándolo también en Salinas, Bassa Llarguera y Almarjales de Elche y la laguna de Villena, así como en el Bajo Segura.

Se fundaron en 1730 las poblaciones de San Fulgencio, en el extremo más oriental; San Felipe Neri, cercano al saladar de Albatera, y de Nuestra Señora de los Dolores, en el centro, alcanzando cuatro años más tarde, en 1734, la condición de villas. La estructura fundacional otorgada por el ya cardenal Belluga en Roma el 18 de septiembre de 1741, fue aprobada por Real Cédula del 20 de febrero de 1742, donde pormenorizaba en 35 capítulos las condiciones bajo las que se establecieron los labradores en las tierras gasta entonces de almarjal, recibiéndolos en régimen de enfiteusis, por el que debían abonar un canon en especie, que en un principio se fijó en la cuarta parte de todas las cosechas, y a partir de 1745, hasta la sexta parte.

Nos narra Alberola-Romá también el intento del coronel Bartolomé Porro en 1720 de poblar con naturales del Finale (ducado de Parma, antigua posesión española) las tierras baldías y desérticas comprendidas entre Tarifa y Algeciras, así como el establecimiento de diferentes fábricas de papel y lencería. Aún a pesar de obtener por esa idea el grado de mariscal de campo, con un salario de 500 escudos mensuales y la jurisdicción militar perpetua de Algeciras, su carácter despótico y lo fantasioso de su idea, fue apresado a fines de enero de 1723 en el castillo de Santa Catalina de Cádiz.

Se intentó lo mismo en las sierras de Requena y Barciles, en la década de 1740, y a finales de esta década, gobernando el Marqués de la Ensenada, se proyectaron las primeras intenciones de establecer colonos en España, preferentemente campesinos católicos de origen alemán, holandés, irlandés e incluso francés, comprendiendo el terreno que cuatro decenios más tarde serían repoblados, que serían las comarcas de Sierra Morena. El ministro Bernardo Ward, también suscribió la idea, en Irlanda en 1752, y pensó que los irlandeses, quienes veían conculcada su libertad espiritual, así como a la gravosa fiscalidad por parte de Inglaterra, y buscaban emigrar, serian unos perfectos colonos. No obstante, la falta de capitales, así como la destitución de Ensenada obligaron a la suspensión de proyectos.

En esta misma década, y ya reinando Fernando VI, a partir de 1746, el dinero del Estado se invirtió por primera vez en algo que redundase en el bien común de todos, pues se intentaron efectuar medidas para las mejoras de los regadíos, estrechamente ligado al de la baratura de los transportes mediante canales, y los sistemas de comunicaciones. En ese mismo año de 1746, Carvajal proyectó el canal Madrid-Tajo y el de Guadalquivir; en 1749, se promulgaron unas ordenanzas sobre regadíos, y en 1753 se reanudaron las obras del Canal de Castilla.[83]

Además, el primer gran fenómeno liberalizador de la economía en España, estuvo relacionado con la libertad del comercio de cereales que, en un país eminentemente cerealístico, aseguraría las bases de una economía sana. En 1756, se decretó la libertad del comercio interno y externo, pero no sería hasta dentro de nueve años, cuando se desregularizó del todo, entendiéndose que no se trataba únicamente del suministro de cereales a las ciudades, sino también, su precio, almacenamiento y comercialización.

La ganadería entro en franco declive en el siglo XVIII, mientras que Inglaterra, Francia, Suecia, el Piamonte y Sajonia, aplicaban nuevos métodos al engorde del ganado, así como a la obtención de lanas partiendo de animales de selección que eran importados de España. En 1726, la Mesta, llegó incluso a extenderse en régimen y jurisdicción a la Corona de Aragón, alcanzando a las hermanades de pastores de Albarracín, Daroca y Teruel, y, reinando Fernando VI, se renovaron las antiguas leyes que fijaron el

---

[83] Vicens Vives, J.; Nadal Oller, J. (1967). Manual de Historia Económica de España. En *Editorial Vicens-Vives eBooks*. http://ci.nii.ac.jp/ncid/BA38028505

predominio de la ganadería sobre la agricultura como lo fueron el derecho de posesión (1753) y la prohibición de rompimiento de tierras (1749). Poco antes de morir el rey, se firmó la Real Cédula de 1758 que suprimía el impuesto de servicio y montazgo, que recaudaba y pagaba la Mesta por un arancel en la exportación de la lana, siendo, en palabras de Vicens Vives, el más duro golpe que sufrió dicha institución.

Expansión de 1763 a 1765. Proyectos políticos de reforma agraria. El Motín de Esquilache. Repoblaciones y colonizaciones.

Concluye Vicens Vives que la agricultura española tuvo su fase expansiva a partir de la década de 1760, y muy particularmente en el bienio 1763-1765, que se encuadraba dentro del quinquenio 1760-1765, donde se exigió al Estado una política agraria. Influenciados por los fisiócratas e inspirados en el enciclopedismo francés, así como por las exigencias de los tiempos, en los que además también concurrieron las necesidades vitales perentorias de las nuevas capas demográficas del país, se producen los cambios más notorios.

Fue, precisamente en esa década, cuando se conformaron las primeras sociedades agrícolas, al calor de las mejoras en el cultivo. Inspirados por los fisiócratas europeos, se celebraron tertulias donde germinaron las Sociedades de Amigos del País, donde se tenía especial predilección por los temas agrícolas, constituyéndose algunas de ellas específicamente como Sociedades Agrarias, como las surgidas en Lérida y La Coruña en 1764 y 1765. Las entusiastas fuerzas vivas del país como científicos, poetas, periodistas y simples curiosos divulgaron por prensa y libro, nociones de técnica agrícola moderna, traduciendo además obras de Nécker, Rozier y el Conde de Guillemberg.

En ese lustro de expansión agrícola y prosperidad económica, se intentan los primeros proyectos de reforma agraria, una polémica que fue especialmente candente en siglos posteriores Figuras destacadas como Floridablanca, Campomanes, Jovellanos, Cabarrús, Sisternes Feliu, Sempere Guarinós o Foronda, entre otros, comenzaron desde postulados reales.

En el caso particular de Extremadura se abrieron dos expedientes o informaciones como lo fueron el de la Junta Central de Comercio y el del Consejo de Castilla, del que informaron corregidores, diputados, ministros y economistas.

Pero el punto mollar de las reformas agrarias, tenemos que encontrarlas en un "motín del hambre" como los que ya hemos documentado en este libro y que comenzó con la carestía del pan a la que culparon de la gestión ineficaz de un ministro siciliano que ocupaba la cartera de Hacienda, Leopoldo di Gregorio, marqués de Esquilache. Cabe decir que este dirigente se enemistó con la nobleza que lo veía con recelo por considerarlo un avenido y por la Iglesia, por sus políticas regalistas, y si bien, hizo reformas en la villa de Madrid, trayendo el saneamiento con la construcción de fosas sépticas y el alumbrado, así como mejoras notables en el trazado urbano – hay que decir que el trazado urbano de Madrid se inspiró en el de Nápoles, que a su vez lo estaba inspirado en el de Valencia -, se le conocerá por sus nefastos últimos días en el cargo de ministro, aunque, finalmente se le restituyó en 1772 ese "honor" perdido, consiguiendo la embajada de Venecia, que ostentó hasta su muerte en 1785 con 86 años.

Lo que comenzó como una prohibición de usar capa larga, sombrero chambergo, montera calada y embozo – que realmente fue el refrendo de bandos publicados en 1716, 1719, 1723, 1729, 1737 y 1740 – ante la justificación de que ahí podían esconderse armas con las que iniciar tumultos y desórdenes, dejó traslucir una renuencia de lo español a morir.

Primeramente, los días 13 y 16 de febrero de 1766, el marqués de Esquilache intentó justificar a través del Diario Noticioso Universal, el aumento de los productos de primera necesidad, tras una cosecha nefasta – porque también, en la época de expansión, hubo cosechas nefastas – y la definitiva liberalización del comercio del grano que generó especulación que incidió en los precios. A medida que pasaban los años, iban subiendo el pan, el aceite, el carbón y el tocino. En los primeros meses de 1766, el pan se vendía a doce cuartos la libra, mientras en 1761 era a siete, en 1763 a ocho y a diez en 1765. Esquilache intentó no gravar el precio del producto si este resultaba de los transportes de grano traído de otros lugares, medida contraproducente, pues despojó a los pequeños labradores de sus mulas, a fin de utilizarlas para el traslado del grano. La prohibición de la utilización de chambergo y capa, extendida primeramente a los funcionarios, llegó al pueblo llano, que la consideraba una vestimenta castiza, aunque esta fue introducida por tropas que la reina regente Mariana de Austria llamó en 1669 y que vestían igual que el mariscal Schömberg, de donde viene la denominación de "chambergo", y teniendo bastante con el pan, arranco los bandos sustituyéndolos por libelos injuriosos contra Esquilache, que llamo a los soldados para que cooperasen los alcaldes, aunque las administraciones locales (alguaciles) abusaban de su ministerio atacando a la gente, cortándoles las capas y sacándoles multas.

El Domingo de Ramos de 1766, a las cuatro de la tarde, una tropelía más de los alguaciles alcanzó a dos embozados que paseaban en la plaza de Antón Martín, *"porque les daba la gana"*, desenvainando uno de ellos las espada, siendo seguido por una banda armada que obligó a los militares a huir. Tras asaltar cuartelillos apoderándose de sables y fusiles, se encontraron con el Duque de Medinaceli al que le pidieron hiciese llegar al rey una serie de exigencias. Los amotinados atacaron la famosa Casa de las Siete Chimeneas, domicilio de Esquilache, donde arramblaron con todo lo que encontraron, incluso mataron a un sirviente que les impidió el paso.

Las cosas empeoraron de tal manera que el día 24 de marzo, la situación se agravó, de tal manera que los valones, defensores de la Armería de Palacio dispararon contra el gentío que profirió insultos contra la Guardia Valona y contra Esquilache.

Las exigencias populares que se le entregaron a Carlos III – estando comisionado un sacerdote – fueron; el destierro de los dominios españoles al marqués de Esquilache y a toda su familia (1), que no haya más que ministros españoles en el Gobierno (2), extinción de la Guardia valona (3), bajada del precio de los comestibles (4), supresión de las Juntas de Abastos (5), retirada inmediata de todas las tropas a sus respectivos cuarteles (6), conservación del uso de la capa larga y el sombrero redondo (7), y ya por último, que se dignase Su Majestad a salir a la vista de todos para que pudiesen escuchar por boca suya la palabra de cumplir y satisfacer las peticiones (8).

En el Consejo de Guerra hubo tres que se opusieron a negociar nada con los amotinaos como lo fueron el duque de Arcos, el marqués de Pliego y el conde de Gazola, mientras que otros ,por experiencia político-militar, como lo eran el marqués de Sarriá, el conde de Revillagigedo y el duque de Oñate, decidieron que había que aceptar las exigencias, habida cuenta que ponían en duda la legitimidad real, pero que si esta les seguía defraudando, eran un contingente bastante más poderoso que las tropas palatinas.

Carlos III renunció a Esquilache, de mala gana, pero se impuso el gentío, y el rey ilustrado, no sintiéndose seguro, se retiró a Aranjuez, interpretando este gesto el pueblo de Madrid, que, al día siguiente, estaba tomado por una Junta Militar para mantener el orden, como una justificación de que este se estaba armando para aplastar la rebelión. Con este temor, más de 30.000 personas sitiaron el domicilio de Diego de Rojas, obispo de Cartagena y presidente del Consejo de Castilla, que recibió el encargo de transmitir al monarca el estado de ánimo del pueblo madrileño, redactando un memorial de agravios para el rey, que el emisario le hizo llegar en Aranjuez.

"El rey ha oído a la representación de vuestra señoría con su acostumbrada clemencia y asegura sobre su real palabra que cumplirá cuanto ofreció ayer por su piedad y amor al pueblo de Marido, y lo mismo hubiera acordado desde este Sitio y cualquiera ora parte donde le hubieran llegado sus clamores y suplicas; pero en correspondencia de la fidelidad y gratitud que a su soberana dignación debe el mismo pueblo, por los beneficios y gracias con que se le ha distinguido y el grande que acabe de dispensarle, espera su majestad la debida tranquilidad, quietud y sosiego, sin que por título o pretexto alguno de quejas, gracias, ni aclamaciones, se junten en turbas ni fomenten uniones. Y mientras tanto no den pruebas de dicha tranquilidad, no cabe el recurso que hacen ahora, de que Su Majestad se les presente".

Este "motín del hambre" tampoco trajo ningún cambio en la estructura de fondo que provocaban la miseria perpetua, pues únicamente se destituyó a Leopoldo di Gregorio – con mucho pesar de Carlos III – y la capa corta se acabó adoptando ante la petición del conde de Aranda a los representantes de los Cinco Gremios Mayores y los 53 Gremios Menores, pero sí demostró la fuerza del pueblo,[84] indignado ante la liberalización del comercio de cereales, que había sido propuesta en 1763, por el ya defenestrado Esquilache y refrendado por una *Respuesta fiscal* de Campomanes donde se aseguraba que *"la ley que atropella la libertad del vendedor o comprador no es justa, ni tendrá jamás perfecta observancia"*, siendo favorable a la abolición de la tasa, así como a la libertad de la compraventa de granos.

A propósito de esta tendencia alcista, el corregidor de Salamanca informaba que los precios altos producían la felicidad de los labradores. En 1770, Campomanes y

---

[84] Ruiz, A. P. (n.d.). *El motín de Esquilache (1766)*. Copyright Alfonso Pozo.
https://personal.us.es/alporu/historia/motin_esquilache.htm

Cabarrús – fundador del Banco de San Carlos – atacaron a *"un tropel de cortesanos ociosos e ignorantes que medía por su interés el de las campañas que conocía"*. No obstante, hasta dos décadas después, más concretamente en 1783-1787, no se consiguió el mayor equilibrio liberalizador de la economía, a través de una mejora de las redes de transporte.[85]

Ese mismo año de 1766, siendo ya Pedro Pablo Abarca de Bolea y Ximénez de Urrea, conde de Aranda, el Presidente del Consejo de Castilla, el 2 de mayo, decretó que todas las tierras labrantías propias de los pueblos, así como las valías y concejiles se rompiesen y labrasen, tasándose por peritos, sacándose a suerte y se repartieren entre los vecinos más necesitados. Esta Real Cédula fijó la prelación de los beneficiarios (los braceros y los *senareros*; labraderos de dos yuntas, y de tes yuntas), y las condiciones de explotación como la prohibición de subarriendos, el pago puntual de pensiones o el cultivo sin interrupciones superiores a dos años. Entre 1767 y 1768, varias imposiciones inspiradas por esta se extendieron a Andalucía, la Mancha y al resto del país, para después en 1770, decretarse la reserva de los lotes de tierra a los labradores pobres y medianos, con yunta. No obstante, y como bien señala Vicens Vives, muchas tierras rotas, a través de manipulaciones de poderosos que dominaban los consejos, pasaron a engrosar el peculio de estos.

Una pragmática de 1765 había establecido el principio de que todo propietario podía concertar cualquier contrato con los arrendamientos de sus fincas, y por una Real Cédula de 1768, que prohibía despojar a los "renteros" sin justos motivos, conocemos los efectos que tuvo.

En 1770, José Moñino y Redondo, Conde de Floridablanca, en su *Respuesta fiscal en el expediente de la Provincia de Extremadura*, situó las bases de una reforma agraria que concediese a todos los labradores las tierras de propios, los pastos arbitrados, los baldíos y comunes, las dehesas de propios y de particulares, aconsejando en una *instrucción reservada* que se constituyese un fondo de reserva, nutrido con caudales procedentes de expolios y mitras vacantes, dedicándose la tercera parte al fomento de la agricultura y a la repoblación del país. Refiere Vicens Vives que un año más tarde, Pedro Rodríguez de Campomanes, en su *Memorial*

---

[85] Vicens Vives, J.; Nadal Oller, J. (1967). Manual de Historia Económica de España. En *Editorial Vicens-Vives eBooks*. http://ci.nii.ac.jp/ncid/BA38028505

ajustado, considero que era preciso el fomento de la formación de "costo redondos, indivisibles e inalienables", que constituyeran la base del patrimonio familiar, estableciendo que toda familia de labradores había de tener una "dotación congrua", estimada en 50 fanegas de tierra de año y vez, así como una yunta y pastos para ganado complementario, refrendando esta visión en su memorial de 1784, precisando el objeto de la reforma, en la transformación del arrendatario en censualista, influenciado por la marcha de la semipropiedad en la economía rural catalana.

En cuanto al tema demográfico, y siendo perentoria la necesidad de repoblar España y de llenarla, especialmente de fuerzas vivas y productivas, se comienzan con el gran proyecto de repoblación de la España del XVIII, la ópera magna de la historia económica, que fue el de Sierra Morena. El campo andaluz era eminentemente latifundista, con bajo rendimiento agrícola pero no nulo, el subdesarrollo biológico bien por las epidemias o bien por la subalimentación y la incompetencia técnica, hasta que llegó el cruce de culturas, que no fue lo fructuoso que todos deseamos, pero ya marcó un hito de evolución técnica.

El 5 de junio de 1767 se aprobó una Real Cédula en la que se incardinaban unas *Reglas para las nuevas poblaciones de Sierra Morena* y un *Fuero de sus pobladores*, que fueron el soporte legal de las Nuevas Poblaciones, mientras que en la provincia de Alicante, se recuperó un privilegio que Alfonso IV de Aragón concedió en las Cortes Valencianas del año 1329, que confería la jurisdicción criminal baja y la civil plena a quiénes demostrasen su fundación o posesión del dominio directo de un lugar en que se hallasen quince casas de cristianos viejos como mínimo, y que durante el siglo XIV, incentivó la recolonización interior del reino, permitiendo además el ejercicio de las funciones de control y policía a los señores.

No hay que soslayar tampoco otros proyectos colonizadores en el transcurso de 1773 a 1798 como lo fueron: San Rafael en 1773, La Sarga en 1774, Venta del Emperador en 1778, La Vallonga (cuya solicitud no fue concedida) en 1779, Santa María de Aguas Vivas en 1787, Peñacerrada en 1788, Benadressa (solicitud concedida pero no hecha efectiva) en 1789, Daya Vieja en 1791 y Algorfa en 1798. Estos proyectos colonizadores intentaron utilizar justificaciones legales de la cedula que regulaba la repoblación de Sierra Morena, como el intento de 1768 por parte del militar Dionisio Areny, de la jurisdicción del corregimiento de Tortosa, en sus posesiones entre la villa de Tivisa y la costa por donde discurría el camino real que unía Valencia con Barcelona, donde quería llenarla de 20 casas, pensando quizá en que pudieran utilizarse las disposiciones alfonsinas. José White y Vagué, comerciante irlandés, vecino de Benicarló en 1777, con territorios en el término de Ulldecona, intento hacer lo mismo, siendo la posición del Consejo y los fiscales muy positiva, al considerar que la conformación de nuevos lugares era de una importancia capital para el Estado, y aquellos emprendedores, merecedores de la Real Protección. White demandaba una gracia de diezmos, renunciando a la jurisdicción suprema, pero aceptando únicamente la alfonsina, comprometiéndose a la construcción de 30 y 40 casas, solicitando para los colonos de ese territorio, la concesión de exenciones fiscales y de levas y quintas durante una década, a imagen y semejanza de Sierra Morena.

Ciñéndonos explícitamente a la proposición de colonización de Sierra Morena, esta partió del coronel bávaro Johann Kaspar Thürriegel, quién ya tenía experiencia militar en Francia y Prusia, que le presento a 1766 al rey Carlos III su proyecto de llevar a 6.000 colonos católicos alemanes y flamencos a América[86], propuesta estudiada por Pablo de Olavide, pero rechazada por el Consejo de Castilla.

No obstante, se estimó oportuno que los colonos pasasen a Sierra Morena. Pablo de Olavide, recibió el cargo de intendente de Andalucía y superintendente de la empresa colonizadora, mientras que Campomanes redactó el Código de Población anteriormente mencionado, fijando el distrito de asentamiento de los colonos, al pie del paso de Despeñaperros, expandiéndose por el valle del Guadalquivir hacia Córdoba y Carmona.[87]

Su basamento económico consistió en la cesión de predios individuales, exención de impuestos y otorgamiento de socorros en víveres y dinero haza que las tierras rindieran cosecha, eligiendo las plantaciones de trigo, olivo, vid e higuera, completándose con el establecimiento de pequeña industria local textil de lienzos, sedas y lanas, todo ello bajo la supervisión de Olavide, marchando con éxito la colonización, introduciendo capuchinos extranjeros para que asistiesen espiritualmente a los emigrantes. De estos capuchinos destacaría Fray Romualdo

---

[86] *Juan Gaspar de Thürriegel*. (n.d.). Real Academia De La Historia. https://dbe.rah.es/biografias/15827/juan-gaspar-de-thurriegel
[87] Vicens Vives, J.; Nadal Oller, J. (1967). Manual de Historia Económica de España. En *Editorial Vicens-Vives eBooks*. http://ci.nii.ac.jp/ncid/BA38028505

Baumann de Friburgo, que, sin embargo, acabaría desarrollando odio hacia el superintendente por sus ideas enciclopedistas, delatándolo hasta su destitución definitiva a finales de la década de los 70.[88] Fray Romualdo fue pionero en el *fraternum foedus* del que fue iniciado durante su estancia en Roma en 1760, que él adaptó como una mezcla de sociedad comercial, así como de caja de ahorros y de compañía de seguros, partiendo de la constitución de un capital inicial en el que contribuían todos los miembros del "comunión o lazo fraterno" y tras juntarse la suma necesaria, esta era colocada bajo la inspección de las autoridades eclesiásticas que dirigían el *fraternum foedus* que fomentaban su incremento a través de responsables de la "cofradía", definiéndolo el cómo un proyecto de *"perfecta vida común, de la que no hay más ejemplo desde el tiempo de los apóstoles"*[xxxi].

Ya señala Hamer Flores que esta medida no fue muy bien recibida entre las elites locales y generó incomprensión en muchos locales de las zonas añejas, desechándose a medida que las Nuevas Poblaciones iban llenándose de trabajadores de todas partes de España que venían atraídos por la riqueza de su territorio. De 1769 a 1775, se invierno unos 40.000.000 de reales por parte del Estado, y para ese mismo año, se habían fundado ya 15 pueblos y 26 aldeas, con 1.900 familias de labradores y 150 de artesanos, que hacían un total de 10.300 individuos, más 3.000 jornaleros y sirvientes.

No obstante, poco después vendrían los problemas, pues los alemanes querían conservar sus tradiciones y su lengua, enfrentándose al Fuero y a las autoridades españoles, que intentaron hacer alternancia en los cargos de alcaldes pedáneos (uno español y otro extranjero), a la que contribuyó la actitud de Fray Romualdo, que siendo conocedor del castellano, no predicó más que en alemán, y los capuchinos que le seguían, no quisieron jamás reconocer la autoridad del Obispo ni de su Vicario, destacando cuando estos concedieron una licencia en los primeros momentos de la colonización para que los colonos pudieran trabajar los domingos, algo a lo que se opusieron, intentando extender los días de libranza no sólo a las festividades españolas, sino también a las alemanas. El abandono desaparece en 1773, pero a

---

[88] Hamer Flores, A. (2006b). Fraternum foedus: superstición y desviación de la ortodoxia católica en las nuevas poblaciones de Carlos III. *Arte, arqueología e historia*, 13, 222-229. https://dialnet.unirioja.es/servlet/articulo?codigo=2456932

partir de 1774 se agrava, dejando muchos alemanes que se marchaban sus bienes a los frailes capuchinos. Fray Romualdo se aseguró de que sus informaciones y quejas sobre el Superintendente llegaban al inquisidor Beltrán y, por consiguiente, al Padre Joaquín de Eleta, confesor de Carlos III. El superintendente remitió un informe al Consejo de Castilla, el 30 de enero de 1776, donde argumentaba la innecesaridad de los capuchinos en las Nuevas Poblaciones, mostrando un exacerbado sentimiento religioso.

Las Nuevas Poblaciones estaban ya divididas en dos facciones, furibundamente enfrentadas la una con la otra, con Fray Romualdo azuzando que la empresa de repoblación era una empresa impía, dando consignas contradictoras donde bien decía iba a expulsar a todos sus compatriotas o bien se iba a erigir en su líder. Olavide, ya defenestrado, no era el problema, sino el friburgués, a quienes intentaron contrarrestar las autoridades reales colgando una Real Orden el 20 de marzo, traducida al francés y al alemán donde declaraba falsos todos los rumores de que iban a sustraerle las tierras y posesiones a los colonos. Fray Romualdo, en cambio, ya estaba en protección del inquisidor Joaquín de Eleta, enemigo encarnizado de Olavide, y no tuvieron efecto en él las medidas disuasorias del 27 de marzo. El 14 de noviembre de 1776, fue detenido Olavide por la inquisición, hasta el autillo del 24 de noviembre de 1778.

La situación fue muy complicada en las colonias, especialmente en la de Guarromán – llamada Muzquia, en honor al secretario de Estado en ese entonces, Miguel Múzquiz [89] – donde a los numerosos incendios, los alemanes no acudían a apagarlos. Todo ello provocó que el Consejo de Castilla apostase por la fusión con España, decidiéndose expulsar a los capuchinos el 18 de agosto de 1777, sustituyéndolos por clérigos españoles. Fray Romualdo ya estaba fuera de España, primero en Roma y después a tierras alemanas, donde intento rehacer su *fraternum foedus*, haciendo que sus misivas llegasen a Federico Meissner, un fabricante de medias de La Carolina, que instigó a algunos colonos que le diesen dinero para financiar su viaje de vuelta. Ondeano, desconfiado de sus intenciones, decía de él que siempre anheló su

---

[89] Ayuntamiento de Guarromán. (2017, May 8). *Un nombre Peculiar - Ayuntamiento de Guarromán.* Ayuntamiento De Guarromán. https://www.guarroman.es/ciudad/conoce-la-ciudad/un-nombre-peculiar/

vuelta a Sierra Morena, reiterándose desde el año anterior y haciéndose más fuertes sus llamados, como para haber inducido a varios colonos a que reclamasen su vuelta, siendo los alemanes quiénes lo sustentasen, influyendo en que el rey ordenase al duque de Grimaldi, embajador en Roma que requiriese la intervención del Padre General de los capuchinos para que le cortase a Fray Romualdo, aunque el provincial de Alemania le menciono que todos los religiosos de Alemania eran considerados como independiente de su general y por tanto era bastante probable que este díscolo no quisiera obedecer.[90]

Mientras varios alemanes, franceses, flamencos y colonias menores de austrohúngaros y suizos acabaron por homogeneizarse con los nativos españoles, la gran parte acabo yéndose, bien por los enfrentamientos con las jerarquías locales, bien por los rigores del clima, bien porque no pudieron adaptarse, también perecieron bastantes en las labores de roturación, como señalaba Vicens Vives, quién también resaltó que al contingente de emigrantes nacionales donde destacaron catalanes y valencianos (que, como curiosidad, siempre habían poblado Almería y ahora se desplazaban varios kilómetros al oeste), se les intentaron sumar diez mil gallegos, pero esto fracasó.

El problema del campo andaluz, no obstante, siguió enquistado, y no fue únicamente por las luchas de poder entre Olavide y los capuchinos, o la renuencia de las jerarquías locales, sino también por la falta de inversión de capitales en la tecnología necesaria, así como la dificultad de organización. La Carolina, Navas de Tolosa, Santa Elena, Carboneros, Miranda del Rey o La Carlota son testigos de aquella empresa pionera.

Thürriegel propuso en 1785, el establecimiento quinientas familias escocesas en una colonia agrícola en la localidad guadalajareña de Sacedón (que en el siglo XIX se convertiría en el lugar que hospedase los balnearios de los reyes), no teniendo éxito. Utilizando el Fuero de Población de Sierra Morena, durante la década de 1770, se intentaron colonizar zonas del levante como Nueva Tabarca o San Pablo, así como Cabrera. Destaca Isidro Ferrán, rico labrador de Garriguella, que solicitó licencia para

---

[90] Hamer Flores, A. (2006b). Fraternum foedus: superstición y desviación de la ortodoxia católica en las nuevas poblaciones de Carlos III. *Arte, arqueología e historia*, *13*, 222-229.
https://dialnet.unirioja.es/servlet/articulo?codigo=2456932

la fundación de una nueva población, que recibiría el nombre de San Miguel de Colera, cerca de Portbou, lindante con el Mediterráneo y la frontera francesa, estimando la ubicación de 10 vecinos anuales durante cuatro años, hasta llegar a la cifra de 40 vecinos, siendo una cifra idónea para poner en cultivo toda la propiedad, teniendo bastante éxito.[91]

Alberola-Romá nos refiere también a los intentos de repoblación del Delta del Ebro, primero con las intenciones de Carlos Sabater en 1767 que proyecto construir dos canales a ambos márgenes del Ebro para salvar los obstáculos que impedían navegación fluvial desde los puertos de El Fangar y los Alfaques, así como la desecación de zonas pantanosas; y en esta empresa de repoblación también destacaron Francisco Miláns y Benages, Francisco Canals, Andrés Filibein y Francisco Capalá, que ofrecían hacer navegable, así como poblar el territorio desierto que había desde ahí hasta el mar, al lado del Río Ebro en un memorial enviado el día 26 de julio de 1776, entrando en controversia con el de Sabater.

Otro hito, en el campo económico, fue cuando el 20 de septiembre de 1780, Carlos III autorizó la emisión de 990.000 pesos sencillos en vales Reales, con un interés del 4 por ciento, teniendo como novedad su admisión en todas las cajas públicas, así como gozar de curso legal a todos los efectos, salvo pago de salarios y pensiones del Estadio y el comercio al por menor, siendo estos Vales Reales, el primer papel moneda conocido en la historia de España. El origen de esta banca privada que fue el más inmediato precedente del Banco de España fue el anteriormente mencionado Bernardo Ward, que, en su *Proyecto Económico* de 1762, y en consonancia con el ciclo expansivo de la agricultura, propone la necesidad de movilización de capitales para fomentarla, así como a la industria y el comercio. Este banco, de alcance nacional, debía actuar como intermediario financiero entre el ahorro interior, supuestamente abundante, y los sectores mercantiles, necesitados de inversión.[92]

Este banco de San Carlos, se lo debemos al comerciante vascofrancés, Francisco Cabarrús, que se asoció con su primo, Juan Aguirre en 1775, fundando la firma

---

[91] Alberola Romá, A., ; Giménez López, E. (1997). Antecedentes colonizadores en la España del siglo XVIII. Proyectos y realidades en las tierras de la antigua Corona de Aragón. *Revista de historia económica*, 15(2), 284.
[92] Vicens Vives, J.; Nadal Oller, J. (1967). Manual de Historia Económica de España. En *Editorial Vicens-Vives eBooks*. http://ci.nii.ac.jp/ncid/BA38028505

Cabarrús y Aguirre, que negociaba letras de cambio sobre las principales ciudades europeas, cambiándolas por moneas de plata americana como lo eran pesos fuertes y doblones, enviándolas a Francia desde el País Vasco y Navarra. Las primeras operaciones de gran envergadura en España se realizaron al amparo de las letras de cambio que resultaron más beneficiosas a los comerciantes franceses afincados en España.

Los vales reales, que sirvieron en muchísimas ocasiones, no solo para financiar operaciones mercantiles, sino también las guerras de las que España volvió a ser protagonista desde 1775, con su intervención en la Guerra de la Independencia de los Estados Unidos, serán los protagonistas del siguiente subcapítulo, pues fueron los precedentes de la desamortización de Urquijo – erróneamente, llamada de Godoy, cuando este ni tan siquiera la planeó – de 1798.

La desamortización de Urquijo. Informe a la Ley Agraria de Jovellanos.

De todo lo conseguido en el siglo XVIII en cuanto al ciclo expansivo de la agricultura, a la introducción de nuevas fórmulas monetarias y la construcción de canales, había de recogerse el testigo para conseguir una mejor dignidad para el campo.

Querría destacar en este capítulo el *Informe sobre la Ley Agraria* del jurista Gaspar Melchor de Jovellanos, escrito en 1795.

Se dividió en ocho capítulos:

I.   Estado progresivo de la agricultura.

II.   Influencia de las leyes en este Estado.

III.   Las leyes deben reducirse a protegerla.

IV.   Remoción de los estorbos que se oponen al interés de sus agentes.

V.   Conveniencia del objeto e las leyes con el del interés personal.

VI.   División de los estorbos en políticos, morales y físicos.

VII.   Circulación de los productos de la tierra.

VIII.   Contribuciones examinadas con relación a la agricultura.[93]

---

[93] De Jovellanos, G., De Amigos Del País Madrid, S. E., ; Lage, J. L. C. (1977). Espectáculos y diversiones públicas; Informe sobre la Ley Agraria. En *Ediciones Cátedra eBooks*. http://ci.nii.ac.jp/ncid/BA1416508X

Comenzando en el preámbulo como una apelación a Carlos IV, quién era monarca desde 1788, de que la agricultura nacional se hallaba en aquel entonces en decadencia, comienza, en el primer capítulo, contextualizando el desarrollo de la agricultura, a la que fecha en época de dominación romana.[xxxii]

Según Jovellanos, hasta la pacificación de Augusto, la actividad agrícola en España no fue estable ni desarrolló todo su potencial, incluso aun estando protegida por las leyes romanas. Aún a pesar de su fomento, *"la inmensa acumulación de la propiedad territorial y el establecimiento de las granes labores, el empleo de esclavos su dirección y cultivo y su consiguiente abandono, y la ignorancia y el vilipendio de la profesión, inseparable de estos principio, no pudieron dejar de sujetarla a los vicios y al desaliento que, en sentir de los geopónicos antiguos y de los economistas modernos son inseparables de semejante estado",*[xxxiii] referenciando a un geopónico ilustre de la antigüedad como Columela, que buena cuenta dio de como los grandes cultivos destrozaron Italia, así como Plinio el Viejo quién decía *Latifundia perdidere Italiam jam vero et provintias.* Mencionaba que, entre el poco apego de los visigóticos al trabajo agrícola, así como que los musulmanes de Al-Ándalus establecieron la agricultura nabatea en los climas de las provincias del Levante y Mediodía (aquí hace referencia a la zona de Murcia y Almería), pero el nepotismo de sus dirigentes conllevó a que esta no arraigase, siendo a partir de la estabilización de la Reconquista, cuando podíamos llamar a la agricultura en suelo nacional, *nuestra agricultura.* Menciona, ya recientemente, que el siglo XVIII, si bien comenzó con la Guerra de Sucesión, el hecho de atraerse a *"provincias extrañas y ponerlas en actividad a las nuestras"* así como la pacificación, llevaron al cultivo a prosperar.[xxxiv]

En el tercer capítulo menciona que las leyes han de reducirse, únicamente, a proteger la agricultura, pues *"esta se halla en una natural tendencia hacia la perfección (...) que las leyes solo pueden favorecerla animando esta tendencia (...) el único fin de las leyes respecto de la agricultura debe ser proteger el interés de sus agentes, separando todos los obstáculos que pueden obstruir o entorpecer su acción y movimiento",* vinculando su creencia a la de las leyes de la naturaleza y a las concesiones que Dios nos dio a los humanos de cultivar la tierra, siendo el ser humano *"el que limpió y rompió los campos, descuajo los montes, secó los lagos, sujeto los riegos, mitigo los climas, domestico los brutos, escogió y perfeccionó las semillas y aseguro en su cultivo y reproducción una portentosa multiplicación a la especie humana"*. Vinculado al nacimiento del derecho social – esto es, la reunión de las gentes en comunidades – apareció el derecho de propiedad, y, por tanto, la propiedad del trabajo. [xxxv]

En el cuarto capítulo ya especifica en que han de removerse los estorbos opuestos al provecho de sus agentes, partiendo del origen de las leyes agrícolas, donde intentaron reconducir la conducta humana para lograr el bien común, empezando a partir de entonces las leyes a combatir con el interés personal.[xxxvi]

Estos estorbos los dividió en políticos (la legislación actual), morales (las opiniones actuales) y físicos (de la naturaleza del suelo español).

Menciona como uno de los principales estorbos políticos, *"los códigos rurales de todas las naciones, que están plagados de leyes, ordenanzas y reglamentos dirigidos a mejorar su agricultura y muy contrarios a ella"*, aunque reconoce que las leyes agrarias españolas por lo menos se dictaron por la necesidad, pedidas por pueblos y acomodadas a la situación y las circunstancias.[xxxvii]

Criticó la política de baldíos por ir en contra de la prosperidad de la agricultura y culpa a la época visigoda de darle preponderancia a la ganadería sobre la agricultura, pues *"siendo incapaces de abrazar el trabajo y la diligencia que exigía la agricultura, prefirieron a la ganadería a la cosecha, y el pasto al cultivo"*, y lanza entonces la pregunta: *"¿Podrá negarse que es más rica la nación que abunda en hombres y frutos que la que abunda en ganados?"*. Propone la reducción de los baldíos a propiedad particular, bien vendiéndolos a dinero o renta, repartidos en enfiteusis o en foro, transferidos en grandes o en pequeñas porciones, pero también advierte que *"los repartimientos favorecen más inmediatamente la población, pero depositan las tierras en personas pobres e incapaces de hacer en ellas, mejoras y establecimientos útiles por falta de capitales"*. Propone también en el caso andaluz y la despoblación, el *"empezar vendiendo a censo reservativo a vecinos pobres e industriosos suertes pequeñas pero acomodadas a la subsistencia de una familia, bajo de un redito moderado y con facultad de redimir el capital por partes para adquirir su propiedad absoluta".*[xxxviii]

Justifica en este capítulo, la desamortización de tierras eclesiásticas pues *"sólo una piedad mal entendida y una especie de superstición, que se podría llamar judaica, las han podido entregar a la voracidad de los rebaños, a la golosina de los viajeros y al ansia de los holgazanes y perezosos, que fundan, en el derecho de espiga y rebuscouna, hipoteca de su ociosidad"*, y refrenda el beneficio del cerramiento de las tierras con que *"el hombre fía naturalmente más en sus precauciones que en las leyes, y hace muy bien, porque aquellas evitan el mal y estas lo castigan después de hecho, y si al cabo resarcen el daño, ciertamente que no recompensan ni la diligencia, ni la zozobra, ni el tiempo gastados en solicitarlo"*, citaba a Virgilio a través del *"... Laudato ingentia ruta, exiguum colito"* ("Alaba los grandes campos, pero cultiva los pequeños").

También habla del riego como un sistema, que si bien beneficioso para determinadas zonas del sur, resultaba también altamente dispendioso, por el precio al que se compra y por exigir gran diligencia por parte de quienes la utilizan, utilizando para ello el aforismo de Marco Porcio Catón: *"Prata irrigua, si aquam habebis, potissimum facito; si aquam non habebis, sicca quam plurima facito"* (Si tuvieras agua, mejor cultiva regadíos; si no tuvieres agua, cultiva mejores secanos).[xxxix]

Pero lo mollar de este capítulo fue la disección que hizo de la Mesta y de su declive, pues reconociendo lo que hizo grande a la ganadería española como se muestra que en Prusia y Rusia son exportadas ovejas españolas, mientras que aquí se les hacía denodadamente la guerra, y que habían traído prosperidad, denuncia los excesivos privilegios que recibió argumentando que *"proteger con privilegios y exclusivas un ramo de industria es dañar y desalentar positivamente a los demás, porque basta violentar la acción del interés hacia un objeto para alejarlo de los otros"*, y añade *"sea, pues, rica y preciosa la granjería de las lanas, pero, ¿no lo será mucho más el cultivo de los granos, en que libra su conservación y aumento el poder del Estado? Y cuando la ganadería pudiese merecer privilegios, ¿no serían más dignos de ello los ganados estantes, que sobre ser apoyo del cultivo representan una masa de riqueza infinitamente mayor y más enlazada con la felicidad públicos?"*.[xl]

A partir de esta pregunta desgrana algunas tergiversaciones mesteñas como la remoción de las leyes que proscriben el rompimiento de las dehesas, bajo el pretexto de la carestía de carnes y escasez de abonos, criticando también el privilegio de posesión por robar al propietario el derecho y la libertad de elegir su arrendador, asegurando que al oponerse a la extensión del cultivo de granos, esclaviza a la tierra a una producción menos abundante, y, en general, menos estimable, obligando al dueño a que abandone el cultivo de su propiedad, y también el de tasa por ser *"injusto, antieconómico y antipolítico"* al desterrar la concurrencia de arrendadores, *"uno de los primeros elementos de la alteración de los precios".*[xli]

Menciona la importancia de la trashumancia para la conservación de los ganados, y, consecuentemente, la legitimidad del establecimiento de las cañadas, siendo punto central de la riqueza lanar española reconociendo el carácter preferente del que gozaron las cañadas, a imagen y semejanza de lo que hicieron los romanos.[xlii]

En este capítulo, también comienza hablando, claramente, sobre las amortizaciones de los cultivos, comenzando con la eclesiástica, cuya sanción la remonta a los fueros primitivos de León y Sepúlveda, y la divide entre el clero regular (cuyos bienes eran patrimonio de la nobleza y que durante mucho tiempo contribuyeron al retraso económico de los pueblos pequeños) y el del clero secular (cuyas adquisiciones fueron legítimas y provechosas en un principio, pero conforme fueron avanzando, resultaron funestas para la agricultura); la amortización civil dividiendo en los mayorazgos donde *"la tendencia de acumular es más activa en aquellas que en estos"* y donde la acumulación *"entra necesariamente en el plan de institución de las familias porque la riqueza es al apoyo principal de su esplendor, cuando en la del clero sólo puede entrar accidentalmente porque su permanencia se apoya sobre cimientos incontrastables, y su verdadera gloria sólo puede derivarse de su celo y su moderación, que son independientes y acaso ajenos de la riqueza".*[xliii]

En el capítulo séptimo hace un alegato sobre la propiedad y la forma de disponer de esta por parte de los labradores y de cómo aumentará con el libre comercio, con especial mención al comercio interior, donde menciona la diferencia existente entre el que este objeto de este comercio y el de otros frutos, *"sin duda dio ocasión a las diferentes modificaciones que le han aplicado las leyes"*, mencionando que esta diferencia *"nace de su misma necesidad, o por mejor decir, de la continua solicitud de los pueblos acerca de su provisión".*[xliv] En el comercio exterior dice que *"prueban que la libre exportación debe ser protegida por las leyes como un derecho de la propiedad de la tierra y del trabajo, y como un estímulo del interés individual"* donde menciona los graves desatinos de que productos muy importantes como lo son el aceite, las carnes o los caballos se queden en España sin posibilidad de exportarlo, y que, cuando toda la producción de estos frutos acaba cayendo en España van a proveerse a otros países, de las materias primeras – materias primas – dice que *"está probado que la libertad sería un camino más derecho y seguro que las prohibiciones para lograr el primer objeto"*, así como el de granos.[xlv]

En el octavo capítulo, Jovellanos presenta la agricultura como *"la primera fuente, así de la riqueza individual como de la renta pública, para inferir que sólo puede ser rico el erario cuando lo fueren los agentes del cultivo"*, donde menciona las excesivas cargas fiscales que tiene la agricultura, así como los cultivos, con tributos arbitrarios.[xlvi]

Finalizado el análisis de los obstáculos políticos, pasa a los estorbos morales, esto es, los derivados de la opinión, dividiendo en lo que piensa el gobierno donde menciona que *"publicado tantas leyes, tantas ordenanzas y reglamentos para favorecer los baldíos, las plantaciones, la granjería de lanas, las amortizaciones civil y eclesiástica, y la industria y población urbana, con tanto daño del cultivo general, si el gobierno hubiese estado siempre íntimamente convencido de que ninguna profesión era más merecedora de su protección y solicitud que la agricultura, y de que no podía favorecer a otras a costa de ellas sin cerrar más o menos el primero y más abundante manantial de la riqueza a pública"*, y de los departe de los agentes de agricultura, donde menciona que, a tenor, de la Sociedad, la agricultura es el arte de cultivar la tierra, *"que es decir como la primera y más necesaria de todas las artes"*.[xlvii]

Pero más interesante es la proposición para remover cada obstáculo. Primeramente, propone una medida que cristalizaría a finales del siglo XVIII, como lo fue la instrucción a los propietarios, con la ampliación de los institutos de útil enseñanza en todas las ciudades y villas, donde la clase propietaria sea numerosa; también instruyendo a los labradores, sencillamente perfeccionados los órganos de su compresión enseñándoles el leer, escribir y contar posibilitando en todas las aldeas y feligresías un establecimiento educativo; y a través de la conformación de cartillas rusticas, unas cartillas técnicas que, siendo entendibles para el labriego, *"explicasen los mejores métodos de preparar las tierras y las semillas. De sembrar, coger, escardar, trillar y aventar los granos, y de guardar y conservar los frutos y reducirlos a caldos o harinas: que describiesen sencillamente los instrumentos y maquinas del cultivo y su más fácil y provechoso uso, y finalmente que descubriesen y como que señalasen con el dedo todas las economías, todos los recursos, todas las mejoras y adelantamientos que puede recibir esta profesión"*.[xlviii]

Ya, por último, en cuanto a los estorbos físicos o derivados de la naturaleza, menciona que todos los mecanismos encaminados a removerlos para facilitar la labor agrícola, fue la primera idea en despertar en los hombres, y que hoy en día, en la geología se nota la mano del hombre. Aquí, menciona la aridez y sequedad de España, y que, por su gran número de tierras, carentes de regadío, lleva a que no produzcan cosa alguna, llamando aquí a desviar ríos como una de otras medidas, así como la fortificación de las orillas riveras, la apertura de canales y prolonga su nivel forzosamente por esclusas o sostenerlo levantando los valles, consiguiéndolo a través del derrumbe de los montes o su perforación para llevar las aguas a las tierras de secano.[xlix] Menciona también como graves problemas la falta de comunicaciones que si bien se entiende, por ser, en muchas ocasiones, los productos de tierra de más peso y volumen que los de la industria, así como que los productos agrarios son de menos duración y más dificultosa conservación, o que siendo los cultivos inmóviles y no pudiendo pasar de un lado a otro – a diferencia de la industria – tiene que estar atenta a los precios de mercado que fija la industria, promoviendo por tierra una circulación más fluida, a la par que más barata, que pueda unir los distintos puntos neurálgicos. Incide además en la falta de puertos de comercio, aún a pesar de la privilegiada situación de España entre el Mar Mediterráneo y el Océano Atlántico, con unos puertos que habría de mejorar, y promueve medios de remoción de estos obstáculos al reino pidiéndoles una dotación particular para la agricultura similar a la *"manutención de la Casa Real, del ejército, las armas, los tribunales y las oficinas"*, así como dotar a las provincias de un fondo provincial de mejoras, y para los concejos, que estas mejoras se costeen por los individuos del mismo territorio (distrito o jurisdicción) de que pertenezcan, debiendo correr a cargo de sus ayuntamientos, costeándose los propios de cada concejo, de algún arbitrio que se estableciese.[l]

Lo aquí propuesto fue el más inmediato precedente de la Desamortización de Urquijo de 1798, erróneamente llamada de Godoy, cuando este ministro, uno de los más controvertidos de la Historia de España, ya llevaba seis meses sin ningún poder efectivo.

El final del siglo XVIII fue todo lo tumultuoso que podía ser, habida cuenta que ya había habido una estabilización y una concordia internacional – exceptuando la Guerra del Asiento y la Guerra de los Siete Años -, pero seguían coleando los enfrentamientos contra el Reino Unido, ora por los Pactos de Familia firmados por vez primera el 7 de noviembre de 1735 con los Borbones franceses, ora por reconquistar Gibraltar y otras plazas importantes de América que les fueron arrebatadas, que fue esto último, lo que llevó a España a entrar de lleno en la Guerra de Independencia de los Estados Unidos.

Tan sólo duró un año, menos incluso, desde que el rey Carlos IV subió al trono el 14 de diciembre de 1788, ese ánimo reformista, donde había ratificado a José Moñino y Redondo, I Conde de Floridablanca, como su primer secretario de Estado y del Despacho, quien había empezado tímidamente varias reformas como la limitación del acopio de bienes de manos muertas o la abolición de los vínculos hereditarios y los mayorazgos, se paralizó a los pocos meses, cuando desde Francia venían noticias revolucionarias, donde, primeramente, se redujo el poder de Luis XVI, primo de Carlos IV, para posteriormente venir lo ya conocido por todos.

La postura de José Moñino, conde de Floridablanca, y la de su sucesor, Pedro Pablo Abarca de Bolea, conde de Aranda, fue el incremento del poder de la Inquisición, así como la militarización de las fronteras con Francia y el aumento de la censura interior. Ciertamente, nada parecía indicar que se pudiesen llevar a cabo, medidas desamortizadoras.

No obstante, estaba reciente el conflicto contra el Reino Unido en el marco de la Guerra de Independencia de los Estados Unidos, y pronto estallaría la Guerra de la Convención contra la naciente República Francesa el 7 de marzo de 1793, mes y medio después de la ejecución de Luis XVI de Francia, el 21 de enero, y declarada por el país vecino.

Una guerra con Francia era poco probable y no se contemplaba en España, en virtud a los Pactos de Familia, por tanto no había un ejército de tierra potente, a diferencia de la Armada, que en el siglo XVIII experimentó un gran crecimiento, estando los principales contingentes defensivos en Cataluña con 32.000 hombres al mando del general Antonio Ricardos, en Navarra y Guipúzcoa con 18.000 hombres a cargo de Ventura Caro, y 5.000 en la zona central aragonesa correspondientes a Pablo de sangro, príncipe de Castelfranco.

La guerra tuvo como único teatro de operaciones la frontera hispanofrancesa, siendo el sur de Francia, mayoritariamente realista; y librándose en tres frentes: el oriental (Rosellón y los Pirineos) y el occidental (Navarra, Iparralde y Hegoalde); siendo el cambio territorial más significativo, la entrega de Santo Domingo, en Haití, por parte de España a Francia, como consecuencia de la derrota española en 1795.

La Hacienda Real tenía un gran déficit como consecuencia de un incremento en el gasto militar que supuso la Guerra de la Convención, un gasto que no se había visto en España en todo el siglo XVIII. Una vez finalizada la guerra contra los franceses, y estando consolidada la República Francesa, el enemigo común para ambos, siguió siendo el mismo, el Reino Unido, cuya armada cortó las comunicaciones con el Imperio Español en América. Se intentó mitigar la deuda con la emisión continuada de vales reales, deteriorando su valor, pues el Estado se encontraba en dificultades para pagar los intereses y vencimientos de estos.

Comenzaría entonces el proceso de la desamortización, definido por D. Francisco Tomás y Valiente – en la gloria de Dios – como un proceso unitario, diverso y discontinuo, ampliando la definición de Jordi Nadal. La desamortización consistió, en puridad, en nacionalización, pues se convertían en "Bienes Nacionales" y su posterior venta en pública subasta al mejor postor de tierras u otros bienes que hasta entonces pertenecían a "manos muertas" eclesiásticas o civiles, teniendo como principal finalidad el hacer frente a los ingresos proporcionados al Fisco por la venta de los bienes desamortizados a las necesidades de la Hacienda pública, y, subsidiariamente, aportar al proceso de transformación del régimen jurídico de la propiedad agraria, coadyuvando al triunfo y consolidación del a revolución burguesa. Más concretamente, se ideo como una medida necesaria *"para salvar el crédito de la Monarquía"* y poder afrontar los gastos de las guerras en el exterior, comenzando con tres reales ordenes promulgadas el 25 de septiembre de 1798; en la primera, los *"caudales y rentas de los Seis Colegios Mayores"* era destinada a la Caja de Amortización poniéndose en venta sus propiedades y compensando con el 3% del valor de las mismas a esta "mano muerta" (este abono se haría por la Caja de Amortización), la segunda incorporaba a la misma Caja de Amortización – y, por ende, *"definitivamente a la Real Hacienda"* – todos aquellos bienes que quedasen de las conocidas temporalidades de los jesuitas, previamente expulsados en 1767, que aún no viesen sido enajenados, y en la tercera orden, donde se desamortizaban propiedades de una parte considerable de las instituciones de beneficencia de la Iglesia, recibiendo a cambio una renta anual del 3% del valor de los bienes vendidos, que pertenecían a hospitales, hospicios, casas de misericordia, de reclusión y de expósitos, de cofradías, de memorias y obras pías y patronatos legos.[94]

Los efectos más inmediatos de la desamortización habrán de verse en el siglo siguiente, muy especialmente en las desamortizaciones de Mendizábal y Madoz.

Esta desamortización no tuvo una función social, de crear una nueva propiedad agraria, y aún más, una nueva clase social, simplemente sentó los precedentes con nuevas fórmulas jurídicas del repartimiento y propiedad de las tierras, que deberían advenir al nacimiento de la burguesía.

Erróneamente llamada la "Desamortización de Godoy", llamado así por Manuel Godoy, como ya he mencionado anteriormente, un personaje controvertido de la historia de España, cabe destacar que este señor sí que hizo un uso indebido de los bienes desamortizados, que no fueron íntegramente a la Caja de Amortización creada *exprofeso* para que allí fuesen a amortizarse los bienes, sino para financiar una guerra contra Gran Bretaña de 1803 a 1806, en el marco de una gravosa – y traicionera – alianza con la Francia napoleónica.

Pero de eso, nos ocuparemos ahora.

---

[94] Tomás y Valiente, F. (1978). El proceso de desamortización de la Tierra en España. *Agricultura y sociedad, 7,* 11-33. https://dialnet.unirioja.es/servlet/articulo?codigo=82363

Siglo XIX. El surgimiento de una nueva clase al calor de las desamortizaciones. Ciclo expansivo de la agricultura y su exportación.

Los convulsos inicios del XIX. La Guerra de Independencia

El siglo XIX comenzaría para España con la vuelta de Manuel Godoy al poder el 13 de diciembre de 1800, una personalidad bastante intrigante.

Cuatro años antes, se había firmado con Francia – y por tener de enemigo común al Reino Unido – un tratado de cooperación que luego fue refrendado con la llegada al poder de Napoleón Bonaparte, a finales de noviembre de 1799.

Diplomáticamente, comenzaría en 1801 una guerra relámpago de ocupación, como lo fue la Guerra de las Naranjas, en las que desde el 20 de mayo al 6 de junio se ocuparon varias villas portuguesas como Portalegre, Jurumeña, Arronches, Castelo de Vide, Portalegre o la hoy española Olivenza. Tres días más tarde de finalizar la guerra, el ejercito portugués intento invadir España por la fortaleza de Monterrey, al sur de la provincia de Orense, con fracaso estrepitoso de las fuerzas portuguesas.

Las medidas desamortizadoras – que entonces eran todavía irresolutos esfuerzos - todavía no se contemplaban más que como medidas de contención económica ante los eventuales conflictos y para poder financiar las alianzas.

Decía Salvador Millet, que la agricultura española encontró tres obstáculos que la impidieron continuar como lo fueron la prohibición de cultivar los baldíos, la prohibición de acotar los predios y la sustracción de tierras, que, sumado a los efectos amortizantes, provocaron el aumento del precio de las propiedades, así como la disminución de las rentas el campo, lo que genero el éxodo de capitales de la agricultura, el abandono de los predios, la imposibilidad de poder financiar mejoras en ellas, y, en muchísimas ocasiones, la separación entre propietario y agricultor.

Un primer ejemplo de desamortización eclesiástica lo encontramos en un Breve Pontificio del 14 de junio de 1805 sobre la desamortización de algunos bienes eclesiásticos hasta la cantidad que rindiese anualmente 200.000 ducados de oro, no necesitando una previa autorización por parte de los prelados correspondientes, aunque con la condición principal de redimir los Vales Rales.[95]

Año y medio después, el 12 de diciembre de 1806, se emitió otro Breve, que autorizaba la venta de la séptima parte de los predios pertenecientes a iglesias, monasterios, conventos, comunidades, fundaciones, así como a otras cualesquiera personas eclesiásticas, así como el patrimonio de las cuatro Órdenes Militares y la de San Juan de Jerusalén, aplicándose parcialmente desde una Real Cédula del 21 de febrero de 1807, con una retribución del tres por ciento anual, que autorizaba a la segregación y venta de la séptima parte de los bienes propios de la Iglesia, así como de las comunidades y fundaciones eclesiásticas.

Merced a la alianza con Napoleón Bonaparte, se fue a la guerra naval contra la Gran Bretaña, donde destacó la estruendosa derrota de Trafalgar, de la que hoy todavía resuenan los ecos de glorío británico, que le dedicó una de sus calles céntricas en Londres, la *Trafalgar Square*.

Una España con una Hacienda Real prácticamente inoperante, una Familia Real poco dada a la gobernanza y sí a las intrigas palaciegas, y un Ejército de Tierra permanentemente decadente, así como cosechas paupérrimas de los años 1804 y 1805, dependía *de facto* de Francia para absolutamente todo.

A finales de 1807, tropas francesas se apostaron a lo largo y ancho del territorio español, porque debían invadir Portugal por tierra, a fin de proseguir con el Bloqueo Continental contra Gran Bretaña, merced al Tratado de Fontainebleau.

La idea de Napoleón de conformar un estado satélite en España acorde a sus preferencias estratégicas fue haciéndose patente cuando 65.000 soldados franceses, acantonados en España, ya habían tomado importantes ciudades como Burgos, Salamanca, Pamplona o Barcelona, controlando además las comunicaciones fronterizas.

El 17 de marzo de 1808, Carlos IV y su familia huyeron a Sevilla, para proseguir su marcha hacia Cádiz y de ahí huir hacia América, como hizo Juan IV de Portugal, porque las informaciones que manejaba Godoy eran las de una inminente invasión francesa.

El infante Antonio Pascual de Borbón – hermano de Carlos IV – y enemistado con

---

[95] Vicens Vives, J.; Nadal Oller, J. (1967). Manual de Historia Económica de España. En *Editorial Vicens-Vives eBooks*. http://ci.nii.ac.jp/ncid/BA38028505

Manuel Godoy, maniobro en favor de su sobrino Fernando, entorpeciendo la marcha de la Familia Real al Sur y provocando un motín que no tuvo nada de popular, como lo fue el Motín de Aranjuez.

El 19 de marzo de 1808, Carlos IV cedió la corona a Fernando VII, abochornando a sus súbditos españoles y al emperador Napoleón Bonaparte.

Durante la mañana del 2 de mayo de 1808, José Blas Molina, maestro cerrajero gritó *"¡Que nos lo llevan!"*, mientras estaba con la muchedumbre aglomerada alrededor del Palacio Real, donde estaba Francisco de Paula de Borbón, el último miembro de la Familia Real que no había sido enviado a Francia. Conociendo las intenciones de los soldados franceses, asaltaron el Palacio Real, defendiéndose las tropas napoleónicas con dos piezas de artillería que dispararon a la multitud, comenzando entonces una auténtica batalla por todo Madrid, donde destacaron las luchas callejeras, constituyéndose partidas de barrios y utilizando otro tipo de armas más allá de las navajas. Joaquín Murat en sus disposiciones se ensañó contra todo aquel detenido que tuviera cualquier tipo de armas, desencadenando una furia contra el pueblo de Madrid, que cristalizó con los fusilamientos del día siguiente. Mientras tanto, el 5 y el 6 de mayo, se firmaron las Abdicaciones de Bayona, donde Carlos IV y Fernando VII depositaron sus derechos dinásticos en Napoleón Bonaparte, que un mes más tarde, el 4 de junio, le daría a su hermano José. Entre el día 15 y 30 de junio se juró el Estatuto de Bayona, una constitución en el sentido de "constituir" un gobierno, pero no con la concepción constitucionalista de "soberanía popular".

Hasta pocos años antes de 1808, la pérdida de control de las autoridades locales sobre las tierras municipales motivó la mayor oleada roturadora de la historia de España, prolongada hasta la primera mitad del siglo XIX.

En el aspecto rural, en 1808, España todavía era un país cuyas tierras – especialmente en la mitad meridional – no estaban todavía colonizadas, disponiendo de bastante margen para ampliar el área de la superficie labrada, y durante los años subsiguientes de guerra contra los franceses, la escasez de brazos y destrucciones de capital como el ganado de labor, impulsaron a los cultivadores directos a incorporar mayores dotaciones del factor tierra a sus explotaciones.[96] La principal vía de crecimiento agrario en estos primeros años fue la tradicional extensión de cultivos, sobretodo, en las regiones interiores, con un accidentado relieve, una elevada altitud, una aguda aridez y un déficit de fosforo de muchos suelos donde no había casi opciones agrarias, pues los factores naturales, dificultaban enormemente la intensificación de cultivos, y con la tecnología de ese entonces, era imposible elevar la productividad de la tierra.

Llopis Agelán refiere que las guerras napoleónicas, y no únicamente cuando el suelo español padeció la Guerra de independencia, notó un incremento de los diferenciales de los precios de granos entre la periferia mediterránea y el interior (los diferenciales de preciso de este grano entre Valencia y Segovia fueron en los intervalos 1785/1786-1804/1805 y 1805/1806-1824/1825, del 51.8% y del 108.1% respectivamente).

El proceso roturador, intenso de una forma especial, al inicio de la guerra de la Independencia, provocó un exceso de oferta de granos en varias regiones del interior, lo que alimentó la deflación, provocando que los productores de cereales reclamasen la libe exportación de granos y también un fuerte incremento de la protección a estos últimos para remover la competencia de los cereales extranjeros en os mercados periféricos y frenar la caída de los precios; todo esto, desembocaría, en el sistema prohibicionista establecido en España, a raíz del decreto del 5 de agosto de 1820, que pretendía la reserva del mercado nacional de cereales a los agricultores españoles, inspirando también un fuerte proteccionismo a trigos y harinas de nuestro país en las colonias antillanas; este decreto proteccionista, se hizo notar en los precios de los cereales panificables que tenían efectos sobre los niveles de vida, siendo mayores en tanto la demanda de pan fuse más inelástica, o tuviese un peso más elevado en las planificaciones familiares, así como si el precio del pan y de los cereales presentase una inestabilidad notoria, o mayor fuese el porcentaje de población que adquiriese pan a los panaderos – o también trigo – en los mercados. [li] Este decreto provocó altos niveles de inestabilidad en los precios, sumado al contexto político e institucional que hasta 1840 no permitió un pleno desarrollo de la agricultura, que el tipo de crecimiento agrario predominante se basara en roturaciones muy poco ordenadas en terrenos de

---

[96] Llopis Agelán, E. (2010). El impacto de la guerra de la Independencia en la agricultura española. *Universidad Complutense de Madrid*, 333-378.
https://dialnet.unirioja.es/servlet/articulo?codigo=4702172

calidad inferior a los que ya eran cultivados – provocando además reducción del capital y la cantidad de abono disponible por hectárea cultivada -, un sistema.

A partir del 1815, y con el crecimiento demográfico, que se consiguió en gran parte gracias a la introducción de la vacuna contra la viruela, la roturación aumentó, a fin de alimentar a los nuevos habitantes. Llopis Agelán vincula al crecimiento demográfico con la fase expansiva de la agricultura en el período 1815-1850 y se convirtiese en exportadora de granos tras la guerra.

Estas roturaciones pueden denominarse, según el profesor Enrique Llopis, como "desamortización silenciosa", pues se llevaron a cabo en tierras municipales, ocupadas sin ninguna autorización por vecinos de los pueblos, o que previamente fueron vendidas o repartidas a particulares por los concejos. La renta de la tierra no recuperó los niveles de finales del siglo XVIII, por lo menos hasta después de 1830, ni en las tierras del interior, ni en las regiones mediterráneas. Aunque no fueron siempre tan benignas, pues en muchísimas ocasiones de su exceso, acabaron siendo contraproducentes, pues provocaron el desmoronamiento de los precios de los granos, agrietando el equilibrio entre labrantíos, pastizales y superficie de monte, agravándose los problemas de erosión de los suelos en zonas donde los niveles de aridez eran habitualmente elevados. La economía rural – es decir, no únicamente la agraria, sino la de pequeñas poblaciones – sufrió también la crisis de la industria textil, debido al contrabando, la competencia de los tejidos de algodón y la hilatura mecanizada de varios centros españoles.

En esta primera década, como bien mencionó Llopis Agelán, destaca el descenso abrupto del producto agrícola en muchas zonas del interior, contrastando con un moderado descenso en la periferia. La economía del interior era mayormente dedicada a la subsistencia, con el cultivo de cereales y trigo, y la de la periferia, dedicada a cultivos de comercio, como el olivo y la vid.

Respecto al producto vinícola, las principales regiones productoras y exportadoras de vinos y aguardientes fueron Cataluña, Valencia y Andalucía, cuyos mercados principales no fueron los americanos. A partir del siglo XIX, fue Francia el principal mercado para los vinos levantinos, siéndoles a estos últimos favorables la coyuntura de 1820 a 1830. La rentabilidad de la viña frente a otros cultivos alternativos, la utilización más intensiva de la tierra por el crecimiento demográfico y el aumento de la calidad de los caldos, generaron este aumento de la producción vinícolas.

Podría decirse que los cambios políticos e institucionales de estas primeras décadas del siglo XIX, fueron más favorables para las agriculturas del interior que para las de la periferia mediterránea, debido a las medidas proteccionistas del cereal y la intensificación de la roturación.

Otros cultivos que adquirieron importancia tras la guerra de Independencia fueron las leguminosas en la hoja de barbecho.

La coyuntura tras la Guerra de Independencia hizo que aumentase la productividad del trabajo agrícola, tanto por la pluriactividad de los agricultores que realizaban labores artesanales y por el subempleo de numerosas manos de obra rural, lo que hizo que la posibilidad de obtener unos excelentes cultivos dependiese en gran parte, de las posibilidades de hacer un uso más intensivo de su fuerza de trabajo. Como nos refiere Llopis Agelán, el PIB tras 1815, creció en muchos pueblos, en gran parte por actividades no agrarias como el transporte o actividades artesanales (en hombres) y la producción de medias, encajes, salazones, conservas, embutidos y derivados lácteos o el servicio doméstico, lavado de ropa y lactancia (en mujeres).

Tras 1805, el cambio que sufrió el precio relativo de los factores de producción fue bastante brusco, todo ello debido al incremento de los salarios reales y del descenso de la renta de la tierra, fenómenos estrechamente relacionados con la Guerra de Independencia, pues ante la incorporación de muchos brazos útiles a la guerrilla para repeler a los franceses, lo que hizo que la mano de obra empezase escasear, ocupándose arbitrariamente terrenos y extendiéndose cultivos, lo que provocó un incremento notable de la demanda de trabajo en los núcleos rurales.[iii] La reducción de la oleada roturadora y de la demanda de tierras en arrendamientos provocó también el abaratamiento del factor tierra, pues los rentistas intentaron evitar que se intensificasen las tensiones sociales, lo que les indujo a la reducción de la presión ejercida sobre sus colonos y arrendatarios. El descenso de la renta de la tierra y el alza de los salarios reales, contribuyeron decisivamente a aminorar las desigualdades distributivas, todo ello como consecuencia tanto de la ocupación napoleónica como del hundimiento de los resortes absolutistas del Estado.

Indicaba Llopis Agelán que la discontinuidad marcada política e institucionalmente por la Guerra de Independencia, también lo hizo económicamente, pues las clases dirigentes perdieron en 1808 el control ejercido sobre los terrenos concejiles, especialmente en la reserva de suelo agrícola, lo que fue aprovechado por los cultivadores para ocupar y roturar granes extensiones de tierra.

Tras la Real Cédula de 1766, que versaba acerca del rompimiento y reparto de tierras, la Real Pragmática de 1793 sobre la distribución de tierras comunales, la mentada Distribución de Urquijo y las autorizaciones pontificas de 1805 y 1806, vendría el intento desamortizador por parte de la administración bonapartista, con el decreto que el 17 de agosto de 1809, promulgó José I – Pepe Botella – sobre la suspensión de las ordenes religiosos, así como la confiscación de sus propiedades y su nacionalización, esto es, su conversión en bienes nacionales.

Las Cortes de Cádiz, recogieron el testigo, y durante el período de 1810 a 1814, deliberaron acerca de disposiciones favorables a la modificación de la propiedad agraria. Primeramente, aprobaron la ley del 6 e agosto de 1811, consistente en la abolición casi definitiva de todo aquel remanente del régimen feudal en el campo, como lo fueron las prestaciones jurisdiccionales y personales, el vasallaje, y los privilegios exclusivos, privativos y prohibitivos (monopolios económicos y laborales); después, el 17 de junio de 1812, se aprobó una ley que incorporaba los bienes de las órdenes religiosas disueltas por el invasor al Estado, el 4 de enero de 1813, se aprobó un decreto que suprimía los mayorazgos inferiores a 3.000 ducados de renta anual, prohibiendo hacer vinculaciones a particulares, títulos de Castilla y grandes de España a partir de determinados limites monetarios, disponiendo la parcelación de los terrenos de propios y baldíos, en régimen de plena propiedad, y el 8 de junio de 1813 se aprobó la ley del cerramiento de fincas que fue la más inmediata precursora del concepto de "cerramiento" contenido en el artículo 388 del Código Civil[97], todas estas leyes fueron derogadas a la vuelta de Fernando VII en 1814. Aún a pesar de esas derogaciones, la vuelta del liberalismo en 1820 permitió la vuelta a esa voluntad reformista que tuvieron las Cortes de Cádiz. Ese mismo año, el 11 de diciembre de 1820, se aprobó una ley, la llamada de desvinculación, que suprimió en absoluto los mayorazgos y las

---

[97] conceptosjuridicos.com. (2023, August 4). *Artículo 388 del Código Civil – Conceptos Jurídicos*. Conceptos Jurídicos. https://www.conceptosjuridicos.com/codigo-civil-articulo-388/

vinculaciones, posibilitando a nobles e hidalgos a que vendiesen sus tierras. Esta ley fue suspendida en 1823 tras la restauración del absolutismo, pero fue ratificada el 30 de agosto de 1836, siendo en ese entonces reestablecida.[98]

Por ley del 25 de octubre de 1821, se añadió al Decreto de 1812 (que ya había sido rehabilitado por decreto del 1 de octubre de 1820), los bienes de las ordenes monacales con menos de veinticuatro religiosos en su seno, los de varias congregaciones, así como los conventos y colegios de las órdenes militares, prohibiéndose, además, a cualquier. Comunidad eclesiástica la adquisición por título lucrativo oneroso, con la finalidad de evitar la constitución de manos muertas en el seno de la Iglesia. También se incautaron por el Estado, los diezmos eclesiásticos, aunque su importe quedo reducido a la mitad, lo que obligó a que muchos monasterios y comunidades religiosas, se vieran obligadas a vender parte de sus fincas, para lo que recibieron la oportuna aprobación de las Cortes.

Como relataba Vicens Vives, la voluntad reformista de las Cortes de Cádiz no pudo aplicarse por las consecuencias sobrevenidas de la Guerra de Independencia y la restauración del absolutismo en los últimos años del reinado de Fernando VII, generando un perjuicio, pues hasta cincuenta años más tarde, no pudieron llevarse a cabo estas reformas.

Como contraparte, las contrarreformas fernandinas trajeron consigo en 1818, una ley que consistía en la enajenación de baldíos y realengos para emplear el importe de su venta a la amortización de la Deuda, así como la Real Cédula del 22 de junio de 1819, que ratificó la venta de baldíos entre labradores. La Real Orden del 28 de noviembre de 1820 y el Real Decreto del 29 de junio de 1822 ratificaron y completaron la ley de 1813, por lo que la mitad de las tierras baldías y de realengo, habían de adjudicase a compadres libes para pagar de la deuda nacional y la otra se sacaría a reparto, en lotes suficientes, para mantener, al menos una familia de cinco personas, entre oficiales y veteranos de la Guerra de Independencia o los vecinos llamados miserables (como su nombre bien indica, "los que estaban en la miseria", y que superpoblaban grandes urbes).[liii]

---

[98] Vicens Vives, J.; Nadal Oller, J. (1967). Manual de Historia Económica de España. En *Editorial Vicens-Vives eBooks*. http://ci.nii.ac.jp/ncid/BA38028505

Dentro del ámbito reformista del Trienio Liberal, varios folletos de la época como el *Discurso sobre la manera de aumentar la riqueza pública, la marina y las virtudes civiles,* publicado en 1820 en Córdoba, que pedía la distribución de la tierra entre los cultivadores, oponiendo 4.00.000 labradores a 1.350 ilustres casas *"inútiles para el servicio de las armas e ineptas para la agricultura, comercio y artes",* y el *Repartimiento de baldíos realengos y realengos* publicado en 1821, combativo contra los propietarios de territorio que se habían "apoderado" de las tierras creadas por Dios para el disfrute de todos, sin reservarle otro patrimonio a los campesinos que el suelo de la sepultura, fueron ejemplo de reivindicaciones entre los jornaleros de Andalucía.

La Década Ominosa, que había traído consigo la restauración del absolutismo y la remoción de las reformas del Trienio Liberal, supuso un retroceso en las medidas desamortizadoras, pero bajo ese período histórico, la agricultura española experimentó una fase expansiva, beneficiándose, además, por un hecho lóbrego para la historia imperial española, como lo fue la disgregación de las provincias americanas.

La Revolución Agraria. Desarrollo de las desamortizaciones.

Pasamos al 4 de enero de 1833, día en el que Fernando VII finalmente aprobó la Pragmática de 1789, que ya había sido aprobada aquel mismo año, el 30 de septiembre, pero que no se hizo pública ante la cercanía de la Revolución Francesa, y que anulaba el Auto Acordado del 10 de mayo de 1713 de Felipe V, que no era una "ley sálica sucesoria", pues no negaba el acceso a las mujeres al trono, simplemente decía que tendrían preferencia sobre las hijas del rey, el hijo varón primogénito del rey y si no lo tuviera, sería el hermano varón del rey o el hijo varón primogénito del hermano del rey, por lo que la mujer, sólo en casos extremos podría llegar a reinar.

Ocho meses después, el 29 de septiembre de 1833, fallecería el taimado Fernando VII, a quién ya no se le podrán pasar las cuentas de sus nefastos actuares. El 20 de junio de aquel mismo año, había sido jurada como princesa heredera, desatándose a partir de estos sucesos, toda la represión contra los que ya se empezaron a denominar "carlistas", por apoyar a Carlos María Isidro de Borbón, hermano de Fernando VII, quién dos días más tarde, en el Manifiesto de Abrantes, enunció sus motivaciones para ascender al trono.

Ese mismo año, la Guerra de Independencia de las provincias hispanoamericanas finalizó, y los que fueron los principales surtidores de materias primas y de oro a la Península, ya no formaron más parte del Imperio Español, un imperio que aún a pesar de todo, aún se mantenía, si bien no como potencia hegemónica en Europa, sí mantenía su imperio colonial.

Aún a pesar de la Primera Guerra Carlista, cuyos focos principales fueron las zonas rurales de Castilla La Vieja, la zona rural de Cataluña, Tortosa, El Maestrazgo y Navarra, bajo la regencia de la reina madre María Cristina de Borbón-Dos Sicilias, comenzaron las primeras grandes medidas desamortizadoras, que partiendo de la base jurídica de la desamortización de Urquijo de 1798 y de las que, durante las Cortes de Cádiz, se encaminaron al reparto de la propiedad agraria, fueron las que conformaron la nueva clase social, aunque en muchísimas ocasiones, estas medidas reformistas no favorecieron a aquellos labradores necesitados de poder cultivar su tierra, adquiriéndolas aquellos que ya tenían suficiente, accediendo a ellas también ricos propietarios de sedas (especialmente en Requena), de telares o simplemente gente adinerada que quiso hacer inversión en cultivos boyantes como el del vino (que a partir de la década de los 40 del siglo XIX, comenzó a experimentar una fase expansiva).

Los decretos del 20 y 29 de enero de 1834, ratificaron los decretos del 8 de junio de 1813, que ordenaban el cerramiento de fincas – medida propuesta por Jovellanos en su *Informe a la Ley Agraria* como hemos visto –, así como la abolición de las tasas y la plena libertad del comercio interior a productos agrícolas. Esta ratificación, incluyó además la libertad de contratación de todos los artículos de comer, beber y arder, así como la supresión de cualquier traba en su circulación, estableciéndose el régimen de libre mercado para la agricultura.[liv]

Paradójicamente, los liberales habían apoyado durante la época fernandina, medidas proteccionistas de la economía, como el Sistema de Aduanas del 11 de noviembre de 1820 y el Arancel General del 20 de noviembre de 1820.

Siendo Presidente del Consejo de Ministros, José María Queipo de Llano, conde de Toreno, se aprobó la Real Orden de Exclaustración Eclesiástica del 25 de julio de 1835, por la que todos los conventos en los que no tuviera, al menos, doce religiosos profesos, quedaban suprimidos. Esta medida la amplió su sucesor, Juan Álvarez

Mendizábal, quien pocos meses después, el 11 de octubre de 1835, decretó la suspensión de todos los monasterios de ordenes monacales y militares, siendo los demás decretos, un desarrollo de este.

La desamortización de Mendizábal, propiamente dicha, fue una efectiva evolución de su Decreto del 11 de octubre, realizada bajo la previsión de que, al igual que en la Revolución de 1789 en Francia, las tierras pasarían al poder de agricultores medios. El Real Decreto del 19 de febrero de 1836 y la ley del 29 de julio de 1837, fueron las armas legislativas con las que se articuló la famosa "Desamortización de Mendizábal".

Si anteriormente mencionaba la "desamortización silenciosa" de la Guerra de la Independencia, las causas que llevaron al apoderamiento de tierras para roturarlas, fueron también los motivos de la promulgación de esta ley, destacando el crecimiento demográfico, el alza de los precios de los productos agrarios, la excesiva demanda de tierras como consecuencia de la coyuntura del mercado internacional de granos; también, al igual que la Desamortización de Urquijo, sirvió para salvar la Hacienda Real en tiempos de conflicto, como lo era en este caso la Primera Guerra Carlista y las consecuencias de la cercana independencia de las provincias hispanoamericanas.[99]

Tomás y Valiente, además menciona que intentaron atraer a los compradores de bienes a la causa liberal, buscando de esa manera también afianzar el Estado liberal burgués transformando el régimen jurídico de la propiedad sobre la tierra.

En el primer Real Decreto se justifica la entrega a particulares de la masa de bienes raíces nacionalizados teniendo en cuenta el menester de reducir la deuda pública consolidada y que tanto la agricultura y el comercio se beneficiasen de las ventajas de esta, estipulándose en su artículo primero menciona todos los bienes raíces de cualquier clase, que hubieran pertenecido a las comunidades y corporaciones religiosas extendidas, así como a los demás que hubieran sido adjudicados a la nación por cualquier título o motivo, pagándose el precio del remate en títulos de deuda consolidada o dinero en efectivo (art. 10) y todos los compradores debían de satisfacer la quinta parte del precio del remate antes de que se otorgue la escritura que les transmita la propiedad.

---

[99] Tomás y Valiente, F. (1978). El proceso de desamortización de la Tierra en España. *Agricultura y sociedad*, *7*, 11-33. https://dialnet.unirioja.es/servlet/articulo?codigo=82363

La ley de 1837 disponía la admisión de dos tipos de compradores: quienes pagasen en dinero efectivo, a quiénes se les daba un plazo de dieciséis años para cancela al compa, al 5 por cierto de interés, y quienes lo hiciesen en papel de Estado, se les daba un plazo de ocho años, al 10 por ciento, debiendo liquidar ambos una quinta parte de su compra en el acto del remate. Los poseedores de renta pública, por otra parte, podían afrontar un pago de la siguiente forma: un tercio, en deuda consolidada al 5 por 100, otro tercio en deuda consolidada al 4 por 100, y el resto, en deuda no consolida al 5 por 100; favoreciendo a la burguesía, debido a la depreciación de los títulos, aceptándose en cambio por su valor nominal.[iv]

D. Francisco Tomás y Valiente resaltó como compradores los hermanos Safont Lluch (José, Jaime, Miguel y Manuel) que adquirieron tierras baratas en grandes lotes en La Mancha; aunque no se han de soslayar los grupos que ejercían profesiones liberales como comerciantes, abogados, funcionarios – muchos de ellos, habían hecho aplicar bajo su ministerio, la desamortización en ayuntamientos y zonas rurales -, industriales y políticos.

No obstante, enfatizó Tomás y Valiente, en comarcas predominantemente agrarias, las clases medias rurales, como lo pudieron ser los hacendados, adquirieron tierras que les permitieron cambiar su estatus social. Y no han de olvidarse nobles, algunos de ellos extranjeros, y clérigos. Hay que recordar que esta desamortización no debía resultar lesiva al clero regular, pues este conservaría la renta obtenida de sus antiguas propiedades.

Cuatro años después, gobernando el partido progresista, con Baldomero Espartero a la cabeza, se intentó una desamortización similar, con la ley del 2 de septiembre de 1841, pero esta vez con los bienes del clero secular, medida no muy conocida en la historia, pues al subir al poder tres años después el partido moderado, quienes buscaron el restablecimiento de relaciones con la Santa Sede, comenzaron por restringir la venta de bienes nacionales por ley del 9 de abril de 1845.

Tras el Concordato que firmó España con la Santa Sede el 16 de mazo de 1851, esta aceptó la restricción de la venta de bienes nacionales, por lo que el Estado se comprometió a reconocer a la Iglesia el derecho de adquirir por cualquier título legítimo, así como a la a devolución de los bienes no enajenados hasta la fecha y a satisfacerle determinadas cantidades anuales para el sostenimiento del culto y del clero. La devolución de bienes se hacía bajo la condición de sacarlos a pública subasta, convirtiéndose el valor de estos en inscripciones intransferibles de la deuda del Estado al 3 por 100, que debían ser administradas por los prelados diocesanos.

La década moderada llegaría a su fin con la Vicalvarada en 1854, que trajo de nuevo al partido progresista al poder hasta 1856, en el período del bienio liberal.

Aquí se dictó el remate final de las desamortizaciones decimonónicas, y por así decirlo, la más importante y la que más efectos a largo plazo tuvo, aún a pesar de su corta duración, que fue la Ley General de Desamortización del 1 de mayo de 1855 o "Ley Madoz", que compiló las disposiciones vigentes en materia de desamortización eclesiástica y civil, incluyendo entre los bienes de esta última, las tierras concejiles. Destaca D. Francisco Tomás y Valiente, que existió un gran sector opuesto a esta medida de Madoz, como lo fue el sector colectivista, y también de los católicos, que adujeron a las disposiciones del Concordato de 1851. Duró tan sólo catorce meses, el mismo tiempo en que Leopoldo O'Donnell, como cabecilla de los moderados "puritanos" en su partido Unión Liberal, se alzó con el poder el 2 de septiembre de 1856, suspendiéndose doce días después su aplicación, pero aún a pesar de todo, se produjeron grandes enajenaciones de propiedad eclesiástica, debiendo llegar a un nuevo acuerdo con la Santa Sede, como lo acreditó la ley del 4 de abril de 1860, adicional de Concordato de 1851. Debido a la situación de deterioro de la mayor parte de los bienes que todavía no habían sido enajenados, su difícil administración y el inexacto computo de su valor de venta, la Santa Sede hubo de aceptar su total permuta por títulos de la deuda consolidada española al 3 por 100, exceptuando de ella los edificios y habitaciones el clero regular de ambos sexos y propiedades destinadas al uso y esparcimiento de obispos y párrocos, entregándose láminas por valor de 1.200 millones de reales, cuya renta anual significa 36.000.000 de reales, a la Iglesia, aunque este pago quedo suprimido casi desde el mismo momento en que se promulgo este nuevo acuerdo, no pudiendo rehabilitase hasta 1948.

Las opiniones que se tienen de este proceso desde la historiografía católica hasta la colectivista y socializante, fue que la burguesía se apoderó de los bienes de la Iglesia y de las tierras concejiles – que, hemos de recordar, eran propiedad de la comunidad, pudiendo ser usufructuadas, sin que el concejo las convirtiere en ingresos municipales – basándose en la teoría de la propiedad y el individualismo, mientras redujeron a labradores sin tierras o que no pudieron permanecer en ellas a la miseria. Ciertamente, lo que mencionaban el augusto Francisco Tomás y Valiente (QEPD) y Enrique Llopis, no difería de lo establecido, pues nunca se pudo realizar la "revolución agraria" que la economía nacional reclamaba, pero siendo justos, la administración y el aprovechamiento de los bienes de manos muertas, tanto civiles como eclesiásticas, suponían un lastre para el incremento de la renta nacional, y, por tanto, para el bien común. El problema de las propiedades amortizadas fue el primer problema público desde la Guerra de Independencia, y la misma Iglesia, consciente de la evolución económica que experimentaba el país por el avance demográfico imparable, y la necesidad de poner a trabajar las tierras en cultivo, empezó a vender bienes por su propia voluntad en el Trienio Liberal, siendo una desvinculación progresiva, que no obstante, en el campo civil no ocurrió, pues no se reformaron los bienes comunales y de realengo, propios y arbitrios, en sentido de eficaz colaboración social.

Francisco Tomás y Valiente decía al respecto de la desamortización de los bienes municipales que *"a nadie perjudicó tanto como a estas clases rurales que completaban su economía de subsistencia con el disfrute directo de los bienes de aprovechamiento común o con los beneficios municipales derivados de las rentas producidas por los bienes de propios"*.

No obstante, el período que va desde 1814 hasta la aprobación de la desamortización de Mendizábal en 1835, fue un tiempo perdido para poder establecer las reformas que se habían pensado durante las Cortes de Cádiz, y una vez, pudieron plasmarse, debieron tenerse en cuenta los vaivenes políticos, las filias y las fobias, y muy especialmente, las preocupaciones financieras de un Estado que llegaba al borde de la quiebra tras la perdida de las provincias hispanoamericanas.

La desamortización no cumplió los objetivos propuestos en un principio que era el de dar a tierras a labradores pobres en un régimen de utilidad municipal colectiva o de aprovechamiento particular indefinido - a base de censos enfitéuticos – y la desaparición de los latifundios, no suponiendo tampoco un rescate financiero para la Hacienda Real, pues los fondos, como ya se vio con Godoy, fueron tanto para el aprovechamiento de los ministros, como a los longos trámites burocráticos, especialmente cuando la propiedad quedó menguada a títulos de la deuda; pero, por la otra parte, la burguesía vio con buenos ojos estas medidas, al igual que los progresistas y moderados, pues se benefició de este proceso, alentándola hasta el máximo, pues no en vano, tras la compra de tierras desvinculadas de la nobleza y su concurrencia a subastas, hizo funcionar las explotaciones agrícolas abandonadas por monasterios y conventos. Aludió D. Francisco Tomás y Valiente que un país de confesión mayoritariamente católica, como es lógico, fueron los católicos, los grandes compradores de bienes nacionales, y tanto en 1833 como en 1868, los moderados y los conservadores, defendieron la necesidad de la obra desamortizadora.

Las propiedades rústicas más valiosas de la Iglesia Española se encontraron en el antiguo reino de León (máximo en Salamanca), en Andalucía (máximo en Sevilla) y en la zona castellano-extremeña (máximo en Toledo), teniendo en Valencia el máximo de la costa del mediterráneo, siendo precisamente estas zonas de máximos, donde se hallaron los mayores compradores de bienes eclesiásticos.

Estadísticamente, la mayoría de las provincias españoles vendieron más del 60% de los bienes del clero antes de 1845, y entre ellas, las provincias de Valladolid, Huesca, Teruel, Albacete, Guadalajara y Baleares, en más del 80%, relacionándose con el aumento de compras relacionado con la posibilidad económica de determinadas regiones como la Cataluña litoral y Madrid, las Baleares, la Andalucía costea, las Canarias, donde el ritmo de la desamortización fue bastante más rápido. Los bienes eclesiásticos no se desvalorizaron al ser puestos en subasta pública, en contra de lo que puede parecer, pero no se conoce como se pagaron, así como si la depreciación de los títulos de la deuda pudo ser un fraude o simplemente una circunstancia gravosa para el Estado.

DESAMORTIZACIÓN ECLESIÁSTICA		FINCAS		Censos y foros	Valor en reales
		Rústicas	Urbanas		
1836-1844	Secular	44.852	5.901	5.312	399.258.967
	Regular	66.093	7.212	73.308	503.571.422
1845-1854	Secular	2.350	1.030	2.393	45.380.906
	Regular	1.381	299	13.689	22.465.475
1854-1856	Secular	22.351	4.576	46.946	354.912.492
	Regular	2.494	629	15.468	80.593.951
		139.521	19.647	157.116	1.406.183.213

		FINCAS			
DESAMORTIZACIÓN CIVIL		Rústicas	Urbanas	Censos y foros	Valor en reales
1834-1856	Corporaciones	16.859	3.327	24.434	431.451.459
	Estado	5.074	661	5.803	87.717.269
		21.933	3.988	30.237	519.168.728
		161.454	23.635	187.353	1.925.351.941

Tabla 5. Efectos de las desamortizaciones civiles y eclesiásticas

En estos cuadros pueden verse las desamortizaciones de distintos bienes desde la primera desamortización en 1834 hasta su definitivo empuje en 1856; observándose, en la desamortización eclesiástica, cuando en el periodo de la década moderada, en el momento en que se adopta la postura con la nacionalización de los bienes de la Iglesia, fue más laxa, así como la firma del Concordato con la Santa Sede en 1851, experimentando un repunte a partir del bienio progresista, aunque no se llegaron a vender más que 1.400 millones de reales de propiedades eclesiásticas, mientras que en la desamortización civil, las propiedades que, en un principio, se tasaron en 329.500.000 reales, se transfirieron por 520.000.000, con un beneficio estimado para el Tesoro de unos 200.000.000.

Madoz estimó que en 1844 habían llegado a venderse el 54% de todas las fincas rusticas eclesiásticas.[lvi]

Precisamente este fenómeno desamortizador, así como la desvinculación de mayorazgos, generó un enorme trasiego de fincas, que no favoreció a los labradores, ni generó la aparición de una clase campesina propietaria, haciendo más fuerte el latifundismo.

El latifundismo del siglo XIX tuvo arraigo en tierras donde habían enraizado explotaciones agrarias y ganaderas de gran extensión en manos de un solo dueño como lo fueron la Andalucía occidental, Extremadura, la parte meridional de Castilla la Nueva y León, por lo que las tierras donde las gestas hispanas de la Reconquista tuvieron lugar, así como las económicas de la mesta, pasaron a manos de la alta aristocracia, aunque la burguesía, no se quedó atrás, quedándose con antiguas posesiones de la iglesia, del común o de los hidalgos arruinados.

Hasta principios del siglo XX, perduró el latifundismo en las provincias de Cáceres y Badajoz, Toledo y Ciudad Real, Albacete y Murcia, así como Huelva, Cádiz, Sevilla, Córdoba, Granada, málaga y Jaén, donde había en cada una de esas provincias más de 750 fincas superiores a 500 hectáreas. Castellar de la frontera en Cádiz con el 96% del suelo ocupado por fincas mayores de 250 hectáreas y Hornachuelos en Córdoba con un 93%, son ejemplos de pueblos carcomidos por el latifundismo. Contrasta con las provincias de León y Zamora, las provincias de Castilla la Vieja al sur del Duero, las zonas de Castilla la Nueva que no era latifundista (en ese entonces Madrid, Cuenca y Guadalajara), Almería, Alicante, Teruel y Zaragoza, donde por influencias jurídicas medievales y persistentes en el tiempo, perduran las propiedades medias – también minifundios – con arrendamientos a largo plazo, predominando en Galicia el minifundio.[lvii] El minifundio de las regiones húmedas, así como de los terrenos que incorporaron el regadío, son diferentes a las de las regiones secas y con una economía predominantemente de secano.

La ley concentración de capitalista favoreció esta polarización en la propiedad rústica. El posterior Código Civil, facilitó la segregación de la propiedad castellana por vía de herencia.

En 1861, en la localidad cordobesa de Loja, de donde era natural Ramón María Narváez, quién ejercía como un auténtico cacique allí y que intentó comprar la Sierra de Loja, una sierra que estaba en régimen de propiedad comunal, se produjo un motín del hambre que trajo consigo la primera experiencia colectivista de España, en el sentido moderno, pues las "constituciones" comunales de muchos municipios, permitían el uso y disfrute de los recursos, bajo el control de asambleas comunales. Ante la negativa del pueblo a tan draconiana decisión de su paisano, Pérez del Álamo, albéitar – veterinario de ganadería - se levantó en lo que vendría a ser la posterior "Revolución del Pan y del Queso". Con una Sociedad Secreta de corte militar conformada previamente, la tensión se acrecentó. 1.000 personas procedentes de Loja, Iznájar, Trabuco, Las Fuentes y Archidona, comandadas por Pérez del Álamo, se enfrentan a la Guardia Civil, y tras tomar el pueblo los rebeldes sin bajas, aceptan en buena lid la rendición de los guardias, siendo así también cuando se enfrentan a fuerzas gubernamentales en las localidades anejas. En un ambiente festivo, Pérez del Álamo y sus tropas entran pacíficamente en Loja, cantando el Himno de Riego. Finalmente, la rebelión acabaría fracasando, aun a pesar de los éxitos, por la superioridad táctica y militar de las fuerzas gubernamentales, pero fue tal el ejemplo dado, que resonó en la posteridad, y, a día de hoy, se tiene como la primera experiencia colectivista española.[100]

El nacimiento de la carrera de Ingeniería Agrónoma. Precedentes en las figuras de Antonio Sandalio de Arias y en la labor de la Sociedad Económica Matritense.

La revolución del campo español en el siglo XIX, se cimentó también en la correcta instrucción tanto de sus propietarios como de sus trabajadores. Fue en este siglo, más concretamente en 1855, cuando se inició el precedente de la actual carrera de Ingeniería Agrónoma en España, con la apertura de la Escuela Central de Agricultura en Madrid en 1855. España, fue junto a Estados Unidos, uno de los primeros países en tener un plan de estudios específico para la formación de ingenieros agrícolas, pues en el país norteamericano, se habían creado previamente los Colegios de Agricultura y Artes Mecánicas, que en 1862 se institucionalizaron con la creación del Departamento de Agricultura por el Congreso de los Estados Unidos, así como la Ley Morrill, promulgada aquel mismo año y que proporcionó colegios junto a la concesión de tierras[101]. Huelga decir que la irrigación fue el primer acto de ingeniería agrícola, pues esta nació antes del siglo III a.C. en los ríos Nilo y Éufrates. La ingeniería agrícola moderna tiene sus más inmediatos precedentes en la Segunda Revolución Agrícola – conocida también como la Revolución Agrícola Británica -, donde la rotación de cultivos viró hacia los nabos y los tréboles, por ser estos últimos, quiénes fijaban el nitrógeno de la atmosfera como fertilizante, lo que provocó un aumento de los cultivos intensivos, así como de la productividad.

Aquí en España, durante el siglo XVII, tuvimos al agrónomo asturiano José Lucatelo, inventor de la "sembradera", y que animó al agrónomo inglés Jethro Tull a que recomendase su utilización como un instrumento imprescindible para la perfección de

---

[100] Andújar, F. (2016, December 15). *La Sublevación de Loja (1861)*. Ser Histórico. https://serhistorico.net/2016/12/14/la-sublevacion-de-loja/

[101] Misas Jiménez, R. E. (1996). Un promotor de la enseñanza agrícola desde la real sociedad económica matritense: Antonio Sandalio de Arias (1809-1820). *Asclepio-revista De Historia De La Medicina Y De La Ciencia*, *48*(1), 101-121. https://doi.org/10.3989/asclepio.1996.v48.i1.420

su sistema de laboreo, aunque los modelos que el inglés realizó inspirándose en la obra del asturiano resultaron complicados y sin apenas utilidad.[lviii]

Las Escuelas de Agricultura originarias, empero, comenzaron en el siglo XVII, y es en el siglo XVIII, con la expansión de las Reales Sociedades Económicas de Amigos del País a todo el territorio nacional por la iniciativa de Pedro Rodríguez de Campomanes, a través de sendos discursos como *Discurso sobre el fomento de la industria popular* en 1774 y el *Discurso sobre la educación popular y su fomento* en 1775, cuando estas instituciones proliferan, aunque con un carácter privado, como lo fueron la de Zaragoza y Valladolid, durante la década de 1780, existiendo además ya en diciembre de 1780, la Escuela de Agricultura del Reino de Aragón. Debemos, por tanto, a las Reales Sociedades Económicas, el proceso de institucionalización de la enseñanza agraria, existente en España desde el siglo XVII y tan loada por Jovellanos en los últimos estertores del XVIII. Hasta ese entonces la enseñanza agrícola a gran escala era ejercida en el Real Jardín Botánico de Madrid por Esteban Boutelou, que cabe resaltar, estudió en el Jardín Botánico de Sanlúcar, el cultivo de la vid y sus variedades.

El impulso para el establecimiento y afianzamiento de estas escuelas agrícolas fue dado a través de dos decretos firmados en 1809, los del 23 de mayo y 1 de septiembre, que asignaban en arriendo las tierras restantes de los Sitios Reales de Aranjuez y de San Fernando; así como el promulgado al año siguiente, con categoría de Real Decreto, el 17 de abril de 1810, que continuaba con la repoblación en Sierra Morena y Andalucía, unas reformas, que se consideró por parte de José I Bonaparte, debían ir acompañadas de la extensión de la enseñanza agrícola a esos territorios.

Una figura especial, como lo fue D. Antonio Sandalio de Arias, un Socio de Mérito literario de la Matritense, emitió un "Discurso" donde asignó a las Sociedades Económicas de las provincias, la función primordial de dirección de las cátedras de Agricultura establecidas en sus respectivos territorios, a través de una Junta de Dirección, designada a ese efecto, estipulándose las siguientes atribuciones: la administración de los gastos e ingresos de los fondos destinados a la Escuela que se hallarían depositados en la Tesorería de la Sociedad – algunos de ellos, eran los sueldos del Jardinero Mayor o profesor de Agricultura que era además el director, así como el del ayudante del profesor, el del maestro de dibujo, el del mozo de labranza, el del portero y el de los jornaleros, debiendo dedicarse estos gastos a la adquisición de herramientas necesarias, librando a los alumnos del pago de su matrícula, aunque ellos debían costearse su sustento -, sería el órgano al que habría de acudir el Jardinero Mayor, en función de director, para atender los gastos de la Escuela, debiendo compartir su labor docente con las tareas de dirección como lo eran las operaciones de cultivo o la venta de las cosechas, responsabilidad de atender las solicitudes de matrícula y de admitir a los jóvenes que supieran leer, escribir, contar y que, por añadidura, tuvieren una buena conducta social, ocupándose además de la disciplina de estos, teniendo así mismo, la obligación de dar cuenta a la Sociedad del estado en que se encontrasen los fondos de la Escuela depositados en la Tesorería.

La obligación de esta Junta era proteger el buen recorrido de la institución docente desde el punto de vista administrativo y disciplinario, subordinándose el profesor de Agricultura y el maestro de dibujo como administrador del establecimiento, dependiendo este último, del profesor y de la Junta.

El enlace directo entre la Escuela y la Junta recaería en el profesor o Jardinero Mayor, siendo este último, responsable de la actividad docente, tratando de buscar un método y contenido uniforme para las lecciones, recomendando Arias la elaboración de una obra provechosa para todas las Escuelas para evitar que en la discrecionalidad de los maestros, se incurriese en arbitrariedad, aunque con la necesidad de que se proyectasen los necesarios cambios por parte de las Sociedades Económicas. Arias también estableció el contenido temático que debía ser impartido por cada profesor de Agricultura, destacando el estudio de las tierras, de acuerdo a la clasificación de Cadet-Devaux, compilada por Simón de Rojas Clemente en el *Semanario de Agricultura*, así como el aprendizaje de las plantas cultivadas, atendiendo al orden proporcionado por el sistema de Linneo. Esta identificación de plantas se hacía a través de tarjetas donde aparecían el nombre vulgar – castellano – y el latino, y en caso de que el nombre vulgar no tuviese arreglo, se añadiría un tercero, que sería el castellano.

El Jardinero Mayor sería quién impartiese las lecciones o cursos de Agricultura, apoyado en una parte teórica y una parte práctica con gran relación entre sí, especificándose que las lecciones teóricas se impartirían en lunes, miércoles y viernes de cada semana, siendo a la semana siguiente, la lección práctica, animando a los alumnos a hacer preguntas, de forma que pudieran extraer sus conclusiones (o como se decía, *"sindéresis"*); era más frecuente la parte práctica a lo largo del curso, ya que la lección teórica únicamente era impartida en invierno desde las 6 hasta 8 de la noche, mientras que en verano era de 10 a 12 de la mañana, frente a la práctica, impartida diariamente e ininterrumpidamente con horarios convenidos a los alumnos.[lix]

El trabajo educativo del Jardinero Mayor, sería auxiliado junto a otros tres empleados: el ayudante del Jardinero Mayor, quién seguiría las orientaciones de este en lo que respecta a la instrucción cotidiana de los alumnos en operaciones prácticas y manejo de herramientas, siendo además su sustituto en caso de ausencia o enfermedad, vigilaría también a los peones y pasaría lista a los alumnos y jornaleros que asistían a las clases de mañana y tarde, así como de las herramientas de la escuela; el maestro de dibujo, a quién se le encomendaba la enseñanza de la geometría y planimetría con relación a la agricultura; y, el mozo de labor, que se encargaba de la enseñanza práctica del arado y de cualquier otra instrucción adoptada siguiendo indicaciones del profesor.

Arias resaltó que no bastaba la presencia de sabios para fomentar la agricultura, pues, aunque les reconociera su labor a la hora de identificar las tierras buenas y malas, promoviendo la forma de cultivo más propicia y los medios para remover los "estorbos" de la labor agrícola, veía como el interés por la Agricultura estaba en declive; también defendía a través del principio de la "justa libertad" la búsqueda del interés individual de los labradores, pues *"yo entiendo por justa libertad – decía Arias – aquella protección qe. es debida al vasallo y a sus propiedades por la qual queda en su arbitrio disponer de sí y de sus cosas como le acomode no siendo en perjuicio del orden público y por **interés** la ganancia no prohibida dependiente de la justa libertad. Estas nociones convencen que dejar en justa libertad el interes del Labrador no es sino tratarle con la consideración qe. se merecen los individuos de todas las clases y conservarle los derechos del hombre constituido en sociedad"*, y, precisamente, gracias a este principio, él abogó siempre por el respeto a la propiedad agraria, llegando incluso a proponer la remoción de varias leyes y ordenanzas que eran gravosas para los propietarios agrícolas. Un labrador propietario aseguraba que en las "cargas ordinarias y extraordinarias" del Estado, él ponía su esfuerzo (*"mi sudor y mi vigor están prontos"*), pero que si él caía, arrastraría con sí a la monarquía, si esta no atendía a su esfuerzo.[lx]

Se puede concluir, que la mayor voluntad de Arias, fue el establecimiento de Escuelas de Agricultura en cada capital de provincia, así como en cualquier otro pueblo de esta, atendiendo a si su situación, localidad o conveniencia era superior a la de la capital de provincia.

Estas Escuelas debían contar con una extensión de 50 fanegas (2 millones de pies superficiales de tierra), dedicándose 9 fanegas, de regadío, a hacer de huerto-jardín y vivero de árboles; estas 50 fanegas se dividían en seis porciones:

1. La primera porción correspondería a una parcela de regadío de 5 fanegas adscrito a la huerta-jardín, con una distribución en 20 cuadrados menores de 100 estadales para cada uno, subdividido también en 10 canteros, debiendo plantarse alrededor de cada cuadro, árboles frutales de toda especie sin que deterioren a las restantes plantas; cultivándose en ese terreno, las hortalizas, las legumbres, los frutos comestibles y las plantas ornamentales, siendo, en opinión de Arias, la porción de tierra que presentaría muchas ventajas para las lecciones prácticas que iban de la mano de la teórica, así como con el propósito de vender estas hortalizas. Se instruiría a los alumnos a aprender *"el secreto del arte reducido á endulzar la fatiga con la recompensa"*.

2. La segunda porción se reservaría al vivero o almáciga de árboles de toda especie con 4 fanegas de tierra de regadío, ubicándose a un flanco de la huerta-jardín, dividiéndose a su vez en 16 cuadros de a 100 estadales. Cada cuadro tendría 10 canteros y cada cantero 10 eras.

3. Esta tercera porción, contaría con 5 fanegas de tierra de secano, asignadas a la plantación de olivos, situándolas entre sí a la distancia de 40 pies para que se pudiera cultivar cereales y leguminosas entre ellos; así, el labrador, podría sacar más provecho al espacio existente entre las líneas de árboles.

4. A la cuarta parte, se le asignarían 3 fanegas de tierra de secano dedicadas a olivos y viñedos, estableciéndose una sola línea de cepas de viñedos entre cada dos de olivos que habría de indicarse a los alumnos para *"su instrucción é inteligencia"*.

5. En la quinta porción, se habían de plantar viñedos en 3 fanegas de tierra, *"graduando las distancias pa. su plantación por la calidad y asiento del terreno; por el clima y por las consideraciones arriba expresados"*.

6. En esta sexta porción, las 30 restantes fanegas de tierra de secano, serían fraccionadas en *"en varios pedazos menores y se destinarán para el cultivo de*

las plantas cereales y leguminosas, y para qualesquiera otra qe. convenga criar en ella, con arreglo al clima, situación y calidad de la tierra". [lxi]

No obstante, Arias valoraba que esta que este reparto podía cambiar, cuando así lo requiriesen la situación y la calidad del terreno, así como también podían ser susceptibles de cambio, las plantas cultivadas en las Escuelas, atendiendo a las condiciones climáticas de cada provincia y a la utilidad que pudieran darse a los respectivos cultivos.[lxii]

Se creó también una Comisión evaluadora que tuvo por componentes a Ramón Risel, Josef Garriga, Josef Miguel de Alea y Josef María Celas y Muñoz, que se reunió el 20 de enero de 1810, preparando un informe crítico con el proyecto de Arias, aunque suscribían su utilidad, articulado en cuatro aspectos; siendo el primero, referente al amplio número de Escuelas de Agricultura que aparecerían si se establecían una en cada provincia, *"y aun sería mayor el número si las actuales Provincias se dividen en otras menores…"*, el segundo mencionaba que no era necesaria la enseñanza del dibujo así como tampoco de aquellas partes de las matemáticas propuestas por Arias, pues consideraban que eran conocimientos que los alumnos habían de tener previamente a su ingreso, el tercero sobre el aumento de la participación de los empleados en la venta de los productos agrícolas a fin de que no se les tuviese que abonar un salario, y por último, una positiva calificación del método de enseñanza así como de las lecciones propuestas por Arias, aunque considerando que estas debían sujetarse a un nuevo examen con la finalidad de hacer especial hincapié en la reforestación de los montes y la extensión del cultivo sin coartar la.[lxiii] Las conclusiones del informe se centraron en que, si este proyecto se llevaba a cabo, era también menester el hacerle puntualizaciones que pudieran hacer más ventajoso.[lxiv]

La conveniencia por la presentación del "Discurso" de Arias a la corte de José I Bonaparte, también urgía de cuantas observaciones fueren precisas, por lo que se decidió a reelaborar una nueva adenda. Ya en 1811, el mismo 28 de enero se decretó un Real Decreto por parte del Ministerio de Interior, la Junta Consultiva de Instrucción Pública y Educación, institución a la que Arias consideró como principalmente interesada en su proyecto, debido a que a esta institución le había sido encomendada el establecimiento de un Plan General de Educación e Instrucción Pública.

La adenda anteriormente mencionada, se presentó el 16 de junio de 1811 a Claudio Boutelou, junto al proyecto de Arias, por parte del Secretario interino de la Clase de Agricultura, para que fuesen examinados en una Comisión de esa Clase. El 24 de julio se recogieron las conclusiones del examen por parte de la nueva Comisión, siendo declarado por Claudio Botelou que los centros rurales para la promoción de la enseñanza agraria eran imprescindibles desde el momento en que la Agricultura evolucionó de oficio a doctrina, asegurando que la búsqueda de prosperidad estaba basada en los principios de protección de la propiedad y la enseñanza rural, y alabando el vigor de Arias.[lxv]

Aún a pesar de que el mismo Claudio Boutelou reconocía los méritos del proyecto de Arias y animaba a su puesta en marcha, el difícil contexto en el que se movían, que era el de la Guerra de Independencia, y las subsecuentes hambrunas que asolaban al pueblo de Madrid, impedían esta puesta a punto, aseverando Boutelou al efecto que había que conservar el proyecto de Arias a través de indicaciones por parte de los miembros de la Sociedad que tratasen del mismo y que les hicieran las convenientes consultas.[lxvi]

Misas Jiménez menciona que el criterio de Boutelou fue respaldado por la Sociedad Económica en las Juntas que tuvieron lugar el 27 de julio y del 5 de agosto de 1811, previa notificación el día 3 de aquel mismo mes, a Arias, no mencionándose el proyecto de Escuelas de Agricultura hasta el 22 de mayo de 1812, cuando se le informa a José I el estado del mismo, aunque el proyecto estuvo archivado mientras la situación de la monarquía bonapartista era gravísima por las derrotas sufridas, con los ingleses tomando la alternativa en suelo peninsular y el descontento por la anexión de Cataluña al imperio francés.

Finalmente, y tras la evacuación de José I y sus cortesanos – entre los que se encontraron muchos refugiados, llamados "bocas inútiles" – de Madrid a Valencia, el 10 de agosto de 1812, llegaría el práctico colapso de la monarquía bonapartista, siendo el régimen constitucional, surgido el marzo de aquel mismo año, quién recogió el testigo del proyecto de Arias.

El 8 de junio de 1813, las Cortes de Cádiz tomaron una decisión de establecer en los pueblos principales, o, por lo menos en todas las capitales de provincia, las llamadas Escuelas Prácticas de Agricultura, partiendo de las ideas primigenias de Arias. La diferencia, resalta Misas Jiménez, es que este modelo de enseñanza, no estaba adecuado a la existencia de Jardines Botánicos en cada territorio.

Pese a que el decreto consignado establecía la necesidad de funcionamiento de las Sociedades Económicas ya existentes o las que se fuesen a crear, su papel no era el ejercicio de autoridad administrativa sobre la enseñanza agrícola provincial limitándose únicamente a *"... la formación de cartillas rústicas, acomodadas á la inteligencia de los labradores y á las circunstancias de los países: á la producción de memorias y otros escritos oportunos para promover y mejorar la agricultura y cria de ganados, y las artes y oficios útiles: á la publicacion y explicacion de los secretos y máquinas que puedan ser convenientes: á la distribucion gratuita de semillas y plantas que puedan aclimatarse: á proponer y distribuir públicamente algunos premios para excitar la aplicacion y la circulacion de luces (…)"*.[lxvii]

Por tanto, la dedicación de las Sociedades Económicas sería la de *"ilustrar á las Diputaciones provinciales y ayuntamientos con sus observaciones en beneficio de estos ramos"*; otorgándose el financiamiento de las Escuelas de Agricultura a las anteriormente mencionadas autoridades provinciales y municipales, encargándose la Dirección General de Estudios de la atención al plan de enseñanza, donde no se preveía que las Escuelas de Agricultura ejercitasen una acción directa sobre esas escuelas, reservándose la Sociedad Matritense a un ámbito provincial, difiriendo del decreto pronunciado en Cortes el 8 de junio de 1813 respecto al del proyecto de Arias en 1809. Aquel mismo año, y por iniciativa de aquellos prominentes miembros de la Sociedad Matritense que no escaparon a Valencia en la huida de José I de Bonaparte, el 22 de noviembre de 1813, se puso de manifiesto el intento de la Sociedad Económica de alcanzar el nivel de las funciones de las funciones atribuidas por las Cortes en la enseñanza agrícola, cuando Antonio Siles, secretario de la Sociedad, solicitó a Claudio Boutelou, que de acuerdo a lo expuesto en la Junta del 20 de noviembre, que era menester que la Clase de Agricultura expresara *"á la mayor brevedad posible la exposicion oportuna relativa á cátedras de Agricultura"*.[lxviii]

Merced al decreto del 8 de junio de 1813, anteriormente mencionado, que reconocía la tarea de asesoramiento a la Sociedad Económica Matritense – también denominada como Real Sociedad Patriótica -, esta podía aprovecharlo para reclamar a su correspondiente Diputación Provincial que se restituyese la cátedra de Agricultura del

Real Jardín Botánico de Madrid, ausente tras la marcha de Claudio Boutelou, pareja a la de José I y sus mesnadas a Valencia.

Es por este motivo, así como por la importancia que esta Sociedad tenía a nivel nacional, que se envió el 11 de diciembre de 1813 una Representación a la Diputación Provincial para que se reanudase lo antes posible la cátedra de Agricultura en el Jardín Botánico de la Corte, que por el silencio administrativo, provocó que tuviera que reeditarse esta petición para el 21 de abril de 1814, pero en menos de dos semanas después, el 4 de mayo de 1814, Fernando VII restauró el absolutismo, por lo que era él quién tendría la última palabra en cualquier decisión sobre las Escuelas de Agricultura.

Como bien señala, Misas Jiménez, de ahora en adelante, se contrapondrían dos modelos de planificación, como lo fue el propuesto por los hermanos Espert, que formulaba la obligatoriedad de la enseñanza a fin de poder atraer a los niños que deambulaban por las calles y cuyo fin era siempre el de la milicia o los oficios artesanales, y el de la comisión integrada por Arias y Francisco López de Olavarrieta, que preveía la creación de seis Escuelas de Agricultura en España, como ya lo había manifestado previamente la Clase; aunque convendrá mencionar una pequeña aproximación, como lo fue la del catalán Antonio Regás.

El 21 de mayo de 1814, pocos días después de la asonada de Fernando VII para la restauración del absolutismo, la Real Sociedad Económica Matritense solicitó al Monarca que instituciones docentes como la Cátedra de Agricultura del Jardín Botánico volviesen a funcionar, así como también, la instalación de otra cátedra de Enseñanza Agrícola en Alcalá de Henares.

Por lo visto, la primera Cátedra, tenía encaminada la misión de seguir impartiendo una docencia especializada, pues se traían plantas de España y los territorios de Ultramar, mientras que la segunda, atendería a los intereses agrícolas de la provincia donde se asentaba Madrid.

El mentado Antonio Regás pronunciaba, al respecto, que la Sociedad establecida en Madrid no podía permanecer impasible ante la anulación de su docencia, impeliendo al monarca que la reestableciera, así como que abriera otra en Alcalá de Henares, por ser zonas propicias para la preparación agrícola, con un primer Jardín botánico que contaba con plantas indígenas y exóticas, y un segundo Jardín, que contaba con una inmejorable situación, en medio de la naturaleza, finalizando su proclama con que era importante la docencia agrícola para conseguir rendimientos a través de la extensión agrícola.[lxix]

No obstante, esta propuesta de Regás de crear una Escuela Provincial de Agricultura en Alcalá de Henares no tuvo ninguna respuesta, en contraposición a la de los hermanos Vicente y Josef Espert. Aquel mismo año, el dia 7 de junio, se dictó una Real Orden, que confirmaba los esfuerzos hechos por la Sociedad Matritense referentes a la Cátedra de Agricultura del Jardín Botánico, pues se aprobó este establecimiento, aunque hasta que no hubiera fondos no se podía hacer efectiva, decisión comunicada a Claudio Boutelou el 20 de junio para su comunicación en la Clase de Agricultura. En cuanto a la decisión de escoger el proyecto de los hermanos Espert, el Primer Secretario de Estado, el Duque de San Carlos, conminó a Antonio Siles para que le informara *"á la mayor brevedad que le sea posible"* sobre las valoraciones que hacía de aquel proyecto, asumiendo estas funciones la Clase de Agricultura el 26 de julio por medio de Claudio Boutelou, quién ejerció como Secretario de la Clase.[lxx] Este informe finalizó su evaluación el 9 de agosto de 1814, a través de la intervención de sus nueve miembros; los ya mentados Antonio Sandalio de Arias y Francisco López de Olavarrieta, así como Josef de la Serna Lastra, Antonio Regás, Joaquín de la Croix y Vidal, José Pavón, Pedro Regalado de Soto, Agustín Pascual y Claudio Boutelou. La evaluación desfavorable n compartía la opinión de las autoridades gubernamentales que consideraban el proyecto de los hermanos Espert como el más adecuado, por la ya mencionada obligatoriedad de su educación, que se dedicaba a agrupar a los niños que vagaban por las calles, una finalidad que la Clase condenó, pues desde su visión pedagógica, la coerción era algo inaceptable, así pues, y según sus palabras, eran alabables los centros extranjeros, donde se respetaba y entendía la libertad de los alumnos, frente a los centros nacionales, llenos de amenazas e imposiciones, añadida esa negativa al hecho de que esta coerción era contraproducente a la hora de florecer una inclinación por la Agricultura a esos muchachos inhabituados al trabajo, refiriendose como la mayor contradicción que presentaba el plan, que iba a consistir en la mezcolanza de los hijos de *"padres honrados y prudentes"* con los jóvenes *"más viciosos y corrompidos de toda la Nacion"*.[lxxi]

Por tanto, la consideración que se le dio al proyecto de los hermanos Espert fue que se enseñaba la agricultura como un mero oficio, pues el propósito de los hermanos, al entender de la Clase, parecía que iba destinado únicamente a los que desempeñaban como jornaleros. Frente a esta visión, la Clase defendía que la mejora de la agricultura pasaba por un magisterio teórica y practico de calidad a *"los hacendados y labradores pudientes"*, pues en ellos recaía la mayor responsabilidad, por ser, no únicamente los administradores, sino también los *"verdaderos maestros prácticos de sus criados"* si querían atender eficientemente sus propiedades, sin necesidad de que estuvieran al cuidado de *"sus ignorantes y rústicos domésticos"*.[lxxii] A las críticas contra el proyecto de los hermanos Espert alegando una carencia de moralidad para su puesta en marcha, junto a la falta de originalidad en el lugar que escogieron para establecer la Escuela, sino también por la descripción que se hizo de los hermanos como incapaces *"para desempeñar dignamente la enseñanza agraria segun corresponde"* pues, siendo jardineros, el único mérito contraído era el de exceder a los demás en el cultivo de los claveles, así como que la argumentación que ellos esgrimían del beneficio público para destinar gastos excesivos para su mantenimiento, no era más que un pretexto para justificarse sobre la especulación particular.[lxxiii]

En base a estas puntualizaciones, la Clase sugirió al Rey que cualquier proyecto expuesto – incluyendo el de los hermanos Espert -, con respecto a la localización en la Casa de Campo se suspendiese hasta que no se hubiera definido el Plan General de Enseñanza Agraria que habría de adoptarse para toda la nación, teniendo en cuenta que el modelo de cátedra adyacente a los jardines botánicos era autorizable, si pudiera cumplirse la Real Orden que Carlos IV firmó el 18 de diciembre de 1805, que establecía veinticuatro establecimientos botánicos en toda la península.[lxxiv] Las sugerencias de la Clase fue que, al menos, se constituyeran seis Escuelas de Agricultura, atendiendo a las necesidades de una nación devastada por la guerra contra Napoleón, así como por la galopante hambruna y un incremento de la roturación, reajustando el plan de Arias en 1809, previéndose el establecimiento de esas Escuelas en las capitales de las Castillas, Galicia, León, La Mancha y Andalucía para atender a las necesidades agrícolas de cada territorio. Este informe presentado por la Clase de Agricultura fue aprobado por la Junta de la Sociedad el 13 de agosto de 1814, enviándose una copia seis días después, el 19 de agosto, al Ministerio del Estado.

Una vez propuesto el plan de únicamente seis Escuelas de Agricultura, quedaba analizarlo, tarea que se encargó a la comisión que integraban Arias y Olavarrieta, al presentar el 21 de octubre de 1814 en la Clase, su informe *"sobre la importancia y necesidad de fomentar por todos los medios la enseñanza de Agricultura en varias Provincias del Reyno"*, que se discutió el 22 de octubre en la Junta General de Sociedades, recomendándose posteriormente su reelaboración atendiendo a las observaciones realizadas. [lxxv]

El 27 de octubre se finalizó la versión definitiva, llevando el título *"Exposicion que hace la clase de Agricultura a la RI. Sociedad Economica de Amigos del País de Madrid sobre cátedras y escuelas de Agricultura extendida en virtud de comision"*, aprobándose en Junta General de la Sociedad del día 29 para que fuese remitida al Duque de San Carlos, como Primer Secretario del Estado.[lxxvi]

Como destaca Misas Jiménez, las correcciones al informe se hicieron atendiendo a la parte más importante, que era la dedicada al financiamiento requerido por esos centros docentes, apelando al despliegue de los recursos para el restablecimiento de la agricultura a través de la instrucción agraria. Hubo diferencias significativas entre el primer bosquejo del 21 de octubre y el documento definitivo del 27 de octubre en lo referente a los medios para la obtención del financiamiento. No obstante, de la prioridad conferida a los tres medios, el primero que fue tener como fuente de ingresos la contribución tanto de propios y arbitrios de las provincias en las que se estableciese la Escuela[lxxvii], fue siempre el más prioritario de los tres puntos, apareciendo el texto citado en ambos documentos, aunque en el primero aparecen unas líneas finales, que en el texto definitivo no aparecieron que decía *"la Sociedad cree qe. una muy corta consignacion sobre sus productos bastaría para su dotacion"*.[lxxviii]

El segundo medio prioritario – pero el tercero en el borrador del día 21 - fue la obtención de *"espolios y vacantes"* del Estado, que podían ser dedicados para las Escuelas, con una redacción sin apenas variaciones respecto al original.[lxxix]

El tercer medio prioritario que consignaba el texto definitivo, eran los diezmos de la Iglesia, pero en el borrador del 21 de octubre, ocupaba un cuarto lugar, justificando su obtención por ser este el recurso más seguro, el fondo más semejante a sus fines y el que más holgura económica podía procurarle, no decayendo el beneficio eclesiástico.[lxxx]

En el primer texto hubo un cuarto medio, que fue el segundo en prioridad, pero que en el texto definitivo no se contempló, que fue la obtención de financiación a través de la imposición de *"un pequeño recargo á los derechos que pagan los frutos y géneros de importacion"* a las provincias con dedicación a la actividad comercial marítima. Finalmente, el cuarto medio contemplado en el texto definitivo, aunque reducido a una pequeña nota final, comprendía los terrenos baldíos.

Exceptuando las enmiendas y omisiones realizadas acerca del sufragio económico de las escuelas, no se alteró el texto restante en ambos documentos.

Otro punto importante de este informe versó acerca de la importancia de la necesidad de primar el restablecimiento de la Cátedra de Agricultura que había funcionado en el Real Jardín Botánico de Madrid desde 1807, apreciando el resurgir de las lecciones públicas de botánica impartidas por Mariano Lagasca. Según este informe, atendiendo al nivel científico de la Cátedra de Agricultura, esta habría de desempeñar un papel activo en la creación y desarrollo de las seis Escuelas agrícolas, previstas en el informe de la Clase de Agricultura en la evaluación del proyecto de los Espert el 9 de agosto.

Un aspecto interesante que resaltar en este informe acerca del establecimiento de las Escuelas de Agricultura, tenía una gran relación al proyecto presentado por Arias en 1809, tratándose de la labor que todavía le era concedida a las Sociedades Económicas en los pueblos en los que se establecían, instando a que esas mismas agrupaciones ayudasen al Catedrático con sus conocimientos, colaborando con sus retribuciones y ascendiente para darle reconocimiento tanto al establecimiento como a lo docencia del labrador. Aún a pesar de esta intencionalidad, cabe reseñar que ya en 1814, había una mayor percepción para evitar que la labor docente pudiera ser afectada por las cargas administrativas, ya que los profesores no podían ser responsabilizados de la recaudación y empleo del dinero, debiendo ser dedicados exclusivamente a la enseñanza.

Este desvelo de Arias y Olavarrieta se hizo de notar, incluso aún a pesar de que Fernando VII, cambiase de parecer, tras la decisión del 3 de noviembre de 1814 de borrar de las listas de la Sociedad Matritense a todos aquellos sospechosos de simpatizar con la facción afrancesada. [lxxxi]

Resaltó el exitoso resultado cuando el 6 de febrero de 1815, el Secretario de la Clase de Agricultura, Claudio Boutelou, recibió del Secretario de la Sociedad la Real Orden del 31 de enero de aquel mismo año, estableciéndose, que, de acuerdo a las *"sabias y juiciosas reflexiones"* de los Amigos del País, se dispuso que no se llevase a cabo el proyecto de los hermanos Espert, habiéndose aprobado, en su lugar, el establecimiento de seis cátedras de Agricultura en las provincias de Castilla la Nueva, Castilla la Vieja, León, Galicia, Extremadura y Andalucía, asignándosele a cada una 20 mil reales de vellón, que debían de ser pagados por *"los Propios y arbitrios de las respectivas Provincias"*, estipulándose así mismo, que el catedrático había de disponer de 12 mil reales de vellón, siendo destinados los restantes 8 mil a los gastos de enseñanza y labores del terreno. A esta decisión real se insertaba una súplica a la Matritense donde se le encomendaba el diseño de un Plan o Reglamento de enseñanza para esas Escuelas, tarea que se comisionó a la Clase de Agricultura. En la Junta de la Sociedad del 18 de febrero, hubo un dictamen favorable para este Reglamento, acordando que se enviase a Pedro Cevallos, Secretario de Estado.

No obstante, Antonio Sandalio de Arias, en calidad de Secretario interno de la Clase de Agricultura, no fue notificado hasta el 2 de octubre, de la Real Orden de 27 de septiembre, en la que se ratificaba la aceptación del Reglamento de las Escuelas y se le pedía a la Sociedad la elaboración y divulgación del emplazamiento a las oposiciones a las plazas de profesor, señalándose, a su vez, que los miembros de la Clase de Agricultura serían los jueces en esas posiciones supeditados a la presidencia del Director de la Sociedad.

Relata Misas Jiménez que el 18 de octubre, la Sociedad Economica intentó que el Rey decretara rápidamente la minuta del anuncio en que se convocaban las oposiciones para el 1 de enero de 1816, aunque no llegó, ni tan siquiera para esa fecha, una respuesta autorizándolo. Sin embargo, ya para el 24 de junio de 1816, la Matritense elevó una representación para atender a esa situación.

El encargo para la publicación de convocatoria de esas oposiciones tuvo que esperar dos años más, hasta la sanción de la Real Orden del 26 de noviembre de 1818. Tras esta noticia, la Clase de Agricultura, en ese momento, presidida por Arias, notificó como fecha inicial de realización de esos ejercicios, el 1 de marzo de 1819, aunque esta data también hubo que posponerla, debido a las gestiones en la cesión de una sala para realizar los ejercicios orales, así como por la concesión de la Junta de Protección del Museo de Historia Natural para que los ejercicios prácticos fuesen llevados a cabo en el Jardín Botánico. Finalmente, las oposiciones tuvieron lugar entre el 9 de marzo y el 2 de abril de 1819 en una sala del Real Colegio de Sordomudos y en el Jardín Botánico, consistentes en superar tres ejercicios, a tenor del certificado que emitió el secretario de la Clase de Agricultura, José Elizondo. Se presentaron doce personas, y las cátedras de Toledo, Sevilla, Burgos, León, Badajoz y Valencia correspondieron a Francisco Martínez Robles, a José Lucio Pérez, a Pascual Asencio, a José Alonso Quintanilla, a Julián de Luna y a Francisco Gil Rodríguez.

El primero, Francisco Martínez Robles, fue un gran conocedor de la patología vegetal, concretamente acerca de las enfermedades del trigo, cebada, arroz y otros cereales, una especialidad que le sirvió para que su memoria *"Historia de las enfermedades de los cereales y medios de curarlas"*, escrita en tan sólo 24 horas e incomunicado, le permitiese superar la convocatoria y ser elegido como catedrático de la Escuela de Toledo.[lxxxii] Esta memoria, contó con los elogios de Alejandro Oliván, quién instó a su publicación por considerar que podría generar un gran provecho; aunque, este informe provocó controversia en la Matritense, que, en su junta del 21 de agosto de 1819, *"no se conformó con este dictamen y en su consecuencia acoró que el Sr. Robles presentase su instancia con la memoria a la clase de Agricultura para que informe"*.[lxxxiii]

Francisco Gil, destinado a Valencia, mantuvo contacto epistolar con Arias. Comenzó el curso de agricultura de su cátedra el 7 de enero de 1820, estando ubicada en la sede de la Sociedad Económica Valenciana, desde donde explicaría la teoría, mientras que para las clases prácticas utilizarían *"el magnífico Jardín y huertas"* del general Elío, un Jardín de unas 24 fanegas de extensión, que, a juicio del catedrático era *"una completa escuela de agricultura"* con las mejores hortalizas, frutas, cereales, prados, flores, plantas raras y árboles exóticos, tanto frutales como ornamentales, cuidados con el mayor esmero.[lxxxiv]

De otros opositores, que no fueron seleccionados, destacan Isidoro de Ayala, José Bernal y Antonio Regino López, que se reincorporaron a sus respectivas ocupaciones, y junto a Francisco Gil, solicitaron a la SEM los certificados correspondientes para justificar su participación en los exámenes. Isidoro de Ayala, teniente de caballería en Liria, necesitaba el documento para acreditar su participación ante los mandos de su destino, por su condición de militar.

El oficial primero de la Secretaría de Estado, Manuel González Salmón, trasladó las ordenes dimanantes de la creación de las seis cátedras, a los intendentes de las provincias respectivas, para que las Sociedades de las mismas, incluyendo Madrid como supervisora del proyecto agro-pedagógico, recibieran, *"el importe a plazos mensuales"* de las asignaciones económicas convenidas del Ministerio de Hacienda, efectuándose lo mismo, respecto a los profesores seleccionados para que se les abonase el dinero devengado desde el momento en que fueron nombrados para que pudieran acometer las obligaciones de sus lugares de destino.[102]

Estos avances en la ciencia agronómica se hicieron de notar, no únicamente en las ciudades donde se establecieron las cátedras, sino en prácticamente toda la zona rural del país. No obstante, Antonio Sandalio de Arias, tan perfeccionista, se preguntaba por qué el mentado decreto del 31 de enero de 1815, no tenía el acompañamiento de otras decisiones complementarias para favorecer el interés del agricultor y el fomento del cultivo. A su vez mencionó tanto a la Real Orden del 2 de diciembre de 1816, en que se estipulaba la institución de otra cátedra destinada a la docencia de los agrónomos en Llarena y varios pueblos de su demarcación, la resolución del 26 de agosto de 1816, que ampliaba la Real Cédula del 19 de octubre de 1814, que dejaba a los arbolados de dominio particular únicamente a la libre disposición de sus dueños, quiénes, como propietarios, podían mantener los cerramientos o aperturas de sus terrenos, así como al decreto del 30 de mayo de 1817, que allanaban el camino para la disposición de una provechosa reforma para la agricultura.[lxxxv]

Una comisión de la Clase de Agricultura de la Matritense, conformada por Arias y Oliván, afondó en este tipo de disposiciones regeneradoras, afirmando, en relación a la petición de la Sociedad Económica de Castro del Río al rey donde se solicitaba el reparto entre sus vecinos de 1.700 fanegas de terreno, por estar adecuado a los principios de economía política y ciencia agraria, motivos sobre los que la Sociedad se sostenía pues la falta de propietarios y la ignorancia del cultivo eran los escollos que se oponían al desarrollo de la agricultura.[lxxxvi] Arias y Oliván argumentaron acerca de las ventajas que reportaba el reparto de tierras ya fuera en propiedad o en enfiteusis,

---

[102] Maldonado Polo, J. L. (2004). Liberalismo y enseñanza agrícola. la Sociedad Económica Matritense y la Red Nacional de Cátedras de Agricultura. *Anales del Instituto de Estudios Madrileños, 44*, 181-202. https://dialnet.unirioja.es/descarga/articulo/3012050.pdf

alegando que esta última, la cesión perpetua a través del pago de un canon anual, era la formula conveniente, atendiendo a la extensión y calidad de los terrenos baldíos y la proporción con que contaban los aspirantes, sin imposiciones de condiciones feudales y con el establecimiento de rentas moderadas, porque además, los beneficios obtenidos por la localidad de Castro del Río podrían destinarse a la asignación de una Cátedra de Agricultura para incrementar sus producciones agropecuarias, mostrándose además, ambos comisionados, de acuerdo en extender estas medidas a todos los pueblos españoles, si el rey aprobaba estas disposiciones en la población andaluza.[lxxxvii]

Concluye Polo Maldonado, que Arias consideró siempre que el mayor recurso para entender las nuevas resoluciones en materia agrícola, que serían la protección de la iniciativa agrícola, una buena instrucción que, de seguro recibirían, los propietarios y colonos, sumado al legitimo deseo de aumentar las riquezas, era darles la mayor confianza, cobijo y cobertura legal a los propietarios. Eso se conseguiría, desde el aspecto divulgativo, a través de la exposición de los progresos de la agricultura y la economía agraria en tratados y cartillas sencillas y prácticas, donde se representasen los nuevos ingenios y operaciones agrícolas con ilustraciones, así como proporcionando su fácil adquisición a los propietarios ricos e ilustrados, considerando que esta era el único modo de acelerar los cambios deseables en los campos y huertos españoles. De la misma opinión era Francisco Martínez Robles, miembro de la Matritense, así como de las Sociedades Económicas de Baena y Toledo, en su *Discurso inaugural* pronunciado el 13 de enero de 1820, en el inicio de las clases de la cátedra de agricultura y economía rural de Toledo, donde afirmaba que tras los desastres de la guerra, el monarca encaminaba el resurgir de la docencia agrícola, estructurando las ganancias del Estado, a través de la concesión de libertades de extracción y la abolición de los tributos arbitrarios, así como, conformando cátedras de enseñanza de ciencia agrícola.[lxxxviii]

Aún a pesar de las buenas intenciones, las Sociedades Económicas – y, en especial, la Matritense -, padecieron las gravísimas consecuencias del Sexenio Absolutista, pues a través de una decisión gubernamental, perdieron aquellas ideas y finalidades de los programas de los ilustrados, convirtiéndose en meros organismos subalternos del Estado. La Sociedad Económica Matritense se restauró íntegramente en noviembre de

1833, después de que, tras el Trienio Liberal, se suspendieran sus sesiones, aunque fue adaptándose a las distintas exigencias históricas, llegando hasta hoy.

Nos refiere Polo Maldonado que en los albores del reinado de Isabel II, un infatigable Antonio Sandalio de Arias, que ejercía como presidente, hizo que la Matritense recuperase su energía, siendo, en 1836, uno de los discipulos del botánico Mariano Lagasca, Sebastián Eugenio Vela, su secretario. El asistente de Arias trabajaba desde hacía tiempo en el estudio de algunas plantas de aplicación industrial en colaboración con la Sociedad Económica de Barcelona, específicamente acerca de la extracción y elaboración del esparto. En 1838, con Arias como presidente, se estableció una catedra de Fisiología y Patología vegetal aplicada a la agricultura dirigida por Antonio Blanco Fernández e impartida en el Colegio de Sordomudos de la Sociedad, comprometiéndose el catedrático y antiguo opositor a la de Agricultura, a darla gratis, siendo aprobada el 28 de enero por la Junta de Sociedad tras la propuesta de Arias y Olavarrieta, dos días más tarde, el 30 de enero, se acordó informar al ministro de Gobernación para que ordenase que el Real Jardín Botánico proporcionase las especies vegetales necesarias para el curso y otras ayudas muy útiles para la docencia. El curso comenzó el 11 de febrero, impartiéndose las clases los martes y los viernes a las cuatro de la tarde, dando Blanco únicamente cinco lecciones, pues antes de que finalizase el curso, la regente María Cristina lo nombró profesor de fisiología vegetal y director del Jardín Botánico de Valencia.

Las *Lecciones de Agricultura* de Arias, publicadas en 1816, fueron recomendadas por el gobierno como libro de texto, siendo emuladas por los agricultores, que vieron despertados su interés y afición, como consta en la *Gaceta de Madrid* del 24 de septiembre de 1816. Como bien nos indica Maldonado Polo, meses más tarde, el 24 de noviembre de 1816, el rey Fernando VII promulgó la real orden del 24 de noviembre de 1816, fundamentada tras un informe favorable emitido por la Matritense donde glosaba la utilidad y el riguroso conocimiento contenido en sus páginas, donde se ordenaba que las Sociedades Económicas las distribuyesen entre todos los labradores, agotándose rápidamente su primera edición.

Con el propósito de efectuar lo estipulado en los estatutos de la Matritense respecto a las obras publicadas por sus miembros, la primera parte de las *Lecciones* fue presentada a la censura de la Sociedad el 19 de enero de 1816 y el 16 de febrero, el tomo segundo, así pues, la corporación, a través de su Clase de Agricultura, debía proporcionar un informe con las observaciones, advertencias y correcciones que se juzgase oportunas. La comisión conformada por cinco de sus socios, Clemente, Pascual, Cabeza y Mora, Lagasca y Vallejo, examinó la obra, emitiendo un dictamen el 8 de marzo, y ya el 12 de aquel mismo mes, el secretario de la Sociedad emitió una certificación.

Para dar cuenta de lo innovador que fue el manual de Arias, hemos de mencionar que, por aquel entonces, el *Diccionario de Agricultura* de Jean Baptiste François Rozier, que había sido publicado en el siglo XVIII, era el libro referencia para la instrucción agraria, y el dictamen emitido el 8 de marzo, puso de relieve el distanciamiento de sus profesores de la sección de agricultura del Instituto Nacional de Francia de la reedición que hicieron de la edición del francés, por entender que no respondía a lo que tenía que ser un curso completo de agricultura, sino que era, meramente, un diccionario, agregando que había que sumar a la claridad y concisión de Arias, que era la pertinente aplicación de la teoría científica las peculiaridades de nuestra Patria, siendo, una obra única por su practicidad.[lxxxix] Dos años más tarde, en 1818, se publicó la segunda edición, completada por el mismo Arias, donde se añadieron revisiones de las últimas y más exactas novedades agronómicas, enriquecida con descripciones y laminas, utilizando como referencias de autores españolas las Memorias de la Matritense y una recopilación de artículos del *Semanario de Agricultura y Artes*; recomendándose, por supuesto, por real orden de 26 de mayo de 1819, transmitida a la Matritense por el primer secretario interino de Estado, el marqués de Casarujo, y de la que informó el vicesecretario de esta, Alejandro Oliván, esta obra para las clases de Madrid y de las demás provincias donde se impartiese la enseñanza de botánica agrícola.

En la actividad divulgativa de la Clase de Agricultura, nos encontramos una añadidura al libro tercero de *Agricultura* de Herrera, publicado en 1513, un suplemento sobre arbolados, así como ciertas observaciones de otros autores geopónicos, a mediados de 1812. La misma edición, realizada por la Matritense, e impresa en 1818, tuvo otra añadidura por parte de Simón de Rojas Clemente, quién incluyó, dentro del tomo III, libro cuarto, su *Memoria sobre el Cultivo y cosecha del algodón*, quién agregó algunas reflexiones sobre su aplicación en España, así como en la zona de Motril. La *Memoria*, redactada en 13 artículos por Clemente, fue leída en las sesiones de la Sociedad, y versaba sobre todo lo que se conocía sobre las diferentes especies del algodón, colaborando también Esteban Boutelou, Arias y otros de sus colegas botánicos, donde mencionaba la introducción de esta planta en España, preferentemente en Sanlúcar de Barrameda y en el Puerto de Santa María, así como las consecuencias negativas debido a la Guerra de Independencia, sobre los tipos de suelos, preparación de semillas, siembras, cultivo, patologías, cosechas y conservación, sin olvidarse de las siembras, cultivo, patologías, cosechas y conservación, mencionando también las utilidades que aportaba este recurso, así como la conveniencia en la rotación con otros cultivos como la caña o el añil. Por la claridad y metodología utilizada, no sólo rebatió a Willdenow, a Persoon y a otros autores, sino que también profundizó en el género de las plantas malváceas que no estaba correctamente determinado, describiendo reflexivamente las especies de algodón.[xc] Otra personalidad destacada, fue un destacado de la Matritense, Juan Pérez Villamil, quién tradujo la *Agricultura* de Columela al castellano, aunque no fue tenida en cuenta por la Sociedad en su "Relación" debido a cambiar de posición política y combatir a los franceses.[xci]

La Matritense, en medio del conflicto bélico, trató de implementar el cultivo de patata a gran escala, a fin de paliar los efectos de la hambruna que sufría Madrid, como ya había hecho en 1803, cuando promocionó ensayos para *"cocer el pan de patatas que se distribuía a las familias pobres en aquel año calamitoso"*. Esteban Boutelou que realizó varios informes sobre la idoneidad del cultivo de la patata para paliar el hambre en aquel mismo año, también redactó – siguiendo a Jovellanos – una memoria sobre los estorbos de nuestra agricultura y sobre las sustancias vegetales que podían mezclarse con las harinas del pan para aumentar su peso y cantidad, recurriendo a los especialistas internacionales más acreditados en la materia como Parmentier o Young. En 1811, se leyó en la junta de la SEM del 23 de marzo, un Discurso, donde se proclamaba que la Sociedad, tras haber evidenciado los obstáculos que evitaban el desarrollo de la Agricultura y haber formulado medidas contra ellos, daba a conocer ahora los males que la abatían así como los arreglos, que redundaría en una riqueza sólida para la Nación, inspirándose en el *Informe de la Ley Agraria* de Jovellanos, menciona los distintos estragos sufridos por España durante invasiones en su milenaria historia, la Guerra de Sucesión y el papel regenerador de la Ilustración en Europa, poniendo en relieve la perentoria desigualdad que suponía la propiedad rural y el poco cuidado de los propietarios en el aumento del cultivo, valorándose el esfuerzo de la SEM y censurando el excesivo protagonismo del gobierno en la planificación agraria, pues atentaba contra la libertad y el interés particular, así como de la forma en que se verificaba la amortización de las propiedades, con el visto bueno del clero, así como la crítica a las leyes existentes contra la exportación de granos y los efectos contraproducentes que causaron los remedios propuestos.[xcii] Este discurso, atribuido con total seguridad a Arias, incitó a que el debate agrario y la consiguiente legislación adquiriesen más importancia en las Cortes, donde se trataron muchas de estas cuestiones que estaban a la orden del día durante aquellos años, lográndose la aprobación del decreto del 6 de agosto de 1811, cuya aplicación contó con grandes repercusiones en la economía agraria española, en tanto que estableció la supresión de los derechos exclusivos o monopolios del señor, como la pesca, caza, hornos, molino, lagar, aprovechamiento de aguas, montes o prados, que pasarían al uso libre de los pueblos, de acuerdo al derecho común y a las reglas municipales establecidas en cada pueblo, que además sirvió para que las Cortes de 1813 nombrasen una comisión que elaborase un proyecto de ley aclaratorio, que, sin embargo, no tuvo una repercusión práctica, pues al volver Fernando VII en mayo de 1814, este disolvió el Parlamento, y con ello, eso supuso también la restitución de los monopolios o derechos exclusivos.

La Matritense reformó sus estatutos – vigentes desde 1794 - en junio de 1815, para adaptarlos a las necesidades de la corporación, haciéndose patente su preocupación por la mejora del sector agrario, que le llevó a extenderse a regiones alejadas de Madrid, siendo la institución de mayor entidad para discernir, asesorar, dictaminar y persuadir sobre cualquier aspecto relacionado con esta problemática, y siendo también a la que se recurría para la emisión de juicios y opiniones sobre ofertas, proyectos o cualquier otra circunstancia que mereciere su aprobación, recibiendo aquel mismo año, una *"Memoria Económico-política que matemáticamente demuestra las causas de la decadencia de nuestra agricultura, y de los medios seguros de repararla y de darle un asombroso impulso"* escrita por Alejandro Fernández Blanco, juez director de la Acequia Real de Alcira y del proyecto de ampliación en la región de Valencia, para que informase acerca de las ideas propuestas por su autor.[xciii] También tenían especial relevancia, las cuestiones referentes a campesinos y comerciantes ligados al sector agrario, siendo dirigida una *"Memoria sobre el establecimiento de un Consulado de Agricultura"*, informe que recogía las demandas de labradores, colonos y propietarios que carecían de cualquier organismo representativo, por parte de José Vasco, antiguo marino, que, en aquellos momentos, era encargado del patrimonio real en Granada, y por tanto, un gran conocedor de la problemática del campo y su preocupación por las carencias de los campesinos, así como la falta de protección de la que adolecían. En este informe se recogían planteamientos de los Consulados de Comercio fundados en tiempos de Carlos III, desde el primero que se instauró en Sevilla, hasta los establecidos en las colonias de Indias, así como el del Consulado de Agricultura, que, según su criterio, resultaría imprescindible para la ordenación jurídica del sector. Los consulados propuestos por Vasco, conciliarían los intereses contrapuestos de los afectados en los litigios existentes, de forma que a través de estos, los cónsules provinciales elegidos y bajo la tutela de los Intendentes, habrían de encauzar los procedimientos para solucionar los conflictos que eran resueltos por los Intendentes de provincias o los justicias de los pueblos, a menudo sin mucha ecuanimidad, sirviendo a su vez aquellos Consulados de Agricultura para realizar una estadística clara y precisa del número de labradores, propietarios, colonos, extensión de superficies cultivables y cantidad y calidad de terrenos productivos.[xciv]

Otra memoria fue presentada al rey el 10 de marzo de 1816, por parte de Pedro Gámez, que fue el *"Plan sobre el fomento de la Agricultura"*, el cuál incluía un manifiesto que únicamente podría publicarse *"en el caso de que S.M. tenga a bien aprobar el plan anterior"*, proponiendo en este plan, la creación de un fondo de "beneficencia rural", que asistiese al labrador como principal víctima involuntaria del conflicto, que en parte, podría obtenerse de las canonjías catedralicias, pudiendo administrarse a través de Juntas de provincia, dependientes a su vez de la Dirección General de Beneficencia rural, para la que Gámez disponía las dotaciones y nombramientos del personal adecuado.[xcv] Este Plan fue examinado por la SEM, y, particularmente, por Arias, quién redactó un informe, reconociendo la justicia y conveniencia, pero también consideró que era insuficiente y propuso complementarlo con dos medidas adicionales de tipo económico, a fin de que se pudiera hacer posible su puesta en vigor, por lo que creyó pertinente que la Matritense apoyase decididamente las sugerencias de Gámez. El mismo Arias, también era un lector ávido de noticias, y a él llegaban innovaciones e inventos sobre los temas agrícolas producidos en todas las regiones españolas, llegándole en 1817, a través de José Antonio de Revert, desde Balaguer, la información del invento e una máquina para sembrar que estaba ensayando con el trigo y sobre la que esperaba buenos resultados, anunciándole que la enviaría, junto a su diseño, a la Matritense, cuando la tuviera acabada y *"sabiendo que han salido varias máquinas"* para *"escardar la tierra, o cabar el grano"*, solicitando algún boceto con su descripción correspondiente de las existentes en la SEM, lamentándose también de que los malos artesanos de Balaguer le construyen un trillo siguiendo el modelo de Herrarte que no dio los resultados esperados en cuanto al ahorro atribuido.[xcvi]

Otro invento que llegó a la Matritense, fue el de una máquina para elevar agua, diseñada por el granadino Francisco Morales Sotomayor, que además servía como dispositivo para moler trigo y otras utilidades. De la composición y funcionamiento de este invento informaron José Mariano Vallejo, Alejandro Oliván y Francisco Martínez Robles. El ingenio, depositado en las dependencias de la calle de la Magdalena de Madrid, les pareció muy interesante para su aplicación inmediata.

Le debemos a aquellos pensadores, y muy especialmente a la Sociedad Económica Matritense, que pugnaron por el restablecimiento de la agricultura a través de la instrucción agraria, que hoy en día exista la carrera de Ingeniería Agrónoma, pero, por encima de todo, le debemos, el diagnostico de los principales problemas por los que pasaba nuestro agro, a fin de que pudieran solucionarse y evitar que cuando la predecible carestía acometiese, nos encontrásemos desprovistos.

Este esfuerzo finalmente acabaría cristalizando el 1 de septiembre de 1855, cuando, siendo el principal encargado de la Agricultura el por entonces Ministro de Fomento, Don Manuel Alonso Martínez, fue alumbrado el Real Decreto que creaba la Escuela Central de Agricultura en la finca *La Flamenca*, propiedad del Real Heredamiento de Aranjuez. Su modelo de instituto agronómico presentaba dos secciones; una científica, designada para ingenieros agrónomos, y otra tecnológica, para peritos agrícolas.[103]

Poco más de dos años después, el 9 de septiembre de 1857, se aplicó la Ley de Instrucción Pública, que regulaba las enseñanzas de los ingenieros agrónomos, que

---

[103] *Escuela Técnica Superior de Ingeniería Agronómica, Alimentaria y de Biosistemas.* (n.d.). https://www.etsiaab.upm.es/Centro/Bienvenida?id=3af7b9d42b462510VgnVCM10000009c7648a_ ___&fmt=detail&prefmt=articulo

similar a la de sus homólogos en caminos, minas, montes e industriales, eran integrados en el conocido como grupo de enseñanzas superiores, beneficiándose de las asignaturas cursadas en la Facultad de Ciencias de Madrid, que debían ser completadas por los discentes en el Jardín Botánico y las Escuelas de Farmacia y Veterinaria.

El 11 de julio de 1866, se promulgó una ley que añadía una tercera sección para la instrucción de capataces agrícolas, por la necesidad de hacer llegar a los agricultores las técnicas operativas más avanzadas.

La Escuela Central de Agricultura fue suprimida por decreto el 3 de noviembre de 1868, decidiéndose en un decreto de más de dos meses después, el 28 de enero de 1869, su traslado a Madrid y la atribución de las fincas *La Florida* y *La Moncloa*, que con anterioridad, pertenecieron al patrimonio de la Corona. Este cambio de localización además supuso una variación de su designación, pasando a ser el de Escuela General de Agricultura, que seguía manteniendo la misión de la formación de ingenieros agrónomos, peritos y capataces agrícolas, con una pequeña variación de los planes de estudio.

El 23 de noviembre de 1875, la Escuela creó la estación agronómica, siendo además servida por los profesores, para que, menos de nueve meses después, mediante la Real Orden del 16 de agosto de 1876, se implantase un sistema de admisión para la, que a partir de entonces se denominó, Escuela Superior de Ingenieros Agrónomos, donde, preceptivamente, tras haberse cursado numerosas asignaturas de las distintas secciones de la Facultad de Ciencias, había que realizar un examen complementario de aquellas materias que debían dominarse con mayor extensión y profundidad, atendiendo a su carácter específico. En la mentada norma, se establecieron también las condiciones para el ingreso en la Escuela de Peritos Agrícolas.

Habiéndose restaurado ya la monarquía borbónica, al inicio del curso 1880-1881, quedaron finalizadas las instalaciones de *La Florida* y *La Moncloa*, pudiendo desarrollarse en plenas condiciones la enseñanza en las 500 hectáreas disponibles en ese momento. Poco después, tras finalizar aquel curso, el 12 de julio de 1881, la Institución cambió su denominación a *Instituto Agrícola de Alfonso XII*, manteniéndola hasta el advenimiento de la II República en 1931.

Fue el 4 de noviembre de 1881, cuando un nuevo reglamento varió el régimen de Instituto Agrícola de Alfonso XII, extendiendo su cometido para servir de Centro de Propaganda de la Agricultura, la Ganadería y las Industrias Agrícolas, para, poco después, por Real Decreto de febrero de 1882, se conformase el Museo Agronómico Nacional.

Por Real Decreto de 29 de enero de 1886, se conformó la Escuela Preparatoria de Ingenieros y Arquitectos, que tenía como objetivo la unificación del ingreso en las Escuelas Especiales de Ingenieros de Caminos, Minas, Montes, Industriales y Agrónomas, y en la Escuela Superior de Arquitectura, añadiendo a la enseñanzas básica general, - impartida en tres años de desarrollo común -, las materias específicas de cada rama de ingeniería, distribuyéndose en otros tres cursos. El Instituto Agrícola de Alfonso XII, seguía formando parte de la Escuela General de Agricultura, la Granja Central de Experimentación y Propaganda y la Estación Agronómica.

A través de Real Decreto del 10 de julio de 1903, se fusionaron la Escuela General de Agricultura y la Granja Central de Experimentación, argumentado en que *"la independencia de la Granja daba a la Escuela un carácter demasiado teórico restándole medios de demostrar experimentalmente los principios tecnológicos"*.

Las consecuencias positivas de esta fusión, fueron principalmente la conformación de cinco estaciones de investigación y experimentación como lo eran la antigua Estación Agronómica y las de Patología Vegetal, Ampelografía y Enología, Pecuaria y la de Horticultura y Jardinería. Hay que sumar a la agregación de todas las actividades bajo la dirección de la Escuela, el igualmente importante reajuste de las enseñanzas, que hizo que determinadas materias de los programas de ciencias físicas y naturales, que previamente ya aparecían en el ingreso, pasasen a estar incardinadas, por sus exigencias de laboratorio, de los cursos posteriores al mismo.

La Florida y *La Moncloa* se convirtieron en campos de una Ciudad Universitaria esplendorosa, con motivo de la conmemoración de las bodas de plata del rey Alfonso XIII en la Corona el 17 de mayo de 1917.

Desde ese momento, la superficie que se disponía para campos de prácticas fue menguando gradualmente, para poder albergar las distintas facultades de la Universidad de Madrid, hasta unas delimitaciones que, en muy poco tiempo, resultaron insuficientes para poder albergar las distintas facultades de la Universidad de Madrid, hasta unos límites que, en muy poco tiempo, resultaron insuficientes para ejecutar el objetivo asignado.

Bajo el Directorio Militar de Miguel Primo de Rivera, un Real Decreto del 31 de diciembre de 1923, actualizó los cuadros docentes, confiriéndole al director la propuesta de un nuevo plan de estudios, conteniéndose en los reales decretos de la Presidencia fechados el 24 de septiembre y 10 de diciembre de 1924, aprobando el primero el reglamento del Instituto Agrícola de Alfonso XII, que estaría compuesto por las secciones de Enseñanza, Estaciones Especiales y Explotación, y el segundo, el reglamento de la Sección de Enseñanza, integrada por la Escuela Especial de Ingenieros Agrónomos y la Escuela Profesional de Peritos Agrícolas.

A la llegada de la República, el Instituto Agrícola de Alfonso XII se renombró a Instituto Nacional Agronómico, formando parte de ella, por orden del 29 de abril de 1931, la escuela de ingenieros agrónomos; así pues, a través decreto-ley de 16 de diciembre de 1931, todas las escuelas especiales de ingenieros y la superior de arquitectura pasaron a depender del Ministerio de Instrucción Pública.

Tras los efectos devastadores de la Guerra Civil, y habiendo sido asolada la Ciudad Universitaria, uno de los principales teatros de operaciones en el asedio de Madrid, la Escuela hubo de pedir refugio en la casa señorial del Marqués de Molins, en la calle Amor de Dios. Por ley de 10 de febrero de 1940, surgiría el Instituto Nacional de Investigaciones Agronómicas, que quedaba incardinado al sector agronómico de la Ciudad Universitaria. Para el curso 1942-1943, el campus de *La Florida*, reconstruido a contrarreloj, abrió las clases y laboratorios.

Lo comenzado a finales del siglo XVIII, avanzó al paso que marcaban la naturaleza de los acontecimientos, creándose nuevas escuelas con dos niveles formativos universitarios, inaugurándose el primer inmueble del conjunto de edificaciones e instalaciones en el curso 1962-1963, que originó la Escuela Universitaria de Ingeniería Técnica Agrícola.

Cinco años antes, el 20 de julio de 1957, se promulgó la Ley de Ordenación de las Enseñanzas Técnicas, donde se regulaba el acceso directo y el establecimiento de dos cursos, uno selectivo y otro de iniciación, que serían preceptivos para proseguir los cinco cursos restantes de la carrera, pudiendo el primero ser cursado tanto en cualquiera de las escuelas técnicas superiores como en determinadas facultades de ciencias, teniendo los ingenieros agrónomos, hasta cuatro especialidades como lo fueron Mejora Rural y Maquinaria Agrícola, Fitotecnia y Zootecnia, Industrias Agrícolas, y Economía y Sociología Agraria, conformándose el grado de doctor, que era poseído, virtualmente, por todos los ingenieros titulados en las escuelas especiales.

Poco después, la promulgación de la Ley de Reorganización de Enseñanzas Técnicas, de 29 de abril de 1964, sirvió para el avance del proceso de liberalización de las carreras técnicas, limitando el transcurso de las escuelas técnicas de grado superior a cinco cursos académicos. Un año más tarde, por un decreto-ley de 6 de mayo de 1965, se fijaron cinco especialidades para la Escuela Técnica Superior de Ingenieros Agrónomos como lo serían Fitotecnia, Zootecnia, Ingeniería Rural, Industrias y Economía Agraria, no siendo ahora el título de doctor implícito, pues este debía obtenerse, tras cursar, además, estudios durante dos años y superar una tesis original.

El decreto de 2 de febrero de 1966, agrupó las escuelas técnicas superiores en institutos politécnicos superiores, dando pasos en la apropiación de aquellas a las facultades universitarias.

La Ley General de Educación, de 4 de agosto de 1970, aprobada por el Ministro de Educación valenciano, José Luis Villar Palasí, busca la incardinación de las enseñanzas técnicas en el sistema general educativo. Por esta Ley, nace la Universidad Politécnica de Madrid, como sucesora del Instituto Politécnico Superior, creándose además sus órganos rectores, como lo serían su patronato y las comisiones de su patronato. Por orden ministerial del 18 de septiembre de 1973, quedaba constituido el patronato de la Escuela Técnica Superior de Ingenieros Agrónomos de Madrid.

Ya en democracia, y con Felipe González de Presidente, y José María Maravall Herrero de Ministro de Educación, se aprobó la Ley Orgánica 11/1983, de 25 de agosto de Reforma Universitaria[104], donde se introducían cuatro elementos capitales para la docencia universitaria, y, particularmente, para las escuelas técnicas, como lo serían la autonomía de las universidades, las áreas de conocimiento, la estructura por departamentos y la posibilidad de que los profesores realizasen trabajos científicos y técnicos remunerados para clientes externos, vinculando la investigación a la actividad

---

[104] *BOE-A-1983-23432 Ley Orgánica 11/1983, de 25 de agosto, de Reforma Universitaria.* (n.d.). https://www.boe.es/buscar/doc.php?id=BOE-A-1983-23432

docente. Esta Ley, fue mejorada por la Ley Orgánica 6/2001, de 21 de diciembre, de Universidades, bajo el gobierno de José María Aznar y con Pilar del Castillo Vera como Ministra de Educación, que creaba un sistema de cualificación de profesores con carácter estatal previo a su contratación por parte de las universidades, del mismo modo, previó un sistema para de control y evaluación la calidad de la docencia y la investigación.

Ya en esta última década, en el curso académico 2010-2011, comenzaron a impartirse cinco grados nuevos en la modalidad de intercentros; estando tres de ellos adscritos a la Escuela Técnica Superior de Ingeniería Agrónoma, el Grado de Ingeniería y Ciencia Agronómica, el Grado de Ingeniería Alimentaria y Grado de Ingeniería Agroambiental; y otros dos, Grado en Ingeniería Agrícola y Grado en Tecnología de las Industrias Agrarias y Alimentarias, adscritos a la Escuela Universitaria de Ingeniería Técnica.

Al curso siguiente, el 2011-2012, se comenzó a impartir la licenciatura del Grado en Biotecnología, adscrita a la Escuela Técnica Superior de Ingenieros Agrónomos.

La Orden 2479/2014, del 31 de julio de 2014[105], previó la integración de la Escuela Técnica Superior de Ingenieros Agrónomos y la Escuela Universitaria de Ingeniería Técnica Agrícola, ambas correspondientes a la Universidad Politécnica de Madrid, generando la Escuela Técnica Superior de Ingeniería Agronómica, Alimentaria y de Biosistemas en la Universidad Politécnica de Madrid, estableciéndose en dicha orden, que esta nueva Escuela debía responsabilizarse de la organización académica y gestión administrativa de las enseñanzas de grado y posgrado, organizadas por los centros en los que se incardinan.[106]

Nuevos cultivos en el ciclo expansivo de exportación.

Tras el derrumbe de precios agrícolas de 1812 a 1843, el trigo, que ya había tenido medidas proteccionistas, dejo de ser el principal cultivo, acrecentándose a partir de

---

[105] De Madrid, C. (n.d.). *wleg_pub - Comunidad de Madrid - madrid.org.*
https://gestiona.comunidad.madrid/wleg_pub/secure/normativas/contenidoNormativa.jsf?opcion=VerHtml&nmnorma=8649&eli=true#no-back-button

[106] *Escuela Técnica Superior de Ingeniería Agronómica, Alimentaria y de Biosistemas.* (n.d.).
https://www.etsiaab.upm.es/Centro/Bienvenida?id=3af7b9d42b462510VgnVCM10000009c7648a_
___&fmt=detail&prefmt=articulo

1860, debido en parte, a la insuficiencia del nivel técnico del labrador español, llegando a perder hasta 1.400.000 hectáreas de superficie desde 1860 a 1900.

Se dejó de cultivar el trigo, y los labradores pusieron la zona cultivable en barbecho o dieron la cabida a un cultivo ya tradicional, pero hasta entonces, poco extendido en España, como lo fue el viñedo.

Cabe retrotraerse en el tiempo, hasta el 23 de septiembre de 1829, con la concesión a José Diaz Imbretchs por parte de Fernando VII de una concesión para la instalación y explotación de un "carril de hierro" desde Jerez al muelle de Portal, en el Guadalete; a él, le siguieron el 28 de marzo de 1830, Manuel Cabero para su proyecto de ferrocarril de Jerez a Puerto de Santa María y Sanlúcar; y tres años más tarde, Francisco Fasio obtenía esa licencia para el proyecto ferroviario de Reus a Tarragona. Estos "carriles de hierro" fueron los precursore del ferrocarril en España, y sirvieron en un principio, a la exportación de vinos y almendras.[107]

Hasta entonces, el viñedo era un cultivo que solo encontraba su predominancia en Cataluña, el Duero y lo que es hoy La Rioja, habiendo viñedos menores en otras zonas de España.

Pero, para introducir, el renacimiento del vino en España – y hay que tener en cuenta que ya fuimos un país exportador de vino a finales del siglo XVIII -, permítanme que hable de cómo se expandió en mi tierra, Requena, la conocida universalmente como la Tierra del Vino.

Para ello, nos serviremos de los estudios de Juan Piqueras Haba en su *"Geografía de la Meseta de Requena-Utiel"*. En 1847, en una Requena perteneciente a la provincia de Cuenca, pero con su principal puerto en Valencia, al que accedía a duras penas por las deficientes vías de comunicación, se inauguró la Carretera de las Cabrillas, que conectaba la meseta con el litoral, después de haberse iniciado sus obras en 1825 por la influencia del general utielano Miguel Iranzo. Esta carretera fue definida por el Diccionario de Pascual Madoz como la mejor carretera de España. Hoy día, el Campo de Requena, es un remanente mesetario en tierra levantina.

Hasta mediados del siglo XIX, las tierras de Requena tenían pocas cepas en proporción a las que hubo en décadas venideras, siendo más un cultivo de subsistencia y casi

---

[107] Vicens Vives, J.; Nadal Oller, J. (1967). Manual de Historia Económica de España. En Editorial *Vicens-Vives eBooks*. http://ci.nii.ac.jp/ncid/BA38028505

ceremonial que otra cosa, no pasando de ser en muchísimas ocasiones, un cultivo que se encontraba en domicilios particulares de gente de posibles, estando repartidas en régimen concejil cercanos a los domicilios de los requenenses, aunque de gran importancia municipal, pues en el Fuero de Requena, que Alfonso X concedió a Requena en 1265, se estableció el nombramiento de los guardianes de las viñas – "binaderos" – durante los tres meses precedentes a la vendimia, ordenanzas municipales de Requena de 1479 insistían en la guardia de las viñas prohibiendo la introducción de vino forastero, y se apuntaba en un informe municipal del 1625 que *"hay algunas viñas, que viniendo el año bueno hará para lo justo, pero no para que se saque a otras partes"*.[108]

Refiere Piqueras Haba, que tres décadas más tarde, en 1651, se recoge el primer aforo de viñas de Requena, con finalidad tributaria donde se recogían todas las parcelas de viña del término con expresión de su dueño o cultivador, la superficie en peonadas y su valoración. Para que nos entendamos, una peonada era la unidad de tierra que un hombre podía cavar en un día, teniendo una estimada cabida de 110 cepas, por lo que para completar una hectárea harían falta 30 peonadas (3300 cepas). A finales del siglo XVIII, con la comercialización del agua diente, el viñedo comarcal se tornó más comercial, habiendo dos fábricas de aguardiente en Utiel y una en Requena, estimándose esta última en 7.600 hectolitros, teniendo sólo una quinta parte una salida comercial al exterior. Utiel logró que la vecina Serranía de Cuenca fuese su primer mercado exterior para vinos, mientras que Requena, con un gran excedente, no encontraba mercados donde exportar.

"Constituido Requena en los confines de Castilla la Nueva y entre los Ríos Cabriel y Turia, la separan de poblaciones por mediodía y norte siete leguas, haciéndose difícil la comunicación; pero en vinos no puede haber tráfico entre los pueblos fronterizos en razón de que aquellos cogen más que han menester. Al saliente tenemos el Reino de Valencia, abundantísimo en ellos; al poniente la Villa de Utiel, que sin duda es la bodega mayor de la península y suerte a toda la 'Serranía de Cuenca'" decía un memorial expedido por comerciantes y vendimiadores requenenses en 1842.[xcvii]

---

[108] Piqueras Haba, J. (1997). *Geografía de la Meseta de Requena-Utiel.*

El viñedo en Utiel comprendía una superficie de 5.000 hectáreas, produciendo casi 44.000 Hl, mientas que en los demás asentamientos de la comarca no se alcanzaba para las necesidades locales como en Fuenterrobles había 900 hl, 600 en Camporrobles y 800 en Caudete. Es de destacar la mención que D. Juan Piqueras Haba hace sobre como abrió una tienda de aguardientes en Venta del Moro – pueblo de mi familia materna –, al igual que en Caudete de las Fuentes.

Habría que esperar a la crisis del oídium en los viñedos franceses para que la demanda exterior de vinos llegase a la comarca del Campo de Requena.

En 1854, comisionistas franceses – así como catalanes – se acantonaron en Utiel y Requena – y algunos en las zonas del Cabriel – por el descubrimiento del vino requenense, que podía darles color y fuerza a los vinos franceses sin quitarle su sabor, destacando el vino bobal, tan característico de Requena, por ser de sabor neutro. Destaco a partir de entonces el vino de Requena, junto al de Utiel y el de Vinalopó, como un vino ideal para mezclas.

Hablar del caso particular requenense, es hablar del caso genérico de toda España, pues en el viñedo se hicieron las revoluciones técnicas agrarias del siglo XIX, añadiendo innovaciones desconocidas hasta entonces y métodos costosos pero remuneradores, naciendo al socaire del vino, los primeros ingenieros agrícolas españoles, pues siendo un cultivo caro, se permitía un mínimo de educación.

Relata Piqueras Haba, que ni tan siquiera el ataque de oídium a las viñas comarcales en los años 1857 y 1858, mellaron la animosidad de los agricultores, que plantaron viña apresuradamente, plantándose más de 15.000 hectáreas en la comarca en el periodo que va de 1850 a 1890, trayendo consigo una redistribución de la propiedad de la tierra por el sistema de plantaciones "a medias", un contrato por el que el plantado de la viña y el propietario original de la tierra se repartían a partes iguales el terreno de la viña, y una vez había alcanzado está el tiempo de producción elegia siempre primero el dueño de la tierra. Se creó el Gremio de Cosecheros de Utiel, en 1861, de entre un grupo de 35 grandes propietarios que pretendían una optimización de técnicas de cultivo y elaboración, así como proteccionismo sobre el comercio exterior, adaptando el "forcat" valenciano para labrar las viñas en la década de 1860, trayendo esta gran demanda de arados, el establecimiento de talleres mecánicos que sustituyeron las antiguas herrerías, dejando libres muchas manos de obra.

Como ya hemos dicho, este fenómeno particular de Requena fue un fenómeno nacional, y lo que no consiguieron durante siglos en España los cultivos cerealísticos y en este siglo XIX, la industrialización, lo consiguió el viñedo. El historiador requenense Enrique Herrero y Moral, terrateniente del siglo XIX, los habitantes de aldeas fueron en su mayoría jornaleros o renteros de los grandes propietarios que residían en Requena, Valencia y Madrid, que empezaron a plantar viñas "a medias" hacia 1850, adquiriendo la propiedad de la tierra que habían trabajado. Siendo decadente el comercio de la seda, los tejedores de Requena emigraron hacia las zonas rurales. En 1857, Requena capital contaba con 7.532 habitantes y los núcleos rurales con 4.804, mientras que en 1887 fueron 6.287 y 7.060 respectivamente.[xcviii]

Luis Mayans y Enríquez de Navarra que había sido Ministro de Gracia y Justicia en 1843 con González Bravo – entre otros ministerios -, fue uno de los grandes terratenientes que comenzó a plantar por su cuenta, debido a las grandes ganancias que se produjeron por la exportación a Francia y los altos precios del vino, siendo él, uno de los precursores del ferrocarril a la comarca del Campo de Requena, inaugurándose el tramo Valencia – Utiel en el año 1887 (siete años después del fallecimiento de tan augusta personalidad). Nombres como Fidel García Berlanga, Miguel de Córdova, José de la Cárcel, Norberto Piñango, el Marqués de Caro y el Marqués de Plegamans, domiciliados en Valencia y Madrid, pero poseedores de grandes extensiones de viñedos y bodegas de la comarca, también participaron de este crecimiento, así como la familia pasiega de Oria de Rueda. Otros como el financiero comercial Vicente García Carra o el comerciante catalán José Jaumandreu Sitges también participaron de este crecimiento, destacando también el ingeniero agrónomo Luis Dicenta Lloret, quién tiene dedicada una calle en la aldea de San Antonio de Requena, otra localidad que creció en torno al ferrocarril, donde al igual que en Requena y Utiel, se formaron barrios de bodegas, como bien apunta Piqueras Haba. La guerra entre viña y trigo, la ganó en España por resultado aplastante, la primera, y cuando en 1868, fue declarada la filoxera en Francia, la exportación de vino español creció enormemente.

		EXPORTACIÓN EN CALDOS CORRIENTES ESPAÑOLES (en millones de litros)			
1865	62	1877	187	1889	919
1866	70	1878	254	1890	1108
1867	115	1879	345	1891	654
1868	113	1880	580	1892	501
1869	92	1881	723	1893	397
1870	95	1882	725	1894	520
1871	103	1883	615	1895	655
1872	106	1884	680	1896	525
1873	174	1885	697	1897	630
1874	114	1886	797	1898	479
1875	53	1887	872	1899	382
1876	143	1888	840		

Tabla 6. Exportación en caldos corrientes españoles.[109]

Vicens Vives refiere que entre 1882 y 1892, España monopolizó el comercio mundial del vino, aunque la aparición de la filoxera – que, hasta 1912, no atacó a la comarca del Campo de Requena – cortó de cuajo esa progresión.

Una filoxera que apareció en la Península Ibérica, a través de tres puntos discordantes entre sí: Málaga y Oporto – por la importación de pies americanos -, y por Girona, donde se había propuesto la quema de viñas, recientemente injertadas, en el Alto Ampurdán, por estar en el perímetro de 30 kilómetros del mar y de 20 kilómetros al sur de la frontera natural de la cordillera.[110]

Como ya hemos mencionado con anterioridad, en 1855, el gobierno progresista de Espartero fundó en Aranjuez la primera escuela de enseñanza agrícola, y catorce años después, en 1869, dentro del sexenio revolucionario, renació esta idea bajo el nombre de Escuela General de Agricultura, que se materializo en los primeros años de la Restauración borbónica, que se preocupó de tan importante tema, creándose en 1881 las escuelas agrícolas provinciales de Valencia, Zaragoza, Sevilla, Granada, Córdoba y Valladolid, y en 1887, se intentó sacar adelante un decreto que crease las granjas-escuelas, y, también, precisamente al socaire vinícola, en 1893, empezaron a funcionar las estaciones ampelográficas para la introducción de la vid americana.[111]

---

[109] Vicens Vives, J.; Nadal Oller, J. (1967). Manual de Historia Económica de España. En *Editorial Vicens-Vives eBooks*. http://ci.nii.ac.jp/ncid/BA38028505

[110] Piqueras Haba, J. (2005). La filoxera en España y su difusión espacial: 1878-1926. *CUADERNOS DE GEOGRAFÍA*, 77, 8.

[111] Vicens Vives, J.; Nadal Oller, J. (1967). Manual de Historia Económica de España. En *Editorial Vicens-Vives eBooks*. http://ci.nii.ac.jp/ncid/BA38028505

El 26 de junio de 1877, se votó la ley Romero Robledo para dar nuevo empuje a la institución de pósitos agrarios, aunque esta fue politizada, transformándose en la práctica en un fundamento financiero del caciquismo. Los Bancos agrarios se recocieron en el Código de Comercio en 1885, entrando solamente poco a poco en el juego del crédito a los campesinos, aunque la reforma de la agricultura hubo de venir de manos de los particulares, relacionándose con el desarrollo de la técnica de abonos, que ya se habían comenzado a utilizar en Valencia y Cataluña hacia 1860. La obra científica de Joaquín Costa, geopónico contemporáneo, preceden al plan de aprovechamientos hidráulicos de Gasset en 1903.

Otros cultivos de magna importancia en el siglo XIX y que vencieron al trigo y cereales, fueron, el cultivo clásico del olivar y los nuevos cultivos frutales que florecieron por el regadío.

Desde la última mitad del siglo XIX, y más especialmente entre 1880 y 1900, bien resaltado por Vicens Vives, el olivo progresó, aunque a esta fase alcista le precedió una en las primeras décadas del XIX, pues tuvo una gran influencia en el desarrollo de este cultivo las exigencias del comercio internacional y la libertad de comercio de la que gozó desde 1837. El alza del olivar entre 1880 y 1900, hizo que quedasen prácticamente configuradas las dos grandes zonas productoras del país que fueron la andaluza, centrada en Jaén y Córdoba, y la ibérica, en el Bajo Aragón y en Cataluña. Vicens Vives también refiere la importancia de la emigración hispano-italiana a América – y muy especialmente a Argentina desde 1876 – que favoreció la exportación de aceite y aceitunas; aunque el aceite español, por no contar con la industria básica para su refinería, era transferido a una Italia boyante, donde se refinaba y envasaba el aceite español destinado a América del Sur.

QUINQUENIOS		Miles tm.			QUINQUENIOS		Miles tm.
1866 - 1870		7,5			1886-1890		5,2
1871-1875		11,5			1891-1895		8
1876-1880		12,6			1896-1900		13
1881-1895		12,6			1901-1905		21,4

Tabla 7. Cosechas por quinquenios.

Aquí observamos como fueron las cosechas, cabe decir que de 1875 a 1877 fueron de cosechas bajísimas; y las más altas se registraron en 1873 con 5,22 miles de tm, en 1885 con 4,2 miles de tm, y en 1898 con 5,4 miles de tm.

A finales del siglo XIX, a la triada cereales, viñedo y olivares, se presentó la posibilidad de una economía agraria donde se potenciasen las frutas y cultivos de regadío, siendo las zonas más favorecidas, las del litoral mediterráneo, que aparte de poseer de siempre una población agrícola laboriosa y capacitada, también tenía cultivos hortícolas situados cerca de ciudades consumidoras (como la famosa Horta de Valencia). Al igual que con el vino, se empezó a utilizar la naciente industria para tecnificar los modos de cultivos y se dispusieron los capitales necesarios para la inversión en obras de bonificación y regadío, como lo fue la creación del Canal de Urgel, que convirtió a partir de 1860, la comarca cercana a Lérida en una zona agrícola consolidada.

Como bien señala Larraz, el ciclo expansivo de la agricultura a partir de 1870 bien se debe a los productos alimenticios; comenzando en 1871 con almendras y conservas, en 1887 con frutas y legumbres, en 1890 con naranjas y en 1899 con la remolacha azucarera. Previas a las almendras, en el mercado internacional, fueron de gran importancia las avellanas de Reus y Tarragona. El procedimiento Appert favoreció las conservas.[xcix] La naranja, no obstante, no creció hasta 1894-1895, pasando de 90.000 a 230.000 tm exportadas.

QUINQUENIOS		Exportación de naranja en miles de tm.
1886-1890		91,6
1891-1895		127,8
1896-1900		259,6
1901-1905		354,2

Tabla 8. Exportación de naranja en miles de tm.

En cuanto a la remolacha azucarera, en 1799, en Prusia, se tuvo conocimiento por Andreas Marggraf que la *Beta vulgaris* contenía sacarosa en su raíz, ideó un procedimiento industrial para elaborar azúcar a partir de ellas, siguiéndole su alumno Franz Carl Archard que en 1802 estableció en la localidad silesiana de Güner la primera fábrica de azúcar de remolacha del mundo, extendiéndose a países como Francia,

Austria o Italia, que, a diferencia de España, no podían disponer del tan codiciado azúcar de caña, que se sacaba de Cuba.[112] En España, no fue hasta la década de los años 1882-1883, y más concretamente en Córdoba con la azucarera de Santa Isabel y en Granada con la de San Juan, cuando se introdujo la industria remolachera, estableciéndose en 1892, en Aranjuez y Aragón, compitiendo fuertemente con el azúcar de caña cubano.

EVOLUCIÓN DE LA SUPERFICIE CULTIVADA Y DE LOS RENDIMIENTOS PRODUCIDOS POR EL CULTIVO DE LA REMOLACHA AZUCARERA EN LA PROVINCIA DE GRANADA (1882-83 A 1900-01)			
CAMPAÑA	SUPERFICIE CULTIVADA (ha)	RENDIMIENTO (t/ha)	PRODUCCIÓN (t)
1882-83	38	35	1.329
1883-84	158	38	6.000
1884-85	475	40	19.000
1885-86	556	45	25.000
1886-87	667	45	30.000
1887-88	711	45	32.000
1888-89	778	45	35.000
1889-90	1.045	45	47.000
1890-91	3.114	50	157.700
1891-92	3.400	50	170.000
1892-93	3.450	40	120.000
1893-94	3.500	40	140.000
1894-95	3.041	35	106.434
1895-96	3.465	35	159.279
1896-97	3.636	35	120.000
1897-98	6.364	33	210.000
1898-99	6.818	33	225.000
1899-00	6.885	37	197.554
1900-01	8.463	37	253.879

Tabla 9. Evolución de la superficie cultivada y de los rendimientos producidos por el cultivo de la remolacha azucarera en la provincia de Granada

Tras 1898 y la independencia de Cuba, la producción de remolacha experimentó un crecimiento merced a la libertad de producción, expandiéndose su cultivo en las vegas del Ebro y del Genil, así como en las hoyas cálidas del litoral penibético.

---

[112] Marrón Gaite, M. J. (2011b). La adopción de una innovación agraria en España: los orígenes del cultivo de la remolacha azucarera. Experiencias pioneras y su repercusión económica y territorial. *Estudios geográficos*, 1-2. https://doi.org/10.3989/estgeogr.201105

	SUPERFICIE		PRODUCCIÓN		RENDIMIENTO		PRODUCCIÓN	
	MILLARES DE HA		MILLARES DE		ANUAL POR HA.		POR HABITANTE	
	1860	1900	1860	1900	1860	1900	1860	1900
Trigo	5.100	3.700	29,60 (kg)	26	5,80 (kg)	7	188 kg	138
Cereales	9.000	7.000	55,75 (kg)	52	6,20 (kg)	7	355 kg	336
Viña	1.200	1.450	10,80 (hl)	22	9 (hl)	15	68 l	116
Olivar	859	1.360	1,44 (hl)	2	1,67 (hl)	2	9 l	11

Tabla 10. Cultivos de trigo, cereales, viña y olivar. [113]

El siglo XIX para la historia española – y muy especialmente para la agricultura española – fue un "corto siglo XIX", pues comenzó en 1808 con la Guerra de la Independencia y terminaría en 1898 con la Guerra Hispano-Estadounidense donde se perderían las ultimas colonias americanas y asiáticas, un siglo de hasta cinco guerras intestinas, de pérdidas de prácticamente toda Hispanoamérica, pero se logró vencer a la mortandad infantil y ya en sus últimos años, al analfabetismo.

Muchas instituciones actuales como el Consejo de Ministros convocado por vez primera el 19 de noviembre de 1823, el Congreso de los Diputados conformado por la Constitución Española del 18 de junio de 1837 o la Guardia Civil fundada por Real Decreto del 14 de marzo de 1844 son de este siglo y perduran hasta hoy.

La moneda que durante tanto tiempo nos acompañó, la peseta, apareció por el decreto del 19 de octubre de 1868, inspirada por el establecimiento de la Unión Monetaria Latina, del 23 de diciembre de 1865, basándose en el supuesto de que el valor de la plata primaba sobre el del oro.[ci]

Aquí ya se ha hablado del papel desempeñado por la agricultura, especialmente por el cultivo del viñedo, que trajo el repoblamiento de las zonas rurales y una mayor inversión en el campo que se tradujo en la especialización de la técnica agraria, así como la transformación de la vida económica de pueblos y ciudades, y el advenimiento de una nueva esfera comercial exportadora en España. El vino fue el mayor catalizador de la economía española, una economía eminentemente cerealística.

Efectivamente, fue el vino, las lágrimas de Baco, quién consiguió lo que no consiguieron medidas que se concibieron como de buena voluntad y acabaron siendo de acicate político como lo fueron las desamortizaciones. Los labradores que no

---

[113] Vicens Vives, J.; Nadal Oller, J. (1967). Manual de Historia Económica de España. En *Editorial Vicens-Vives eBooks*. http://ci.nii.ac.jp/ncid/BA38028505

pudieron acceder a los lotes de tierra subastadas vieron en la inversión en viñedos la oportunidad de poder salir adelante.

Pero no hay que soslayar a los otros cultivos anteriormente mencionados, como el del olivo o de la remolacha azucarera, importante este, especialmente a finales del siglo XIX, tras la independencia de Cuba, y que sería un indicativo de como tendría que ser la economía española.

El siglo en el que nacieron nuestros bisabuelos (esto es, los padres de nuestros abuelos) y que ya no nos es tan lejano, tuvo como todo, lo bueno y lo malo.

No obstante, aún en 1892, seguíamos viendo "motines del hambre", pero esta vez con la burguesía, como el ocurrido en la noche del 8 al 9 de enero de aquel mismo año, en que un centenar de jornaleros – supuestamente, de adscripción anarquista – irrumpieron en Jerez de la Frontera dando vivas a la anarquía y mueras a la burguesía, haciéndose con el control de la ciudad, y enfrentándose a las tropas de la guarnición que les hicieron frente. Al haber matado los rebeldes a dos personas, se desencadenó una represión furibunda en los cuatro meses siguientes no contra los anarquistas, sino contra los campesinos.[114]

La difícil situación agrícola siguió siendo más difícil en los inicios del siglo que nos tocará analizar ahora, cuando las diferencias entre ciudad y campo ya se hicieron significativas, con la conflictividad social disparándose, incluso aunque la agricultura tuviera una fase expansiva.

Y ahora, tocará el siglo XX.

---

[114] Brey, G. (1998). Los sucesos trágicos de Jerez de la Frontera de 1892: un balance historiográfico. *Revista de Historia de Jerez*, *4*, 69-84. https://dialnet.unirioja.es/servlet/articulo?codigo=2447053

Siglo XX. El despegue definitivo, con fases de estancamiento.

La expansión de la agricultura frente a la conflictividad social

Comenzaba el siglo XX en España, con la perdida de las últimas colonias, aunque todavía con posesiones en África – el África Española – como lo eran el Protectorado Español de Marruecos, Ifni, el Sahara y la Guinea española. También el rey Alfonso XIII, hijo póstumo de Alfonso XII, y que, por tanto, había sido monarca desde el mismo momento de su nacimiento, en 1886, fue declarado mayor de edad en enero de 1902 y capacitado para reinar.

La cuestión agraria que, como ya hemos visto, llevaba planteándose en España, por lo menos desde 1766, alcanzaría a principios de siglo una nueva dimensión, con las proclamas del ilustre oscense Joaquín Costa, un defensor de la actividad del regadío, que ya dijo en 1880 que *"la condición fundamental del progreso agrícola y social en España, en su estado presente, estriba en los alumbramientos y depósitos de agua corrientes y pluviales. Esos alumbramientos deben ser obra de la nación y el Congreso agrícola debe digiriese a las Cortes y al Gobierno reclamándolos con urgencia, como el supremo desiderátum de la agricultura española".*[115] Inspirado en su pensar por el Ingeniero Técnico Agrícola, Genaro Morquecho, que en 1859, pedía el fomento de las empresas de canalizaciones y riego, desarrolló un plan de política agraria basada en el riego, los alumbramientos de agua, las presas y las canalizaciones, lo que redundaría en más ganados estantes, que aportaría, por naturaleza, los estiércoles, el abono que fertiliza la tierra y genera un notable incremento de la productividad; y por haber visto lo que ocurría en Normandía y en las Tierras Altas escocesas, insiste en que se ha de pasar de los 6 hl/ha de trigo al doble, y como él decía siempre, *"sin canales no hay hierba, sin hierba no hay ganado, sin ganado no hay trigo, no hay agricultura remuneradora, que es decir europea,..."*, insistiendo también en la baja fertilidad del suelo español y la falta de población, como los principales causantes del nulo avance en la agricultura española.[cii] *"España no es el país de Ceres (...) el cereal es*

---

[115] Lamo De Espinosa Y Michels De Champourcin, J. (2011). *Joaquín Costa: agricultura y Agronomía*. Dialnet. https://dialnet.unirioja.es/servlet/articulo?codigo=7295365

antieconómico, artificioso y ruinoso" también dijo en una conferencia agraria en 1881, de la que D. Jaime Lamo de Espinosa ha dado buena cuenta, y hay que rescatarlo, así como que nuestros vinos había que fabricarlos mejor, en una conferencia de 1884, donde ya dejó traslucir su política económica, menos hostil al librecambismo que antes. Joaquín Costa fue promotor de la instalación de maquinaria agrícola, algo que cristalizaría con la aparición de la famosa Ajuria-Urigoitia S.A. en 1921.

Refiere D. Jaime Lamo de Espinosa, que en 1902, Joaquín Costa dirigió un memorial a la nación donde pedía el aumento de las cosechas y los rendimientos, enumerando los principios para alcanzarlo, como lo son los riegos, los embalses, la escuela de capataces, los abonos químicos, la labranza y cría de ganado, la reducción del interés del dinero y crédito a los agricultores, entre otras medidas, añadiendo el tema de los caminos vecinales, en su intervención en el Teatro Pignatelli de Zaragoza, cuatro años más tarde.

En suma, todo lo que este gran oscense, fundador de la Cámara Agrícola del Alto Aragón, planteó, incluso la aplicación del librecambismo a gran escala fue la tónica agrícola en estos primeros años del siglo XX y permitieron que tuviese una fase expansiva, incluso aun con la conflictividad social que se hizo de notar, especialmente en Cataluña.

Su búsqueda de una política hidráulica eficaz se concretó con el primer plan nacional de aprovechamientos hidráulicos, que fue firmado por el ministro Rafael Gasset y aprobado por Cortes en 1902, teniendo como ambicioso empeño la transformación de 1.470.000 hectáreas en regadío, aunque de las 296 obras previstas, apenas llegaron a explotarse 30 a fines de este período, debido a falta de inversiones. Menciona D. Jaime Lamo de Espinosa que el plan de 1916 – el segundo Gasset – tampoco tuvo éxito, hasta que llego el de 1919, vinculado a la ley de Fomento de la Riqueza Nacional, concentrándose los esfuerzos en 596.000 ha, especialmente en las cuencas del Ebro con 353.000 ha y del Duero con 112.000 ha, con un coste calculado de 348 millones de pesetas, aunque solo se invirtieron 137 millones.

El definitivo Plan Nacional de Obras Hidráulicas fue presentado por el ingeniero Manuel Lorenzo Pardo en 1933, pensando poner en regadío 1.285.900 hectáreas, en el lapso de veinticinco años (47.000 ha por año), contando con presupuesto global de 1.895 millones de pesetas.

Las provincias más beneficiadas por el regadío en 1922 fueron las de Lérida (145.000 ha), Valencia (135.000), Zaragoza (120.000) y Granada (100.300), distribuyéndose el 78% del regadío en el Este de España, siendo la región menos beneficiada la del Sudoeste, por lo que sus productos escalaron en los primeros puestos del país, como la naranja durante la década 1920-1930 (sumado al anterior incremento de 1890 y 1914) y la remolacha azucarera, que, fue a la agricultura de regadío lo que el cultivo cerealístico fue a la agricultura de secano, esto es, exclusivismo en su cultivo, ubicándose principalmente en Navarra, Logroño, Aragón y Granada, así como las de las cuencas del Tajo y del Duero.

I. TERRENOS CULTIVADOS	
CULTIVOS	**HECTÁREAS**
Cereales y legumbres secas	16.295.056
Vides	1.444.174
Olivos	1.333.383
Tubérculos	960.267
Plantas industriales	335.000
Árboles frutlles	785.000
Praderas	550.000
	21.702.880

II. TERRENOS INCULTOS	
Monte bajo	6.965.000
Pastos	6.000.500
Bosques	5.290.047
Malezas	5.800.000
	24.055.547

II. TERRENOS NO SUSCEPTIBLES DE CULTIVO	
Estepas incultas	3.500.000
Cañadas, caminos, zonas pantanosas, ríos, territorio de las ciudades	1.193.261
	4.693.261
TOTAL GENERAL	**50.451.688**

Tabla 11. Principales cultivos españoles a fecha de 1922.[116]

En 1903 se conformó el Instituto de Reforma Social Agraria, sacando el rey Alfonso XIII, a propósito de esta fundación, un concurso para el problema agrario del Sur de España, que sería el germen de la Ley Besada de 30 de agosto de 1907 que daría lugar a la creación de la Junta Central de Colonización y Repoblación Interior, creándose hasta su disolución en 1925 únicamente 18 colonias agrícolas en tierras que habían sido cedidas gratuitamente, siendo consecuentemente, de ínfima calidad, que

---

[116] Sánchez Jiménez, J. (1975). La vida rural en la España del siglo XX. Biblioteca Cultural. RTVE, 55. https://dialnet.unirioja.es/servlet/libro?codigo=598866

ocupaban 11.243 hectáreas, donde estaban instaladas 1.679 familias. El proyecto consistía en palabras del Ministro de Fomento, Augusto González Besada, en *"arraigar a la nación a las familias desprovistas de medios de trabajo o de capital para subvenir a su sustento. Su fin es doble: oponer un dique a la emigración y repoblar el país, determinando un cultivo adecuado en terrenos improductivos o deficientemente explotados. El procedimiento se inicia repartiendo entre familias pobres y aptas para el trabajo la propiedad de los terrenos y montes públicos incultos que en esta ley se señalan y mediante las condiciones que en la misma se establecen".*[117]

En 1906 se inició en España el Catastro de la Riqueza Rústica para impedir las evasiones de impuestos de las grandes fortunas, quienes, y muy especialmente en el Sur, eran beneficiados por el gran poder que tenían sobre ayuntamientos, poseyendo prácticamente territorios. No obstante, en 1928 solamente habían sido catastradas 21 millones de hectáreas.

Como señala José Sánchez Jiménez, en 1930, las grandes propiedades ocupaban en el Sur y Oeste, una superficie dos veces mayor que la ocupada por el minifundio.

"Tanto en sentido figurado, como literalmente, la línea que separaba la España de la revolución agraria de la España del conservadurismo rural era, en esencia, la misma que separaba la España del latifundio del resto de la nación (…) en las zonas en que los propietarios tenían el monopolio del as tierras, la agitación era endémica en los medios rurales, y esta continua agitación" decía Malefakis, y era así, la agricultura conformaba ya el eje principal de la economía española, y aún más de la política.[118]

En el minifundio, así como en los trabajadores sin tierra, intentó captar la Confederación Nacional del Trabajo en su II Congreso, para su proyecto de colectivización, conocido como "minifundio comunal", durante el periodo conflictivo de 1918-1920, donde se admitía el cultivo individual en pequeñas parcelas, idea desechada cinco años después, en 1923, afirmando que *"la explotación colectivista era la única forma en que había de cultivarse la tierra después de la revolución".*

El ciclo expansivo de la agricultura española tenemos que encontrarlo entre 1915 y 1920, coincidente con la Primera Guerra Mundial, en la que España fue,

[117] Vicens Vives, J.; Nadal Oller, J. (1967). Manual de Historia Económica de España. En *Editorial Vicens-Vives eBooks*. http://ci.nii.ac.jp/ncid/BA38028505
[118] Sánchez Jiménez, J. (1975). La vida rural en la España del siglo XX. *Biblioteca Cultural. RTVE*, 122. https://dialnet.unirioja.es/servlet/libro?codigo=598866

afortunadamente, neutral, y que propicio avances técnicos como la difusión del arado de vertedera y de una maquinaria agrícola más automatizada y perfecta, pues en 1915, llegarían los primeros tractores a España, procedentes de la agencia Ford[119], así como también segadoras y trillados simples a automotrices; se empleó también el abono, por las campañas de propaganda de los importadores y transformadores de fosfatos y superfosfatos; y el triunfo de la política hidráulica que el gran Joaquín Costa planteó durante toda su trayectoria política, pues sirvió para aumenta la producción, asegurar las cosechas y garantizar el porvenir de los cultivos de exportación. No obstante, todos estos avances técnicos, debidos también a las grandes inversiones de capital y a la mentalidad de muchos, no alcanzo a todas las partes de España, produciéndose un desnivel técnico que la acabaría penalizando.

El trigo, que había sido hasta el siglo XIX, el cultivo propio de España sufrió en su producción el estar por debajo de las necesidades de consumo, creando una situación deficitaria permanente, pero, no obstante, una buena colocación de las cosechas trigueras, también debido a continuas políticas proteccionistas en el siglo XIX, acrecentadas desde 1892, permitieron salvar a este cultivo, frente a los trigos importados de Australia y Argentina, muchos más baratos.

Los cultivos pujantes del XIX, la vid y el olivo, tuvieron trayectorias discordantes. La vid se repuso de los efectos devastadores de la filoxera, aunque en las zonas de Castilla La Nueva, Valencia y Murcia, pegó bastante fuerte, y en la región valenciana, la importación de pies americanos infectados entre 1904 y 1906 en Benigánim, Chiva y Gata de Gorgos, provocó su sustitución por el cultivo de naranjos, tan característico del Levante. No obstante, su crecimiento estuvo por debajo de sus posibilidades, no sabiendo aprovechar la coyuntura del alza durante la Primera Guerra Mundial. En el cultivo del olivar, la cosa fue bien distinta, pues mostró una gran resistencia a la coyuntura, sabiendo aprovechar sus posibilidades económicas, septuplicándose su producción (duplicándose la de cereales y triplicándose la del viñedo).[120]

---

[119] Admin. (2022). Los primeros tractores agrícolas en España - Altrac. *Altrac.*
https://www.altrac.es/primeros-tractores-agricolas-espana/
[120] Piqueras Haba, J. (2005). La filoxera en España y su difusión espacial: 1878-1926. *CUADERNOS DE GEOGRAFÍA, 77,* 24.

	Promedio del decenio 1901 - 1910	1927	1933
Cereales y leguminosas	1.972	3.705	3.476
Uva y mosto	347	992	628
Aceituna y aceite	192	1.422	517
	2.511	6.119	4.622

Tabla 12. Crecimiento de los cultivos a principios del siglo XX.

Otros productos que crecieron durante estos primeros treinta años del siglo XX fueron: de entre los frutales mediterráneos, el limón, la almendra y la avellana; en las zonas frías y montañosas, la patata.

La ganadería que había ido decayendo, experimentó un leve repunte por la aparición de las primeras granjas experimentales, así como a los numerosos concursos para premiar la labor del ganadero y campesino, aumentando al cabaña nacional de 25.400.000 cabezas en 1910 a 37.450.000 en 1935, y creciendo también la calidad de las razas, especialmente las productoras de cane y leche, beneficiándose las regiones del Norte (Asturias, Galicia y la Montaña), duplicando sus efectivos el ganado de cerdo (2.400.000 en 1910 y 5.490.000 en 1935), aumentándolo el vacuno en un 50% (2.370.000 en 1910 y 3.700.000 en 1930).

La agricultura con 106.000 millones de pesetas especto a un total de 271.000 millones y la ganadería con 13.000 millones frente a 32.000 millones representaban en el inicio de la década de 1930, más de la tercera parte del patrimonio y de la renta nacional, pudiendo en el periodo 1923-1930, el de la dictadura militar de Miguel Primo de Rivera, salvar los embates del Crac del 29.

Ley de la Reforma Agraria de 1932 y sus consecuencias

Llegamos a la convulsa década de los años 30 en España, que comenzaría con la dimisión de Miguel Primo de Rivera el 28 de enero de 1930 y terminaría con la victoria del Bando Nacional en la intestina guerra de 1936-1939.

Tras haberse desarrollado las principales políticas agrarias, articuladas en torno a la política hidráulica, la preocupación principal estribaba ahora en los repartos que habían de hacerse de grandes extensiones de tierra a aquellos labradores pobres que no la poseían. No se trataba de hacer una desamortización, sino de una evolución con una tendencia mucho más colectivista, encaminada al uso y disfrute de esas tierras por parte de labradores.

El 14 de abril de 1931, tras las elecciones municipales de dos días anteriores, en las que la conjunción republicano-socialista consiguió la alcaldía de 39 capitales de provincia frente a las 8 de los monárquicos (aunque estos les rebasaron en votos y concejales), Alfonso XIII se exiliaba de España y se proclamaba la II República, entrándose entonces en un proyecto constituyente, promulgándose la Constitución Española el 9 de diciembre del mismo año.

El artículo 26 de la constitución republicana decía: *"Quedan disueltas aquellas órdenes religiosas que estatutariamente impongan, además de los tres votos canónicos, otro especial de obediencia a autoridad distinta de la legitima del Estado. Sus bienes serán nacionalizados y afectados a fines benéficos y docentes"*.

De 1911 a 1936, puede concretarse que se aprobaron hasta 16 proyectos de Ley sobre reforma agraria.[121]

La tierra en poder de los grandes propietarios – perteneciendo una inmensa proporción a individuos sin títulos nobiliarios, y que, generalmente, eran burgueses – convertían a localidades enteras en prácticamente feudos.

Atendiendo a los estudios de D. Emilio Gómez Ayau, puede concluirse que la estructura social del sur fue lo que incitó la posibilidad de hacer efectiva una reforma agraria, aunque, no obstante, casos particulares como las de obreros del sur que no emigraban, generalmente por la desazón que le producía la incertidumbre de la vida en ciudad, y que en el pueblo se resignaban, eran los que también imposibilitaron la reforma.

La elevación de rentas propició el aumento de demanda de tierras, aunque esto fue en beneficio de los grandes propietarios y grandes arrendatarios. El Censo de campesinos de 1936, arroja que los arrendatarios y aparceros empobrecidos suponían el 21,8% del proletariado rural en Extremadura, frente al 9,9% en el resto de las provincias del Sur y al 13,7% en el conjunto del país.

Decía Malefakis que *"los trastornos sociales del Sur fueron consecuencia más de las desigualdades e injusticias de su sistema social que de la miseria económica"*. Así pues, a la Junta Central de Colonización y Repoblación Interior que ya habíamos

---

[121] Gómez Ayau, E. (1981). *Reforma Agraria y Revolución Campesina en la España del siglo XX* [Revista de Estudios Agro-sociales].

mencionado, para intentar paliar este problema se propuso además en 1921, de manos de Lizárraga, la expropiación de tierras en zonas no regadas, debiéndose hacer el pago de la expropiación en Bonos del Estado.

En la dictadura de Miguel Primo de Rivera, se creó como sustitución de la Junta Central de Colonización y Repoblación Interior, la Dirección General Social Agraria.

Dos años antes de la aprobación de la Ley de Reforma Agraria, todavía en la monarquía alfonsina, Andalucía sufrió una crisis agraria, únicamente comparable a las de 1882 y 1905.[122]

Tras la proclamación de la II República, se proclamaron dos decretos, primero el del 28 de abril sobre *Términos municipales*, que impedía a todo propietario la contratación de trabajadores agrícolas forasteros mientras no estuvieran trabajando todos los del término donde estuviera su finca, y otro el 7 de mayo sobre *Laboreo forzoso*[123], que compelió a los propietarios a que cultivasen sus tierras, en caso de no hacerlo, las entregarían a las Organizaciones obreras; aunque ninguno de los Decretos llegó a aprobarse. Otro Decreto, el del 29 de abril, prohibía la expulsión de los pequeños arrendatarios, salvo por falta de pago o abandono de cultivo, para evitar los desahucios. Otro, del 11 de julio, abría la posibilidad de revisar los contratos a efectos de deducción de la renta, prohibiendo los subarriendos, dando preferencia a las Sociedades u Organizaciones obreras por debajo de un límite que se modificó por un Decreto posterior, del 31 de octubre, que unificó toda la legislación arrendaticia. [124]

Hasta la definitiva promulgación de la Ley de Reforma Agraria, del 6 de septiembre de 1932, fueron precisos siete proyectos de ley.

Un primer proyecto se concentró únicamente en el sur del país, previendo la instalación de 60.000 a 75.000 campesinos al año, entregándoseles las tierras en régimen de ocupación temporal, manteniendo la propiedad sus propietarios.

El segundo proyecto ofreció las ventajas de evitar la expropiación, así como de no plantear diferencias entre propiedad individual o colectiva, buscando una fuente de

---

[122] Gómez Ayau, E. (1981). *Reforma Agraria y Revolución Campesina en la España del siglo XX* [Revista de Estudios Agro-sociales].

[123] Dilge-Mischung, E. (2018). La política agraria de los gobiernos republicanos del primer bienio. *DOAJ (DOAJ: Directory Of Open Access Journals)*.
https://doaj.org/article/611ee3875cd942149e2b32cf93f5ddf6

[124] Gómez Ayau, E. (1981). *Reforma Agraria y Revolución Campesina en la España del siglo XX* [Revista de Estudios Agro-sociales].

financiación, como el impuesto progresivo, que afectase a todos los grandes propietarios, y era de aplicación inmediata; lo que conllevó a la creación de la "Agrupación Nacional de Propietarios de Fincas Rústicas" por parte de terratenientes.

Otro proyecto de Ley sustituía el régimen de ocupación temporal por el de expropiación, yendo en contra de la Nobleza, a la que se le fijaba un tipo de indemnización que oscilaba entre diez y veinte veces el líquido imponible atendiendo a la cuantía de la renta, afectándose las fincas situadas en zonas de riego que no se rieguen, las sistemáticamente arrendadas y las de la Nobleza de origen feudal.

Tras la expulsión de los jesuitas, merced a la separación de Iglesia y Estado, prevista en la Constitución del 9 de diciembre, el día 14 de diciembre, después de la nacionalización de todos sus bienes, se propuso la expropiación de todas las tierras de la Nobleza con propiedad acreditada en 1811, embargando además las tierras de la Iglesia – algo irritante e imposible, porque la Iglesia llevaba prácticamente 90 años sin tierras -, fijando los tipos de indemnización en el doble del líquido imponible para la fracción que excediese de 200000 pesetas, y en cuatro veces a la comprendida entre 100.000 y 200.000 pesetas.

El último proyecto, prescindía del ritmo de 60.000 a 75.000 campesinos anuales, así como del impuesto progresivo sobre la gran propiedad, proponiendo un presupuesto bajo para la Reforma, por lo que así se alargaría indefinidamente, expropiándose con indemnización, salvo la propiedad de la Nobleza ilegítimamente adquirida, oscilando entre 5 y 20 veces el líquido imponible, abonándose una pequeña parte en efectivo y el resto en Deuda parcialmente saldable.

Tras el levantamiento militar del 10 de agosto, de tendencias monárquicas, conocido como "Sanjurjada", por su cabeza, el General José Sanjurjo, Manuel Azaña endurece sus discursos, pidiendo una expropiación sin indemnización para la nobleza, y enfatizando en que la cuestión agraria, no se resolverá, sino en más de una generación. La ley del 9 de septiembre de 1932 salió a toda prisa, sin tener en cuenta las compilaciones legislativas hechas durante el año y medio anterior, y, sobre todo, sin situar trabajadores en las tierras expropiadas a la nobleza. Solamente dos nobles participaron en la Sanjurjada y tuvieron un poder testimonial, pero los 262 Grandes de España que estaban en aquel momento, fueron los grandes perjudicados. Una Ley que establecía *"que ninguna persona física podría poseer en un solo municipio más de una determinada superficie de tierra"* fijando como delimitaciones mínimas los máximos formulados en el primer Proyecto de la Comisión Técnica, reduciendo la limitación a un término y no a todo el territorio nacional, estableciendo dos excepciones como lo fueron la de las tierras consecuentemente arrendadas y la de las situadas en los Ruedos de los pueblos, expropiándose únicamente en su totalidad los Señoríos jurisdiccionales, las tierras al cultivadas, las sistemáticamente arrendadas y las correspondientes a tierras de regadío no transformadas.

En la Base V de la misma ley establecía hasta 13 categorías de tierras expropiables, lo que mostró el carácter molesto que tuvo el Inventario de Fincas Expropiables, pues enormes superficies de tierras fueron incluidas y perturbadas, también por su inserción en el Registro de la Propiedad. Siguiendo los estudios de Gómez Ayau, en las provincias de Córdoba, Sevilla y Badajoz, las tierras inventariadas supusieron de un 32 a un 42% de la superficie total y de un 46% a un 53% del volumen de tierras cultivadas. Los efectos de esta Ley y la creación del Inventario fueron lesivos para pequeños y medianos propietarios, pues en estos, el número de propietarios incluidos, resulto casi dos veces superior al total de grandes propietarios que figuraban en el Catastro, causa también del mayor error, que fue no limitar el ámbito geográfico de aplicación a Andalucía o Extremadura, sino hacerlo extensible a todo el país, lo que generaría grandes agravios a los minifundistas del Norte, por poner un ejemplo, obsérvese de que las 879.371 fincas afectadas por la Reforma, tan solo 154.716 se encontraban en las once provincias de latifundio que la Comisión Técnica propuso fuesen objeto el primer proyecto de Ley, pues un 11,5% más se hallaba en las tres provincias – Salamanca, Almería, Albacete – que se fueron añadiendo en los proyectos sucesivos. En palabras de Gómez Ayau, tan sólo 20.469 propietarios pudieron verse afectados, pero la nueva redacción y el cariz de la Ley obligó hasta a 79.664 propietarios a registrar sus propiedades. Solamente en las 14 provincias en el que la problemática agraria era de urgente aplicación, podía y debía aplicarse – de hecho, se hizo -, mientas que en los 35 restantes la distribución tendría lugar únicamente en etapas posteriores a propuesta del Gobierno y por una nueva Ley votada en Cortes.

Esta Ley se realizó por la falta de líquido en las arcas para pagar las tierras expropiadas al precio fijado por los propietarios, con la voluntad de tener de enemigos a grandes propietarios – que, muchos de ellos, ni tan siquiera tenían nada contra la República -, y acabo enemistándose con todos los propietarios y con los labradores sin tierra. Los grandes propietarios con posibles de más de 60.000 pesetas fueron los únicos afectados por el tipo confiscatorio, que solamente podía afectar a 99 Grandes de España, cuyas propiedades totales eran 557.359 hectáreas, una superficie que no era suficiente para el asentamiento de 60.000 campesinos. Según Malefakis, el Estado se habría visto obligado a indemnizar más del 90% de las tierras necesarias para las reformas.

Siguiendo los estudios de Gómez Ayau, correspondía al Estado la responsabilidad de retención de la propiedad de la tierra, mientras que los campesinos, constituidos en Comunidad, eran quienes decidían la forma de explotación - individual o colectiva – algo que generó muchos problemas, que pudieron haberse evitado, admitiendo la posibilidad de acceso a la propiedad de los pequeños arrendatarios ya instalados en las fincas expropiadas de la primera categoría, en las que ya estaban parceladas con anterioridad y aquellas en las que la redistribución únicamente tenía efectos jurídicos de éxito económico más seguro.

La Base 24 exceptúa prácticamente de la aplicación de la Ley a *"aquellas empresas y particulares, que sean propietarios de agua o de alumbramientos de aguas subterráneas que transformen tierras de cultivo de secano en regadío sin el auxilio de Estado, a los cuales se concede la explotación durante 50 años del número de hectáreas que puedan regar, a razón de medio litro continuo por segundo y hectárea, siempre que ejerzan el cultivo directo."* Aunque, eso sí, al terminar el plazo de esta concesión, estos terrenos serían enajenados a particulares en lotes que no excediesen las cantidades fijadas a esta ley, atendiendo al beneficio del derecho al agua correspondiente, dentro de una Comunidad de Regantes, constituida atendiendo a la legislación vigente. Estableciéndose, a través de esa Base, sociedades de transformación de secano y de regadío, perfeccionándose a través de un decreto de 29 de noviembre de 1933, donde se fijaba el alcance de los beneficios y exenciones fiscales que se concedían a las Sociedades y particulares comprendidos en la Base 24, donde además se determinaba las personas o entidades que tenían derecho a estos beneficios, así como la extensión de unos y otros, y el procedimiento a seguir para obtenerlos.[ciii]

Por lo menos, el desaguisado se arregló con la Ley del 13 de abril, de Obras de Puesta en Riego (OPER), y que según Malefakis, autorizó al Estado a que es construyesen obras secundarias con la finalidad de llevar el agua desde los canales principales a las fincas, compeliendo a los beneficiarios a que pagasen los costes, si no querían verse en la tesitura de ser expropiados.[civ]

La buena intención de la Ley de Reforma agraria si pudo materializarse al poner a disposición del Estado enormes extensiones de terreno a unos precios que el Estado podía pagar.

Ese mismo año hubo una extraordinaria cosecha de cereales con 50.1 millones de quintales métricos, la mayor hasta entonces conocida, que unido a una desventurada importación atribuida al Ministro de Agricultura, Marcelino Domingo, acabaron por hundir a los precios, lo que lanzó a los propietarios a incumplir la Ley de Laboreo Forzoso, por verse también perjudicados por la Ley de Términos Municipales, la subida de salarios, la jornada de ocho horas y los Jurados Mixtos.

Todo ello desembocó en el Decreto de Intensificación de Cultivos, del 1 de noviembre de 1932 que decía lo siguiente: *"En tanto se aplique la ley de Reforma Agraria en toda su integridad, procede arbitrar medidas que posibiliten la intensificación cultural de los grandes secanos de la cuenca del Guadiana, poniendo a los obreros en posesión de la tierra que les es necesaria para aplicar sobre ella su esfuerzo y proporcionarles así el jornal de que carecen en esta época"*, dirigiéndose, especialmente a los yunteros de Extremadura, donde los yunteros comenzaron a invadir fincas y donde los socialistas tenía un gran poder organizativo y de persuasión, así como a los de Cádiz, Cáceres, Sevilla, Granada y Málaga, extendiéndose en diciembre a la de Toledo.[cv]

Cediendo a las pretensiones de los yunteros extremeños, esta disposición ordena con fuerza ejecutiva, la ocupación por el año agrícola, con propósitos de intensificación de cultivos de las fincas o partes de fincas señaladas por el Instituto de Reforma Agraria.

A la ocupación de fincas en Extremadura, se sumó el levantamiento anarcosindicalista de Andalucía, que finalizó con los luctuosos sucesos de Casas Viejas, del 10 al 12 de enero de 1933, donde veintiocho campesinos, dos guardias civiles y un guardia de asalto resultaron ser las víctimas. Como consecuencia de aquellos sucesos, la superficie entregada a 40.108 campesinos se elevó hasta 123.305 hectáreas, superando, las 30.000 o 40.000 hectáreas que se pensó pudieran ser ocupadas en un principio, casi todas en Extremadura y que nunca habían sido labradas, aunque, en palabras de Gómez Ayau, una cuantiosa proporción estaba conformada por tierras que únicamente reemplazaban las recibidas por los yunteros, si los propietarios no hubieran comenzado a disminuir la superficie cultivada de sus fincas.[cvi]

No obstante, los primeros pasos en serio para la Ley de Reforma Agraria no se dieron hasta septiembre de 1933, esto es, un año después de su aprobación definitiva, y se debió, en palabras del ínclito Manuel Azaña, a que del estado de las finanzas dependía el ritmo de aplicación de la Ley, por lo que en palabras de Malefakis, *"el Robespierre acabó convirtiéndose en un Necker"*, lo que viene significando que el objetivo que se intentaba lograr era un objetivo sentimental, y por tanto lejano y mal compactado.

Aprovechando las crisis sucesivas que tuvo la conjunción republicana en el 1933 – conjunción de la que se desmarcaron los socialistas – los sectores agrarios pidieron una política agraria más moderada, que debía cristalizar con la derogación de la mencionada Ley de Términos Municipales, que se asegurase al imparcialidad de Jurados Mixtos y la creación de un Banco Agrario, llevándose a su vez a Cortes, una Ley de Arrendamientos que proporcionara a los pequeños propietarios y arrendatarios los mismos derechos que a los trabajadores para su participación en los arrendamientos colectivos, recogiéndose todo esto en un programa de veintitrés puntos, que fue presentado a Manuel Azaña el 7 de julio de 1933.[125]

El proyecto de Ley de Arrendamientos, que llegaría a las Cortes en verano de 1933, fue especialmente vital para la actividad agraria del Centro y Norte del País, pues ayudó bastante al minifundismo, a través de estos puntos destacables, como el plazo mínimo de seis años para los contratos con renovación automática si el propietario no se encargaba de la finca para su explotación directa, rentas que no podían exceder del líquido imponible, revisión ante juntas especiales de arbitraje para la Propiedad rústica arrendada, derecho de sucesión en caso de fallecimiento a favor de los hijos del arrendatario, indemnización obligatoria de cualquier mejora realizada por el arrendatario, derecho de retracto de los arrendatarios en caso de venta de la finca en que trabajan y en la que llevasen más de veinte años, así como también el derecho de obligar al propietario a vendérsela en un precio a veinte veces el líquido imponible.

---

[125] Giménez Martínez, M. Á. (2017). El fracaso de la reforma agraria en las Cortes de la Segunda República. *Bulletin D'histoire Contemporaine De L'Espagne*, *51*, 197–217. https://doi.org/10.4000/bhce.741

Este proyecto quizá debió haberse planteado antes que el de la Reforma Agraria, lo que habría evitado numerosos problemas, pero ya fue tarde.

ASENTAMIENTOS EFECTUADOS EN VIRTUD DE LA LEY DE REFORMA AGRARIA CON ANERIORIDAD AL 31 DE DICIEMBRE DE 1933		
	Asentados	Hectáreas
Jaén	2.500	905
Toledo	680	10.960
Cádiz	640	3.941
Córdoba	211	3.048
Ciudad Real	150	2.166
Sevilla	140	2.503
Badajoz	78	680
	4.399	24.203

Tabla 13. Asentamientos efectuados en virtud de la Ley de Reforma Agraria con anterioridad al 31 de diciembre de 1933.

El campo fue el reflejo de la conflictividad social de los años 30, pues si en Madrid y las grandes capitales, la lucha giraba alrededor de la Ley y sus disposiciones complementarias, en el campo, esta era para conseguir la posesión inmediata de la tierra. El campo, poco a poco iba llenándose de gente que en las ciudades ya no tenía nada, pues con la coyuntura económica, el auge industrial de la dictadura militar, acabo desplomándose.

		Paro agrícola	
		Número de parados	Porcentaje con respecto al paro total
	Paro total		
1933 (julio - diciembre)	593.627	382.965	64,51%
1934	667.263	409.617	61,39%
1935	696.989	434.054	62,28%
1936 (enero - julio)	796.341	522.079	65,56%

Tabla 14. Desempleo en el mundo agrario.

No obstante, el número de parados en el campo, como se ve aquí, a partir de 1933, fue también bastante excesivo, siendo más de la mitad del paro total.

Atendiendo a los estudios de Gómez Ayau, encontramos que las nueve provincias de Andalucía y las dos de Extremadura, así como Toledo, Murcia y Valencia, soportaron el 71% del paro total, y entre julio y diciembre de 1933, el 59% del parcial.

Gómez Ayau también deduce que el extraordinario crecimiento de las organizaciones laborales se debió a las situaciones de desesperanza y desazón en el campo, como consecuencia de ello, la UGT alcanzó en julio de 1932 el número de 1.041.539 afiliados y tenía hasta 5.107 Comités Locales.

Con un programa más radical, la CNT propugnaba la inmediata incautación de todas las grandes propiedades, así como la total abolición de cualquier gravamen que hubiese sobre las pequeñas propiedades, considerando que el Estado debía entregar las tierras a los pobres y a continuación desaparecer, una visión que le enemistó con la izquierda institucional de la II República.

Llegamos a octubre de 1934, cuando la CEDA alcanza los gabinetes correspondientes a su victoria electoral en las elecciones generales de noviembre de 1933, bajo el mandato del republicano radical Alejandro Lerroux, y el puesto de Ministro de Agricultura, lo ocupa un católico practicante y muy imbuido de la Doctrina Social de la Iglesia Católica, como lo fue el sevillano Manuel Giménez Fernández, quien tenía una gran fruición en que si se hacían unos pequeños retoques a la originaria Ley Agraria, como la inclusión de una compensación justa a los propietarios expropiados, quizá animaría a que más propietarios diesen sus tierras a quienes no las tenían.[cvii] El que según Malefakis, fue el más capaz de todos los ministros de Agricultura, se equivocó bastante, más sabiendo el clima polarizado que ya tenía la II República desde su simiente.[126]

Por Decreto del 2 de enero de 1935, suspendió las expropiaciones en el IRA, ordenando que actuara solo bajo el régimen de ocupación temporal previsto en la Base 9 de la Ley de 1932, dándose preferencia a los arrendatarios y aparceros con medios propios de cultivo, fijándose en 10.000 el número de asentados previstos para 1935.

El problema de los yunteros que tuvieron que cesar en sus tierras para la recolección de cosecha de cereales de 1933-1934, lo solucionó dictando una nueva disposición

---

[126] Fernández Marugán, F., ; García De Blas, A. (1971). *Edward Malefakis, reforma agraria y revolución campesina en la España del siglo XX*. Dialnet.
https://dialnet.unirioja.es/servlet/articulo?codigo=4809187

que obligaba a los propietarios a la prórroga de los contratos por un año agrícola, logrando sacarla adelante a finales de diciembre, con la esperanza de que los yunteros pudieran sembrar en la primavera, pero en la Ley de Arrendamientos conto con la oposición, incluso de miembros de su partido.

Narra Gómez Ayau, que se intentó la promulgación un proyecto de Ley sobre el incremento de áreas de pequeño cultivo, que fue rechazado por la Comisión, que pretendía resolver el problema yuntero, dando autorización al IRA para que siempre que hubiera cultivadores con medios de cultivos que no dispusieran de tierras para su cultivo, pudiera ocupar hasta un 25% de la superficie de toda finca que excediese de 300 hectáreas, para su entrega a los mismos, mientras no sufrieran daños las actividades agrícolas y ganaderas de dicha finca.

Los puntos de vista de Giménez Fernández, según Emilio Gómez Ayau, fueron un enfoque casuístico de la situación, supresión de las cláusulas de arriendo sistemático y de ruedos como motivos de expropiación, pago de indemnización inversamente proporcional a la riqueza total de cada propietario atendiendo a su origen, pago en metálico y en deuda negociable, y el tributo escalonado sobre todas las tierras, que según el ministro, podía ayudar a que los propietarios pudiesen irse deshaciendo voluntariamente de sus fincas a medida que el impuesto progresivo convirtiera la propiedad en una carga excesiva.

El 6 de mayo de 1935, sería Nicasio Velayos, el nuevo ministro en sustitución de Juan José Benayes, a su vez sucesor de Manuel Giménez Fernández, y dos meses después, el 3 de julio de 1935 llevó a las Cortes una ley calificada de "contrarreforma", que pasó a la Comisión de Agricultura, donde José Antonio Primo de Rivera la definió como *"la anulación de toda reforma agraria"*, exponiendo después su propia visión de lo que debía ser una reforma agraria, *"esa gran empresa atrayente y magnifica que probablemente sólo se puede realizar en coyunturas revolucionarias y una de las empresas que vosotros desperdiciasteis en vuestro tiempo"* dirigiéndose a la bancada izquierdista.[cviii] Insistió el mismo José Antonio en que al pueblo español había que redimirlo de las tierras estériles, trasladándolo a las nuevas tierras cultivables, siendo el pago a los propietarios expropiados dependiente de las condiciones financieras. Esta nueva ley, dejó sin efecto el Inventario de Fincas Expropiables, beneficiando a la burguesía. La indemnización se habría de discutir, caso por caso entre representantes del IRA y del propietario, pudiendo ir a tribunales de primera instancia y hasta el Tribunal Supremo.

Nos habla Gómez Ayau de la inserción una nueva clausula, que el Frente Popular utilizaría con posterioridad, que sería la posible expropiación por utilidad social.

Tras las elecciones de febrero de 1936, con un aire de sospecha en torno a un amaño, el Frente Popular con 258 escaños frente a los 152 del Frente Nacional, se alzó con la victoria, y de acuerdo con consignas colectivistas, la madrugada del 25 de marzo de 1936, unos 60.000 campesinos de la provincia de Badajoz ocuparon 3.000 fincas, señalando los límites de las tierras que iban a cultivar, y tras ello, las pusieron a labrar con precisión y en orden. Como bien señaló Gómez Ayau, estas invasiones de fincas continuaron, pues los campesinos consiguieron más tierras que las que les habían sido entregadas en los cinco años anteriores.

Contabiliza Gómez Ayau, que del 1 de mayo hasta el 18 de julio, día del Alzamiento, hubo hasta 719 huelgas en la industria y 192 en el campo.

El 19 de abril de 1936, el Ministro de Agricultura, Mariano Ruiz-Funes, presentó cinco proyectos de Ley de reforma agraria que comprendieron la mengua de los límites máximos de propiedad autorizada, la indemnización en forma prácticamente similar a la de 1932, la licencia de amplias facultades al Estado para apropiarse de cualquier finca por razones de utilidad social (la cláusula anteriormente mencionada de la "Ley Velayos"), recuperación de bienes comunales en favor de los Municipios, invalidez de la Ley de Arrendamientos de 1935 y otro que creaba un impuesto sobre la propiedad rústica, siendo más radical que la Ley de Reforma de 1932, aprobándose el 11 de junio en Cortes.

La agricultura de la Guerra Civil y el franquismo. Institucionalización agraria. Medidas para evitar el éxodo rural.

Recogiendo el testigo de esta radicalización de la primera reforma agraria, llegamos al 6 de octubre de 1936, en plena Guerra Civil Española, cuando en la zona republicana, el ministro Uribe promulga un decreto consistente en la expropiación a favor del Estado y sin indemnización de las fincas rústicas que fuesen propiedad de personas que de forma directa o indirecta hubiesen intervenido en contra de la República, proponiéndose la entrega de estas tierras a organizaciones obreras, y a su explotación colectiva o individual, atendiendo a los criterios técnicos del IRA, quién tuvo una actuación extraordinaria, pues además de la preparación de planos de explotación y asesoramientos técnicos también concedió créditos por valor de 72.5 millones de pesetas.[127]

De otra parte, en el Bando Nacional, el 28 de agosto de 1936, ya se habían dictado dos decretos: el primero, versa sobre una nueva redistribución, con elección de los agricultores tradicionales, sobre todos aquellos que hubieran sido desocupados de sus tierras por los decretos de marzo de 1936; y el segundo, se intenta clarificar la titularidad de la tierra para asegurar la cosecha del año agrícola 1936/1937, previéndose que ciertas fincas continuarían siendo ocupadas por su interés agrario y por haber estado organizadas y tuteladas por los servicios técnicos del Estado, pero ante todo, se plantea una selección de todas aquellas zonas incluidas en los asentamientos.[128]

La capital ejecutiva de los nacionales estaba en Burgos, y desde ahí, se dictaron disposiciones en las que se hacían cargo de los colonos y de sus cuentas, donde se intentó conservar el sistema de explotación existente, devolviéndose, en virtud del decreto 128, las fincas en proceso de transformación, a la vez que se articula el primer mecanismo de captación de tierras por el Estado.

Un mes más tarde, el 25 de septiembre de 1936, se determinó que las fincas que no fueron devueltas a sus propietarios por el decreto 128, pero en las que se produjese una renuncia total de sus asentados a la ocupación, serian devueltas a sus propietarios, así como todas *"... las fincas rusticas invadidas por campesinos o jornaleros, con posterioridad a la fecha de dieciséis de febrero de mil novecientos treinta y seis"*.[cix]

A finales de enero de 1938, se conforma el Ministerio de Agricultura del Gobierno en Burgos, reorganizándose el 6 de abril de aquel mismo año, con la creación del organismo Servicio de Reforma Económica y Social de la Tira (S.N.R.E.S.T.), al que se le asignaron *"las funciones de parcelación y concentración parcelaria, patrimonio familiar, acceso a la propiedad, racionalización del sistema de explotación, mejoras*

---

[127] Sánchez Jiménez, J. (1975). La vida rural en la España del siglo XX. *Biblioteca Cultural. RTVE*, 122. https://dialnet.unirioja.es/servlet/libro?codigo=598866

[128] Paniagua Mazorra, Á. (1988). El papel del servicio de recuperación agrícola en la política agraria de la primera etapa del franquismo. *Revista de Estudios Agrosociales*, 108.

permanentes, vías pecuarias y rurales, transformación del secano al regadío, embellecimiento de la vida rural", además de ser quien se encargaba el crédito y seguro agrario.

El Servicio de Recuperación Agrícola (S.R.A.) surge un mes después de la creación del Servicio de Reforma Económica y Social de la Tierra, siendo dependiente de este, con precedentes en la Junta Provincial Administradora de Bienes de Ausentes de Toledo, teniendo como principales objetivos la puesta en cultivo de la forma más rápida posible las zonas que iban cayendo al Bando Nacional, la recolección del capital circulante y semoviente que estuviese abandonado, y la administración de las propiedades e industrias agrícola de los propietarios que hubiesen desaparecido, encargándose a su vez del Crédito agrícola, por lo que se convierte en el organismo gestor de todas aquellas tierras, ganado y material agrícola que por las circunstancia del conflicto, no tenían propietario o se hallaban ausentes. Para ello, se estableció la inmovilización del material y productos agrícolas del término municipal en que se encontrasen esos bienes, a fin de evitar apropiaciones individuales, controlar el comercio de productos agrícolas y facilitar la identificación del propietario. Todo ello con carácter transitorio y debido a la coyuntura de la guerra, desapareciendo definitivamente el 31 de enero de 1941.

Este Servicio tenía una base provincial, con diversas jefaturas provinciales conformadas por un ingeniero agrónomo, dependiendo de esta una Junta Provincial Administradora de Bienes de Ausente, que podía comprender más de una provincia. Cada una de estas Juntas tenía sus propios ingresos, generados por las fincas que gestionaba, al mismo tiempo que pagaba por la realización de las labores precisas en las fincas abandonas, evitando la falta de cultivo de estas, que provocaría un descenso de la producción agrícola.[cx]

En el municipio, existía una Comisión Depositaria Municipal, conformada por el alcalde como presidente, el secretario del ayuntamiento como secretario y tres vocales (el representante de FET y de las JONS en el pueblo, un agricultor elegido por el ayuntamiento y un "práctico en el campo", que se encargaba de gestionar todos los bienes de personas desaparecidas, incluidas por la Junta Administradora de Bienes de Ausentes, donde se clasificaban los bienes pertenecientes a personas desaparecidas.[cxi] No obstante, esta gestión también podía ser cedida a otros vecinos del lugar para que la usufructuasen, hasta la llegada de su propietario, y en caso de no aparecer este, se entregaba al familiar más próximo o se enajenaba; y en el caso de que el propietario fuese un desafecto al Movimiento Nacional, la Comisión podía determinar su no devolución.

Estas reclamaciones de bienes se producían en un plazo de 30 días a partir de la fecha de publicación en el Boletín Oficial de la Provincia la aprobación del acta de constitución de la Comisión Depositaria, en un proceso rápido que intentaba aclarar la propiedad de la tierra en el menor tiempo posible para restablecer la normalidad de la explotación. Lo campesinos que habían sido asentados por el I.R.A., eran llamados "cultivadores arbitrarios", y solamente podían solicitar alguna indemnización por las siembras no recogidas, o bien a través del pago de una cantidad establecida de mutuo acuerdo que les permitiera continuar el cultivo hasta recoger la cosecha. Estas cosechas, realizadas por colectividades de fincas ocupadas a sus propietarios, quedaban a favor del propietario si era cultivador directo o de los arrendatarios en su caso, tratándose en todo caso, de favorecer la continuidad en el cultivo de la tierra, aunque se modificase la del propietario.

También se encargó de mantener la producción a unos niveles óptimos para el abastecimiento de la población, junto al Servicio Nacional del Trigo, fundado en 1937, y la intensificación productiva de las tierras que de ella dependían, a través de la entrega de semillas y aperos necesarios a los agricultores para que comenzasen la explotación, obligando a los propietarios, al hacerles entrega de sus fincas, a que estos prosiguiesen el normal cultivo de la finca.

El tamaño de las propiedades que el S.R.A. gestionaba, eran generalmente, propiedades de pequeño o mediano tamaño, no encontrándose, apenas, fincas de más de 30 hectáreas, dependientes de este servicio, pues, generalmente estas grandes fincas fueron ocupadas rápidamente por sus dueños.

Aun siendo de carácter nacional, se concentraba en las zonas devastadas por el conflicto, clasificadas según sus daños en generales y especiales, siendo en estas últimas áreas, donde el Servicio concentra su actividad. *"Concentrando sus esfuerzos en pocas localidades y suministrando a las mismas el ganado de trabajo, semillas, piensos, abonos, etc., necesarios para iniciar o animar la vida agrícola, sin pretender reconstruir la economía de estos términos de un modo concreto"*, tratándose de pueblos que *"(…) por haber estado en frente estabilizado u otros casos, hayan sufrido gran devastación"*.[cxii]

Para el renacimiento económico de estas poblaciones, se concedieron facilidades para la adjudicación de créditos por el Instituto de Créditos para la Reconstrucción Nacional, a fin de atender a la reposición de plantaciones, daños en los edificios o mejoras agrícolas.

Estos núcleos fueron 224, siendo los siguientes:

- Badajoz: Acedera, Benquerencia de la serena, Azuaga, Cabeza del Buey, Campanario, Campillo de Llerena, Casas de Don Pedro, Don Benito, Guareña, Granja de Torrehermosa, Higuera de la serena, Medellín, Megabril, Monterrubio de la serena, Navalvillar de Pela, Orellana la Vieja, Orellana de la Sierra, Peraleda de Zaucejo, Quintana de la Serena, Rena, Retamal de Lleran, Santa Amalia, Valdecaballeros, Valle de la Serena, Villar de Rena, Villanueva de la serena, Zalamea de la Serena, Zarzacapilla.

- Castellón: Barracas, Bejís, Castellnovo, Caudiel, Cuevas de Vinromà, Eslida, Guibiel, La Llosa, Navajas, Nules, Sacañet, Segorbe, Teresa, Pina de Montalgrao, Torras, Villavieja, Víver.

- Cáceres: Alia, Carrascalejo, García, Logrosán, Madrigalejo, Navalmoral de la Mata, Valdecalasa del Tajo, Villar de Pedroso.

- Córdoba: Alcaracejos, Belalcazar, Los Blázquez, Fuente la Lancha, Hinojosa del Duque, Valsequillo, La Grajuela.

- Granada: Albolote, Moclín, Colomera, Deifontes, Orjiva, Quentar, Guejar-Sierra, Pitres.

- Guadalajara: Hita; Gajanejos, Masegoso de Tajuña, Alarilla, Taragudo, Valdeancheta, Cerezo de Mohernando, Aleas, Montarrón, Yela, Ledanca, Rivarredonda, Valdearenas, Villaviciosa de Tjauña, Torrecuadradilla, Valverde de Arroyos, El Sotillo, Beleña de Sorbe, Torrebeleña, Tamajón, Cifuentes, Abánades, Alaminos, Cogollor, Hontanares, Copernal.

- Huesca: Tardienta, Vicien, Huesca, Alerre, Banastas, Chimillas, Banariés, Siétamo, Cuarte, Tierz, Apies, Bielsa, Broto, Sarvisé, Puertolas, Barbastro, Fraga, Sariñena, Biescas, Cavín.

- Lérida: Lérida, Agramunt, Villanueva de la Barca, Castelldans, Bellcaire de Urgel, La Rápita, Isona, Asentiú, Granadella, Torres de Segre, Artesa de Segre, Liñola, Cubells, Bellvis, Aña, Navés, Palau de Anglesola, Biosca, Mongay, Alfés, Alcoletge.
- Madrid: Brunete, Quijorna, Villanueva de la Cañada, Villanueva del Pardillo, Majadahonda, Las Rozas, Guadarrama, Titulcia, San Martín de la Vega, Ciempozuelos, Villaverde, Pinto, Carabanchel Alto, Carabanchel Bajo, Pozuelo, Aravaca, El Plantío, Valdemorillo, Navalagamella, Robledo de Chavela, Gascones, La Serna del Monte, Paredes de Buitrago.
- Tarragona: Corberá, Ascó, Fatarella, Flix, Mora la Nueva, Benifallet, Tortosa, Mola.
- Teruel: Teruel, Alfambra, Campillo, Castralvo, Celadas, Cubra, Cuevas Labradas, Griegos, Libros, Noguerullas, Perales de Alfambra, La puebla de Valverde, Rubiales, Rudilla, Sarrión, Tortajada, Valbona, Valdecebro, Villastar, Villel.
- Toledo: Arcicollar, Añover de Tajo, Burujón, Cabañas de la Sagra, Camarena, Carranque, Calzada de Oropesa, Cazalegas, Domingo Pérez, Cervera de los Montes, Cedillo del Condado, Cebolla, Cazalegas, Fuensalida, Gamonal, Gerindote, Lagartera, La Mata, Magán, Maqueda, Mocejón, Montearagón, Navalcan, Noves, Olías de Rey, Oropesa, Palomeque, Parrillas, Pepino, Portillo, Rielves, San Román de los Montes, Santa Cruz de Retamar, Santa Olalla, Segurilla, Torrijos, Val de Santo Domingo, Val de Verdeja, Ventas de Retamosa, Velada, Villamiel, Villaseca de la Sagra, Yeles.
- Zaragoza: Belchite, Quinto de Ebro, Mediana, Mequinenza, Codo, Herrera de los Navarros, Azuara, Moneva, Almonacid de la Cuba, Osera, Letux, Fayón, Plenas.

El proceso de reorganización rural que tuvo que sufrir el campo español tras la Guerra Civil fue un proceso duro y costoso, que se prolongó hasta bien entrada la década de 1960. El S.R.A. se disolvió en octubre de 1939, extinguiéndose en 1941, siendo el ejemplo de la primera fase de la política agraria del franquismo, dando paso a las instituciones que edificaron la política agraria del franquismo. El alcance del S.R.A, hoy en día, todavía sigue sin cuantificarse, aunque se concluye que se encargó de gestionar la pequeña y mediana propiedad.

Sumado a la actividad que ya hemos mencionado como gestor de bienes abandonados, se suma la labor específica de revitalización de la actividad agrícola en poblaciones sumamente afectadas por la Guerra Civil, siendo ejemplo de la política de reorganización de la propiedad en los primeros años del franquismo, donde lo principal era una rápida y eficaz clasificación tanto de la propiedad como de la finalidad a la que se le iba a destinar a la misma.

Comenzó, a partir de la posguerra, y como consecuencia de un prematuro bloqueo económico, comenzando un período conocido como el de *evitar el hambre*, del que, afortunadamente, todavía quedan bastantes testigos, bien entrados en años eso sí, pero con la experiencia y la sabiduría.[129]

Durante los años 40, en medio de una guerra mundial y del ruido de sables por lo que ocurría en el continente, donde no se sabía si el cruel conflicto intestino sufrido iba a tener una prolongación transnacional, el campo se convirtió – en palabras de José Sánchez Jiménez – en el protagonista privilegiado de la vida y revaloriza sus efectivos ante la urgencia de una demanda de todo tipo. Aún a pesar de las pérdidas humanas en el conflicto, se produce un crecimiento demográfico, incluso aun a pesar del déficit, de la especulación, de la falta de transparencia y todas aquellas condiciones que trajo consigo la guerra. Señaló José Sánchez Jiménez, en *"La vida rural en la España del siglo XX"*, que tanto a la posguerra como al conflicto mundial, hay que sumar la autarquía, la insolidaridad social y el bloqueo exterior.

Se crearía entonces el Instituto Nacional de Colonización, quién desde su creación en octubre de 1939, se preocupaba de las explotaciones, así como de la Comisaría de Abastecimientos y Transportes, que intento resolver los déficits a través de importaciones de choque.

El 25 de noviembre de 1940 se promulgó la Ley de Colonización de Interés Local, que permitía al INC la financiación de aquellos planes de transformación de zonas de secano a regadío, sumándose el Decreto de 1942, que autorizó al INC a la adquisición de fincas voluntariamente ofrecidas por sus propietarios.

---

[129] Sánchez Jiménez, J. (1975). La vida rural en la España del siglo XX. *Biblioteca Cultural. RTVE*, 120. https://dialnet.unirioja.es/servlet/libro?codigo=598866

En 1946 se promulgaría la Ley de Expropiación de fincas rústicas con interés social, cuya garantía era la previa indemnización a los propietarios de esas fincas. El 22 de abril de 1949, se aprobó la Ley de Colonización y Distribución de la Propiedad de las Zonas Regables, establecía un plan de colonización, con un proyecto de parcelación para la "zona regable" – es decir, la comprendida por obras hidráulicas, construidas o auxiliadas por el Estado[130] – que concedía la primacía de la extensión para las distintas clases de unidades, referida siempre a su superficie útil para el riego, señalando, para cada zona, las "tierras en exceso", o realmente sobrantes tras haberse efectuado el ajuste parcelario conforme a las precedentes directrices (art. 13.3).

La tierra era clasificada en *tierras exceptuadas* (las que ya habían sido puestas en riego, también las que se encontrasen en proceso de transformación por parte del propietario, antes de que comenzase la actuación del INC, eximiéndose de la expropiación), las *tierras reservadas* (donde el INC podía ayudar para su transformación en regadío de mano del propietario) y *tierras en exceso* (adscritas al asentamiento de los colonos en unidades familiares de explotación, admitiéndose atendido al nivel de renta y la carencia de rentas físicas).[cxiii]

En virtud a este decreto, a los colonos les era entregado una parcela de cuatro a ocho hectáreas en un periodo provisional de "tutela" de cinco años, periodo en que era preceptivo seguir rigurosamente el plan de explotación del lote, aportando el INC, las semillas, los abonos, los insecticidas, el ganado vacuno y caballar, así como un anticipo de las contribuciones y renta de la tierra, debiendo el colono reintegrar el coste de todo ello con un determinado porcentaje sobre la producción.

La construcción del pueblo se articulaba en torno a una plaza principal, donde destacaba la iglesia católica, y junto a ella, el edificio administrativo con oficinas de atención al público, un despacho para el alcalde y el salón de sesiones, con una pequeña oficina de Correos, el Juzgado, la vivienda del funcionario y un dispensario médico, y en los grandes, incluso podía haber una sala de cines y una cantina con dos plantas (planta alta, vivienda del tabernero, y planta baja, la cantina) que hacía las veces de cine de verano. También existían tiendas de ultramarinos, panadería con horno propio y zapatería, así como herrerías, carpinterías, peluquerías y un taller

---

[130] *BOE-A-1949-4120*. (n.d.). https://www.boe.es/buscar/doc.php?id=BOE-A-1949-4120

mecánico, siendo también así en los pueblos más grandes, donde además existía la Hermandad Sindical, donde se guardaba la maquinaria, y que tenía dos plantas (la alta para los despachos administrativos, el archivo y los servicios, y la baja para el hogar rural, la biblioteca y la sala de reuniones); también se levantaron escuelas, segregadas, con intención de albergar a un 15% de población.

El Instituto Nacional de Colonización convocó en 1940 el *Concurso de proyectos de viviendas reales*, centrado en cada una de las grandes regiones españoles, mostrando un tipo de aplicación diferente de cada una, marcándose por la importancia de la tradición y las diferentes condiciones climáticas y explotación de la tierra. Los estudios de Extremadura y la zona sur de Andalucía, son los mejores conocidos, basándose en la identificación de los problemas de la vivienda rural de aquellos años, como consecuencia de unas construcciones en malas condiciones, la baja calidad de vida de la población y la falta de una actividad económica adicional que permitiera un desarrollo en la vida en el campo de forma normal y feliz, generando con ello, situaciones que desembocaron en un mal estado de preservación de las viviendas y, en muchísimas, en su partida.[131]

El informe mencionaba que las casas rurales se concebían desde un punto de vista autárquico – similar al sistema económico español de posguerra -, potenciando recursos naturales invertidos en el núcleo familiar y en la vivienda como parte de este. No obstante, y como bien nos cuenta de nuevo Pablo Rabasco, en ese mismo informe se menciona que se ha de idear una vivienda rural que resulte más rentable para el Estado que para el residente que la habite, debiendo pasar esta rentabilidad por complacer felices y confortables a los habitantes de esta vivienda, a fin de aminorar el abandono progresivo de la población – hecho sistemático a partir de mediados de los 50 – que conllevaría al fracaso económico de las zonas puestas en riego.

También se realizaron proyectos donde las construcciones rurales de una determinada zona, eran registradas a través de fotografías, así como hacer el análisis de la situación de precariedad social de la población asociada a estas construcciones. Los ejemplos presentados se encuentran en Jaraíz de la Vera (Cáceres) y Forna (Granada), planteados como conjuntos binarios de casas con posibilidad de cultivaciones

---

[131] Rabasco, P. (2009). La planificación en la construcción de los poblados del Instituto Nacional de Colonización. *Informes De La Construccion*, 61(515), 24-25. https://doi.org/10.3989/ic.09.020

encadenadas, trabajándose la posibilidad de una entrada de carro por la fachada principal, accediendo al hogar a través de este bajo en el caso de Fornes, mientras que en Jaraíz, la entrada de cara se proyecta por la parte trasera de la casa, con lo que consigue una mejor distribución de las estancias del hogar, y una mejor orientación hacia la calle.[cxiv]

Pablo Rabasco menciona la constante crítica a la tendencia de aplicar las caracterizaciones de viviendas obreras (comunes en los años 1920 y 1930) a la vivienda rural, presentándose problemas de distribución de espacio en usos agrícolas y manejo de animales, por lo que, en el mismo estudio de Allanegui, se apostó por los corrales con paso directo de carros, no como un espacio compartido de paso, sino con un compartimento diferente.

Destacaron también los de los sectores de la zona regable del canal de Guadalmellato, sobre la adecuación en la medida de lo posible de las nuevas construcciones a las existentes anteriormente, aunque en este caso, se limitaba a una serie de chozos levantados con materiales vegetales o sobre pequeños tapiales mixtos, y eso, si no se presentaban en lugares insalubres e incluso peligrosos por la cercanía de ríos o barranqueras.

No obstante, no sería hasta la década de 1950, cuando el INC potencia la construcción, descartándose la inclusión de las cocinas en los patios de las casas o los secaderos, para la racionalización de uso de usos y espacios. La vivienda tipo ocuparía una parcela de, aproximadamente, 400 m^2, con una media de 100 m^2 de planta, variando a la superficie acorde al número de dormitorios.[cxv] Esta estructura seguiría en la década siguiente, aunque la media de las parcelas aumentaría a 600 m, atendiendo a las nuevas maquinarias agrícolas que de una forma generalizada comenzaron a utilizarse, demandando mayor espacio para su acopio y manejo, aunque la estructura interna siguió siendo similar.

Como constata Pablo Rabasco, el Instituto siguió teniendo los mismos condicionamientos técnicos y administrativos en las formas de construcción y ejecución de las obras.

Abandonada ya la autarquía, se "modernizaron" los modos de construcción, relacionados más con una función estética y moral, que conllevaba el retorno al pasado a través de los conocidos como estilos pseudoimperiales o de las arquitecturas características de cada región, aunque la influencia autárquica de las dos décadas precedentes, se hizo de notar, al utilizar materiales para conseguir el abaratamiento de los costes de producción, destacando el muro de carga, un muro de estructura y de cerramiento para que se pudiera potenciar estos factores en la fachada de la vivienda, lo que modificó la estructura de las viviendas hacia las urbanas.

Las variantes de construcción están marcadas por las tradiciones de cada lugar, los materiales accesibles y la formación técnica de los obreros de cada región, utilizándose generalmente, el adobe, el ladrillo y la piedra.

En el sur y en el Levante aparecieron las cubiertas planas a base de *"rollizo de madera entablado superior y torta de barro llamada launa que, siendo muchas veces enriquecida con cal hace que esos climas de baja pluviosidad suponga una solución económica como eficiente".* [cxvi] Resalta Rabasco que no fueron tan importantes los requerimientos de los aspectos técnicos hasta que se exigió una reducción detallada de 33 apartados referentes a todos los elementos constructivos de la edificación.

No obstante, y como acertadamente vuelve a deducir Rabasco, los escasos – casi nulos – atractivos socioculturales que posibilitaban estos pequeños núcleos, con una comunicación eficiente, sin enraizamiento cultural o familiar, fueron la lanzadera del éxodo rural, por no ser un motivo suficiente para que los hijos de los colonos permaneciesen en los poblados.

En 1975, se redacta un informe acerca del abandono sobre las casas, con carácter no concluyente, desde el Instituto Nacional de Reforma y Desarrollo Agrario, por parte de José Antonio Gómez-Luengo como arquitecto, y los arquitectos técnicos Felipe de la Fuente y Francisco Meseguer Boldú, que establecía lo siguiente: *"De las viviendas de estos pueblos algunas que estaban prevista para colonos no han sido habitadas porque al parcelar las fincas han resultado menos parcelas que las previstas y otras estaban dedicadas a obreros y tampoco han sido habitadas".* [cxvii]

Ese mismo año se decidió enajenar las viviendas que se encontraban deshabitadas en los pueblos de la zona del Bembézar, por lo que se ha dado de proceder a su arreglo y adecento para sacarlas a la venta.

Aquí el total de pueblos fundados:

- Albacete: Mingogil, Nava Campaña, Cañada de Agra, Aguas Nuevas.

- Alicante: San Isidro de Albatera, El Realengo, El Parador de la Asunción, Camponuevo del Caudillo, Las Noias, Campohemoso, Las Mainas, Puebloblanco, Atochaes, San Isidro de Níjar, San Francisco, Puebla de Vícar, San Agustín de Dalías, El Solanillo.
- Badajoz: Valdelacalzada, Guadiana del Caudillo, Pueblonuevo del Guadiana, Barbaño, Gévora del Caudillo, Novelda del Guadiana, Sagrajas, La Bazana, San Francisco de Olivenza, San Rafael de Olivenza, Balboa, Guadajira, Villafranco del Guadiana, Entrerríos, Alcazaba, Gargáligas, Ruecas, Valdivia, Valdebótoa, Los Guadalperales, El Torviscal, Vegas altas, Zurbarán, Brovales, Docenario, Puebla de Alcollarín, Obando, Lácara, Alvarado, Plazuelo, Hernán Cortés, Valdehornillos, Vivares, Conquista del Guadiana, Torrefresneda, Yelbes, Aldea del Conde, barrios en Montijo y Lobón, Valuengo.
- Burgos: La Vid, Guma, Valdeíñigos.
- Cáceres: Valdeíñigos, La Moheda, Vegaviana, Valdesalor, Rincón de Ballesteros, Rosalejo, Rincón del Obispo, Barquilla de Pinares, Pueblonuevo de Miramontes, Santa María de las Lomas, Tiétar del Caudillo, Alagón del Río, El Batán, Puebla de Argeme, Pizarro, Casar de Miajadas, Valdencín, Alonso de Ojeda, Pajares de la Rivera, Pradochano, San Gil, Valrío, Valderrosas, viviendas de Torrejoncillo.
- Cádiz: El Torno, Torrecera, Tahivilla, viviendas de La Ina, Coto de Bornos, Nueva Jarilla, Estella del Marqués, Guadalcacín del Caudillo, La Barca de la Florida, José Antonio, San Isidro del Guadalete, viviendas de La Greduela, La Pedrosa, Castillo de Doña Blanca, Castellar de la Frontera, viviendas de Torre Melgarejo, ampliación de Rota.
- Ciudad Real: Llanos del Caudillo, Pueblonuevo del Bullaque, Santa Quiteria, Bazán, Villalba de Calatrava, Cinco Casas, Los Mirones, Consolación (originalmente, Villanueva de Franco), Umbría de Fresnedas.
- Córdoba: Encinarejo, Algallarín, Calonge, San Antonio del Carpio, Santa Cruz, Bembézar del Caudillo, Céspedes, Mesas de Guadalora, Rivero de Posadas, Cordobilla, La Montiela, Puebla de la Parrilla, Maruanas.
- Cuenca: Ampliación de Paredes de Melo.

- Granada: Ampliación de Láchar, Fuensanta, Loreto, Peñuelas, Romilla la Nueva, El Chaparral, Buenavista, viviendas diseminadas de Cortijo Nuevo, Cotílfar, ampliación de Calahonda, El Puntalón, ampliación de Carchuna, Cañatabla.
- Huesca: El Temple, Artasona del Llano, Frula, Montesusín, San Jorge, Valsalada, La Cartuja de Monegros, Corbaz, San Juan del Flumen, San Lorenzo del Flumen, Sodeto, Cantalobos, Valfonda de Santa Ana, Vencillón, Orillena.
- Jaén: Los Villares, San Julián, La Ropera, La Quintería, Campillo del Río, Guadalén del Caudillo, Guadalimar del Caudillo, Donadio, Agrupación de Mogón, Agrupación de Santo Tomé, San Miguel, Solana de Torralba, Valdecazorla, Veracruz, Puente del Obispo, Sotogordo, Vados de Torralba, Arroturas, Vegas de Triana, Espeluy, Miraelrío, Llanos del Sotillo.
- León: Posada del Bierzo, Bárcena del Bierzo (originalmente, Bárcena del Caudillo), Fuentes Nuevas.
- Lérida: Gimenells, Suchs, Pla de la Font.
- Lugo: Viviendas diseminadas de Espiñeira, viviendas diseminadas de Ameiro, viviendas diseminadas de Veiga do Pumar, viviendas diseminadas de Matodoso.
- Madrid: Cortijo de San Isidro, Belvis del Jarama.
- Málaga: Cerralba, Villafranco del Guadalhorce, Zalea, Cártama, Sana Rosalía, Llanos de Antequera, Aljaima, Navahermosa.
- Murcia: La Estacada.
- Navarra: Figarol, Rada, El Boyeral, Gabareral, San Isidro del Pina.
- Palencia: Cascón de la Nava, ampliación de Villoldo, ampliación de Gijota, ampliación de Frómista.
- Pontevedra: Ons.
- Salamanca: Águeda, Arrabal de San Sebastián, Ivanrey, Sanjuanejo, Conejera, Santa Inés, Fresno Alhándiga, Castillejo, Torrejón de Alba, Carrascalejo de Huebra, Cilloruelo, Amatos, Francos, Naharros, Santa Teresa.

- Sevilla: Guadalema de los Quintero, El Palmar de Troya, Esquivel, Torre de la Reina, El Viar, San Ignacio del Viar, El Trobal, Vegas de Almenara, Los Chapatales, Pinzón, El Priorato, La Vereda, Maribáñez, Trajano, Vetaherrado, Setefilla, Adriano, Marismillas, Sacramento, viviendas diseminadas de Burguillos, El Cuervo (también en Cádiz).
- Tarragona: Poblenou del Delta (originalmente, Villafranco del Delta).
- Teruel: Valmuel, Puigmoreno.
- Toledo: Bernúy, San Antonio, La Rinconada, Alberche del Caudillo, Talavera la Nueva, Calera y Chozas, Las Vegas, El Bercial, viviendas diseminadas de Corralejo, viviendas diseminadas de Canturias.
- Valencia: San Antonio de Benagéber, San Isidro de Benagéber, Loriguilla, Marines, Masía del Carril, Cortichelles, Tous.
- Valladolid: Foncastín de Oliegos, San Rafael de la Santa Espina, San Bernardo.
- Zaragoza: Ontinar de Saiz, Sobradiel, Bardena del Caudillo, El Sabinar, Santa Anastasia, Pullatos, El Bayo, Pinsoro, Sancho Abarca, Valareña, ampliación de La Joyosa, Campo Real, Alera y Santa Engracia.

La provincia pacense fue la principal protagonista de la política agraria del franquismo, no únicamente por ser la provincia en que más localidades se fundaron, sino también por el conocido como "Plan Badajoz", a fin de que el Río Zújar, caudal del Río Guadiana, pudiese ega estas poblaciones. Este plan, aprobado merced a la Ley de 7 de abril de 1952, y con nombre de *"Plan de obras, colonización, industrialización y electrificación de la provincia de Badajoz"*[132], se dedicó a dotar de un sistema mejorado de electrificación, riego, proceso de fabricación, transformación y de comercialización de los productos agrarios en la provincia de Badajoz.

Destaca la construcción del embalse de Benagéber en la comarca de la serranía valenciana, proyectada el 6 de abril de 1932 e inagurado el 28 de mayo de 1952, que provocó que habitantes de la localidad homónima – que había superado ampliamente los 4.000 habitantes – se desplazasen bien a Sinarcas o Utiel o que, expectantes, decidieran esperar a lo que precisasen las autoridades. Finalmente, el Instituto

---

[132] *BOE-A-1952-4014*. (n.d.). https://www.boe.es/buscar/doc.php?id=BOE-A-1952-4014

Nacional de Colonización entró de lleno y fundó en Paterna, la pedanía de San Antonio de Benagéber, y en Montcada, la barriada de San Isidro de Benagéber. Tras conformarse la primera localidad, el 5 de agosto de 1957 como Entidad Local Menor, también lo hicieron las juntas vecinales de esta localidad el 3 de noviembre de 1957, siendo su acuerdo más importante, el del 29 de diciembre de 1988, donde se solicitó la independencia como municipio independiente de San Antonio de Benagéber, algo que se consiguió casi diez años después, merced al Decreto 147/1997, del 8 de abril, del Gobierno Valenciano.[133]

Concluye Vives que fueron las destruciones causadas por la guerra, sumado a la falta de elementos de tracción tanto animales como mecánicos y la escasez de fertilizantes, fueron las que alteraron los precios agrícolas, ante el incremento de la demanda, generando un bache en las posibilidades de abastecimiento. El parque nacional de tractores fue practicamente arrasado durante el conflicto, el deficit del ganado mular se estimaba en 70.000 cabezas en 1945, descendieron las importaciones de fosfatos naturales en un 40% de 1935 a 1950 y las de abonos nitrogenados en un 62%.

El Consejo de Economía cifró en un 22% la productividad agraria en 1950 (78% en 1929-1931), evaluando la Organización Económica de Cooperación Europea en un 10% inferior a la media de 1931-1935 en cuanto alimentos por habitante, causado bien por las condiciones fisicas y climatologicas donde destaca la epoca de largas sequias de 1943 a 1951, las consecuencias que supusieron los sucesivos repartos de propiedades agrarias, así como los defectos esenciales de la articulacion economica de la agricultura, que se manfiestaba en que había zonas donde la política hidraulica era prácticamente inexistente, dándose predomino al cultivo cerealistico de secano.[134]

En la tabla que aquí se adjunta, extraída del Manual de Historia Económica de España de Jaume Vicens Vives, se ve la variación debida a la política de precios y de las inversiones, como consecuencia del excesivo intervencionismo en la fijación de la venta de los productos agricolas, pues a sus gravosas tasas, los pequeñso propietarios prefierion dedicar su campos a cultivos menos útiles. Por tanto, mientras en 1920-1935,

[133] DECRETO 147/1997, de 8 de abril, del Gobierno Valenciano, por el que se segrega parte del término municipal de Paterna para constituir un municipio independiente, con la denominación de San Antonio de Benagéber. [6977]. (n.d.). https://app.vlex.com/#vid/312138222
[134] Vicens Vives, J. V.; Nadal Oller, J. N. (1967). Manual de Historia Económica de España. En Editorial Vicens-Vives eBooks. http://ci.nii.ac.jp/ncid/BA38028505

los precios agricolas e industriales fueron aparejados, desde 1943, se disparó a favor de los precios industriales, significando este desequilibrio en el menor rendimiento de las actividades agrícolas a las industriales, manteniendo por tanto el subdesarrollo. Vicens Vives insiste en que una gran escasez de inversión privada en la agricultura, lo que contribuyo a mantener su estancamiento, pues los ingresos netos agrícolas fechados en 1954 fueron del orden de 60.000 millones de pesetas por 5 millones de personas empleadas, en comparación a las 200.000 millones de psetas que poseian 6 millones de personas.

Años	Precios agrícolas	Precios industriales
1936	102,8	100,7
1943	259,5	268,0
1947	479,1	401,2
1952	707,1	836,1
1955	786,7	961,3

Tabla 15. Índice de precios agrícolas e industriales de 1936 a 1955.

En el sector público, por otra parte, la cosa no varió en demasía, pues la O.E.C.E. afirmó que este periodo, las inversiones agrícolas el sector público fueron únicamente del 15% sobre el total. Hay que distinguir dos fases las de 1942 a 1951 con inversiones mínimas, y la de 1951 a 1959 en las que se manifiesta un reseñable aumento.

Años	Sector público	Sector privado	Total
1942	222	157	379
1946	493	239	732
1951	889	832	1.721
1952	1.593	2.160	3.753
1955	3.500	3.041	6.541

Tabla 16. Inversiones en el sector público y privado.

Al ya mencionado Plan Badajoz, que interesó 140.000 hectáreas, hay que sumarles los proyectos dedicados a las Bárdenas Reales y los Monegros, principales zonas esteparias de Aragón. De 1939 a 1956 se incorporaron 235.000 ha a las 1.48.000 ya existentes en 1933, suponiendo un promedio anual de 14.600 ha, cifra bastante inferior a la que se previó en el Plan Pardo de 1933.

	Media		Media	
	1931 - 1935	1945	1951-1955	1958
Trigo	3.852	2.260	4.031	4.400
Arroz	269	210	368	380
Maíz	666	530	665	750
Patata	3.890	2.643	4.019	4.300
Remolacha	2.150	958	2.615	2.850
Algodón	4	5,6	63	45
Vino	18.820	13.900	18	18.000
Aceitunas	1.824	1.320	1.809	1.620
Naranja	1.045	1.059	1.178	1.323

Tabla 17. Producción media de 1931 a 1958 de cultivos.

Por tanto, puede concluirse que la agricultura sufrió una violenta contracción hasta 1950, recuperándose lentamente, a partir de esta década, en la que ya se abandonó la autarquía. Quién sí resistió y no sufrió excesivos vaivenes fue el naranjal, beneficiado por las condiciones óptimas de su explotación, así como el cultivo del algodón, que fue especialmente fomentado con el pago de fuertes primas.

En cuanto a producción de carne para consumidor final y lanas para industria textil, las cifras que nos muestra Vicens Vives, son tal que así, en 1953, perdiendo el ganado vacuno 1.031.000 cabezas respecto a 1936 (3.183.000), el lanar 100.000 (17.320.000), el de cerda perdió 950.000 (3.743.000), el mular y el asnal, 300.000 cada una (1.155.000 y 798.000 respectivamente).

A la escasez de pan, ya sea de trigo o de maíz, así como de otros productos alimenticios, genera la aparición de un doble mercado: uno oficial, escaso, burocratizado y vigilado a través de las cartillas de racionamiento; y el mercado negro, donde no únicamente se mercadea con los productos escasos, sino con las mismas cartillas de racionamiento, generando además ganancias desorbitadas. Destacó en el mercado de estraperlo, el pan blanco (pan de harina de trigo), vendido en pequeñas localidades bajo secreto admitido y tolerado, muy pocas veces escarmentado.

Señala José Sánchez Jiménez, que la economía agraria española volvió a experimentar una economía de "truque" como consecuencia de una situación económica nefasta y una coyuntura imprevista, buscándose a través de la patata, del boniato o de la fruta, sustitutivos para el pan. Se intercambiaron telas, azúcar, café, por huevos, gallinas o pan. Precisamente, el mismo café se sustituyó por la achicoria, que tenía el mismo sabor y las mismas propiedades.

Aunque todo aquello fuese "perseguido" en la teoría, en la práctica, se era muy consciente de que esa era la realidad nacional, hallándonos con los famosos "salvoconductos" firmados por la comandancia de puesto de la Guardia Civil donde se tenían los domicilios de esos improvisados vendedores ambulantes.

Esta situación, también generó desbarajustes en otros productos alimenticios con gran aporte proteico, como ya se ha visto con anterioridad con las carnes, pues la política agraria española únicamente se encamino en la producción y suministro de alimentos para un país que sólo miraba por el pan y descuidó a una alimentación completa consistente en leche, huevos y azúcar.

En mayo de 1952, desapareció para los productos alimenticios el racionamiento, y hasta 1956, se prosiguió la política de autoabastecimiento. Con la conformación del Mercado Común en 1957 y la entrada de los tecnócratas en los ministerios, la política económica española se fija en Europa, atendiendo a la estabilización y al desarrollo, buscando el estímulo de empresarios innovadores para la economía agrícola, que atendiesen a un estilo de comercialización novedoso, para darle un nuevo enfoque de las industrias agrarias en situación internacionalmente competitiva en costes y en precios.[cxviii]

Las incipientes inversiones estadounidenses en España, merced a los tres *agreements* – acuerdos ejecutivos – que se firmaron el 23 de septiembre de 1953 en el Palacio del Pardo, bajo la condición de la instalación de cuatro bases militares estadounidenses en territorio español, así como el concordato con la Iglesia Católica firmado el 27 de agosto de 1953, hizo que España se integrase definitivamente en el bloque occidental. Merced a este período de aperturismo económico, hubo una mayor accesibilidad de maquinaria agrícola, así como un éxodo rural masivo, por el "deseo de vivir en la ciudad", lo que facilitó la transformación de la sociedad agraria española, en un período que, tiene sus fases iniciales, a partir de 1860, pero que, a partir de esta década de 1950, sería una auténtica emigración endógena hacia las grandes ciudades españolas. Establecido ya el ligamento entre la inmigración rural y la transformación agrícola, con todas sus consecuencias económicas, hay que entender – como bien nos dice el maestro Vicens Vives - el profundo proceso reestructurador de la economía.

La estrategia de desarrollo económico del régimen de Franco, conocida como desarrollismo, a partir de 1953, enfatizó la industrialización y la urbanización, acrecentando el abandono del modo tradicional de la vida en el campo.[135]

En este mismo estudio, Ernesto Clar y María Isabel Ayuda, mencionan que la despoblación rural fue un proceso largo y gradual en varias provincias, mientras que el exceso de población agrícola fue drásticamente reducida en otras, lo cual generó disparidades geográficas, no suficientemente cuantificadas para explicar lo que fue la inmigración del campo como un todo, determinados por los atractivos económicos, sociales y culturales, que fueron tanto la ciudad, como los sectores industriales y de servicios. Como la emigración rural implicó particularmente áreas que habían sido predominantemente agrícolas durante los años 60, los grados variantes de moderación agrícola al comienzo del periodo, acompasando los años 1960 y 1970, pudieron ser un factor de influencia detrás de las diferencias entre provincias, en relación con el éxodo rural español.

A imagen y semejanza de Francia e Italia (8.6 millones en 1950 a 3.8 millones en 1972), en las dos décadas siguientes a la Segunda Guerra Mundial, España perdió la mayoría de su población rural, y en ambos tres países, este declive demográfico, fue superior a cualquier periodo previo o posterior, después de que los tres países alcanzasen su pico de población rural, como consecuencia de la transición de las economías rurales, donde la actividad agrícola era todavía predominante. En Europa, 66.2 millones de personas se dedicaban a la agricultura en 1950, reduciéndose a 40.8 millones en 1970. En el caso español, la población agrícola se redujo fuertemente desde un 50% de la población total activa en 1950 al 25% en 1970, cayendo de 4.9 millones en 190 a 3.5 millones en 1972, habiendo solamente 2.5 millones en 1982, ya en democracia.

---

[135] Clar, E.; Ayuda, M. (2023). Rural Migration and Agricultural modernization. An analysis of Provincial Spain during its Great Rural Exodus, 1960–1981. *Historia Agraria.* https://doi.org/10.26882/histagrar.090e07c

Es importante contemplar la distinción que hacen Clar y Ayuda en su estudio, entre emigración (finales del siglo XIX) y éxodo (principios del siglo XX), similares en que parten de la difícil situación en el campo, pero diferentes, en tanto que en la primera es, generalmente, emigración hacia otros países, y en la segunda, es, la transformación económica anteriormente mencionada y el atractivo que posee la ciudad, aunque sea un atractivo débil.

Asimismo, Clar y Ayuda, concluyen que durante los primeros treinta años del siglo XX, varios factores rurales como la estructura de propiedad de la tierra y la baja productividad agrícola, forzaron a la emigración. Los patrones de migración rural en España son los mismos de un país no industrializado donde la emigración era una respuesta a la diversificación de ingresos y la tierra puesta en cultivo, así como al desequilibrio entre población y recursos.

Fue, precisamente, el año 1950 el que marcó la ruptura entre agricultura y economía rural, con estructuras productivas tradicionales resultando insuficientes, para paliar la despoblación del campo español. Las principales razones para explicar la emigración son la problemática de las explotaciones agrícolas, de la superficie cultivada y de la polémica aglutinación de la propiedad de tierra en el sur de España, así como también la incorporación de maquinaria que ahorra trabajo, siendo la más mencionada.

Como Clar y Ayuda resaltan, la incorporación de tractores, cosechadoras y vendimiadoras parecía un gran factor atractivo para muchos agricultores que se ganaban la vida en trabajos estacionales.

No obstante, en zonas donde no existió una pronta modernización agrícola generó un proceso migratorio masivo, así como la privación relativa de los agricultores, comparada a lo de los otros sectores, que acabó extendiéndose a todo el sector económico rural, manifestándose en millares de municipios rurales. Existió un creciente ·deseo de vivir en la ciudad· para todos aquellos que eran encuestados, siguiéndose por un deseo de mejora económica y falta de dureza en el trabajo, influyendo también diferentes factores agrícolas como la mecanización o la falta de recursos para la producción, teniendo una ponderación de únicamente un 14% en la lista de causas.

El Servicio de Extensión Agraria, creado en 1955, a imagen y semejanza del programa americano de extensión agrícola, buscaba el aumento de la productividad a través de grandes inversiones de capital en granjas, sumado a las diferentes medidas para la propiedad de la tierra y la promoción de la irrigación en áreas específicas, clasificadas en la política de consolidación de la tierra comenzada en 1952 y la primera remesa de tractores. Rafael Cavestany, Ministro de Agricultura en 1955, mencionó en la Revista de Estudios Agrosociales, *"menos agricultores y mejor agricultura"*.[136]

Es en la década de 1960 cuando el éxodo rural alcanzó su pico, junto al declive de la población activa en la agricultura, perdiéndose un total de 1.7 millones de trabajos agrícolas. Este período de abandono rural decayó en los años 1970, pero el desmantelamiento de las sociedades tradicionales y agrícolas continuo. Esta pérdida de significancia del trabajo agrícola fue experimentada en el sector agrícola español en términos del producto Nacional Bruto y empleo desde 1960, decreciéndose en un 10,3% a finales de la década de 1980, contribuyendo sin duda a la supremacía de los factores de atracción y la influencia insignificante del papel desempeñado por la agricultura en las explicaciones historiográficas.

La percepción de unos salarios mejores y fijos en la industria hizo que, aunque la agricultura aumentase su producción, no aminorase el éxodo rural, teniendo consecuencias hasta bien entrada la década de los años 1990.

Señalan Clar y Ayuda en su estudio, que las expectativas del régimen franquista eran la de un éxodo rural que, efectivamente, existía, pero desde mediados de 1950, desbordó todas sus previsiones; aunque, por otra parte, la eficiencia en el sector agrícola fue clave para proveer comida barata al crecimiento de población urbana, por lo que, la agricultura era todavía necesaria.

Nos encontramos a finales de la década de los 1960, ya en la época del conocido como "desarrollismo" y con un aumento de los salarios, ante el aumento poblacional de las ciudades, surgiendo nuevas exigencias alimentarias, por lo que, en palabras de Clar y Ayuda, el desmantelamiento de la agricultura supuso un grave problema económico.

Las zonas donde la agricultura disfrutó un mayor crecimiento fueron más intensamente afectadas por la emigración, un aspecto coherente con el desigual mapa rural, donde zonas perdieron agricultores durante mucho tiempo, mientras otras mantuvieron un gran número de agricultores en un emplazamiento agrario bastante tradicional. La relativa privación de propiedad pudo haber afectado al sector agrícola español durante

---

[136] Cavestany De Anduaga, R. C. (1955). *Menos agricultores y mejor agricultura*. Dialnet. https://dialnet.unirioja.es/servlet/articulo?codigo=2211276

los años 1950 y 1960, siendo más intenso en aquellas zonas – prácticamente toda Andalucía y Extremadura – donde la propiedad de la tierra supuso una importante problemática social.[cxix]

Según datos de los censos de población para cada provincia, recogidos por el Instituto Española Nacional de Estadística, en los años 1960, 39 de las 50 provincias tenían ratios migratorias negativos, mientras que en 1970 fueron 31 de las 50 provincias.

Extraen Clar y Ayuda como conclusiones, que las provincias que perdieron población rural eran predominantemente agrícolas. En las provincias con migración, el 52.7% de promedio estaba ocupado en la agricultura en 1960, y un 47.3% en 1970.

Las regiones más afectadas por la migración fueron las tradicionalmente agrícolas como las dos Castillas, Extremadura y Andalucía, mientras que Madrid, Barcelona y las tres provincias vascas fueron las provincias con balances positivos de migración por su alta industrialización, así como las provincias levantinas (Valencia, Castellón y Alicante) por el incremento del turismo.

Las variables que pueden explicar este saldo migratorio, las enumeran Clar y Ayuda, en los cambios en la superficie cultivada como resultado de nuevos desarrollos técnicos y de economías de escala (1), reducción de la naturaleza fragmentaria de las granjas como un complemento al crecimiento estimado en el tamaño de empresas agrícolas (2), incorporación significativa de fertilizantes y pesticida que generaron rendimientos altamente mejorados, junto a los avances biológicos resultantes de la evolución Verde, datándose un incremento de valor añadido por el rendimiento de área terrestre agrícola que en España se incrementó a mediados de los primeros años 1960 y los primeros años 1980 (3), fuerte incremento de la inversión de capital por granja entre principios de 1960 y principios de 1980, particularmente para la introducción de maquinaria agrícola, mejorando la productividad del trabajo (4), la intensa expansión de los sistemas de irrigación, asociados a la construcción a gran escala de presas, incrementándose de 2.034 millones de hectáreas en 1962 a 2.681 millones en 1982 (5), reorientación de la agricultura sobe los bienes con una elasticidad de la demanda, como los productos provenientes de la ganadería y las frutas y vegetales frescos, coexistiendo con la retirada de una agricultura cerealística (6) y la reducción en el número de trabajadores agrícolas en el campo español, que pasó de 1.614.000 a 760.4000 entre 1960 y 1980, debido al hecho de que muchos de los propietarios optaron a la explotación directa de sus tierras, sumándose el fenómeno creciente de la agricultura a tiempo parcial con el decrecimiento de la demanda de trabajo para llevar a cabo tareas agrícolas debido a la mecanización (7).

El crecimiento provincial estimado de la tierra cultivable, presente en los censos agrícolas de 1962 y 1972, tuvo la influencia de nuevos desarrollos agrícolas que requirieron una inversión creciente, especialmente en maquinaría, que requirió a su vez más terreno cultivable de un tamaño más grande, creciendo la superficie bajo cultivo entre 1965 y 1975.

4.—Censo Agrario de España de 1962

4.1.—Número y superficie de las explotaciones

PROVINCIA	EXPLOTACIONES		SUPERFICIE		Superficie media por explotación (1)
	Número	Porcentaje	Ha.	Porcentaje	
Total	3.007.636	100	44.650.089	100	15,6
Alava	14.064	0,5	294.931	0,7	21,2
Albacete	46.165	1,5	1.240.157	2,8	26,5
Alicante	66.121	2,2	529.285	1,2	9,2
Almería	48.657	1,6	812.564	1,8	17,9
Avila	48.484	1,6	736.307	1,6	16,7
Badajoz	103.473	3,3	2.005.215	4,5	22,7
Baleares	41.856	1,4	463.558	1,0	11,4
Barcelona	62.197	2,1	623.688	1,4	10,3
Burgos	62.536	2,1	1.246.716	2,8	20,9
Cáceres	79.709	2,7	1.817.021	4,1	25,7
Cádiz	21.706	0,7	678.527	1,5	31,0
Castellón	65.160	2,2	547.073	1,3	8,5
Ciudad Real	60.669	2,0	1.778.814	4,0	32,1
Córdoba	54.969	1,8	1.233.956	2,8	24,9
Coruña (La)	131.473	4,4	579.438	1,3	4,4
Cuenca	60.122	2,0	1.550.477	3,5	27,1
Gerona	43.067	1,4	507.539	1,1	11,9
Granada	89.091	3,0	1.139.089	2,6	13,8
Guadalajara	36.012	1,2	1.110.739	2,5	33,9
Guipúzcoa	18.871	1,0	169.184	0,4	9,0
Huelva	34.235	1,1	902.481	2,0	28,0
Huesca	38.481	1,3	1.464.665	3,3	38,9
Jaén	92.992	3,1	1.324.665	2,7	14,2
León	93.617	3,1	1.400.915	3,1	15,2
Lérida	45.972	1,5	1.052.484	2,3	23,4
Logroño	36.032	1,2	435.316	1,0	12,1
Lugo	92.941	3,1	834.049	1,9	9,0
Madrid	30.498	1,0	711.652	1,6	26,7
Málaga	51.006	1,7	643.499	1,4	13,2
Murcia	82.330	2,7	869.331	1,9	11,8
Navarra	59.372	2,0	980.003	2,2	16,9
Orense	95.792	3,3	661.296	1,5	6,9
Oviedo	118.191	3,9	838.356	1,9	7,1
Palencia	31.894	1,1	714.989	1,6	24,9
Palmas (Las)	43.401	1,4	355.450	0,8	9,8
Pontevedra	113.490	3,8	349.569	0,8	3,1
Salamanca	57.709	1,9	1.158.491	2,6	21,7
Santa Cruz de Tenerife	50.529	1,7	214.341	0,5	4,4
Santander	53.823	1,8	490.300	1,1	9,2
Segovia	32.185	1,1	636.131	1,4	21,5
Sevilla	42.769	1,4	1.251.674	2,8	33,3
Soria	34.607	1,2	946.523	2,1	29,3
Tarragona	55.508	1,9	507.379	1,1	9,4
Teruel	51.794	1,7	1.381.437	3,1	27,8
Toledo	72.988	2,4	1.313.894	2,9	20,1
Valencia	141.978	4,7	919.507	2,1	6,7
Valladolid	34.039	1,1	705.031	1,6	23,7
Vizcaya	32.941	1,1	190.809	0,4	5,8
Zamora	58.541	3,0	950.016	2,1	17,2
Zaragoza	76.020	2,5	1.511.468	3,4	20,8
Ceuta y Melilla	547	..	890	..	4,0

(1) Para este cálculo se han tenido en cuenta sólo explotaciones con tierras.

Tabla 18. Censo agrario. Número y superficie de las explotaciones. [137]

[137] INE - Instituto Nacional de Estadística. (n.d.). *Instituto Nacional de Estadística. (Spanish Statistical Institute).* INE - Instituto Nacional De Estadística.
https://www.ine.es/inebaseweb/search.do?monoSearchString=comparativos

4.2.—Resumen general de la distribución de la superficie

PROVINCIA	TODAS LAS TIERRAS		TIERRAS LABRADAS (2)		TIERRAS NO LABRADAS (2)	
	Número de explotaciones (1)	Superficie Ha.	Número de explotaciones	Superficie Ha.	Número de explotaciones	Superficie Ha.
Total	2.856.678	44.650.089	2.747.235	19.441.630	1.460.334	25.208.459
Álava	13.885	294.931	12.530	88.171	9.761	206.760
Albacete	43.490	1.340.157	42.563	712.366	12.340	527.891
Alicante	64.622	529.285	63.043	261.118	18.202	268.167
Almería	45.244	813.564	43.526	242.068	24.158	570.496
Ávila	44.018	734.307	42.144	309.673	28.914	426.634
Badajoz	88.444	2.005.215	87.022	1.086.644	15.697	918.571
Baleares	40.676	463.558	39.973	246.699	19.127	216.859
Barcelona	60.760	633.688	56.687	190.802	18.976	432.886
Burgos	59.550	1.346.716	56.435	613.746	40.613	633.970
Cáceres	70.688	1.817.021	68.978	773.820	29.530	1.043.201
Cádiz	19.963	678.527	19.441	318.108	7.824	360.419
Castellón	64.544	547.073	62.970	199.859	29.399	347.214
Ciudad Real	55.419	1.778.814	54.764	983.682	12.702	795.132
Córdoba	49.523	1.233.956	48.735	752.873	9.978	481.083
Coruña (La)	131.007	579.438	126.733	129.413	110.364	450.025
Cuenca	57.234	1.550.477	53.672	777.809	31.933	772.668
Gerona	42.636	507.539	38.276	125.861	21.775	381.678
Granada	62.639	1.139.089	61.474	547.605	20.152	591.484
Guadalajara	32.787	1.110.739	50.874	392.854	22.395	717.885
Guipúzcoa	18.713	169.184	16.857	15.169	12.579	154.015
Huelva	32.186	902.481	31.176	232.870	11.380	669.611
Huesca	37.686	1.464.665	36.007	447.497	20.991	1.017.168
Jaén	86.462	3.224.665	85.929	653.392	10.470	571.273
León	93.153	1.430.915	88.962	410.256	71.648	990.659
Lérida	44.948	1.052.484	43.889	364.094	21.963	688.390
Logroño	35.198	425.314	34.565	169.159	10.579	256.157
Lugo	93.805	834.049	91.142	163.192	86.746	670.857
Madrid	36.628	711.652	34.490	333.120	10.704	378.532
Málaga	48.546	642.499	47.464	343.269	12.730	299.230
Murcia	73.390	869.331	72.864	443.179	18.116	426.152
Navarra	58.109	980.003	56.239	352.213	20.407	627.790
Orense	95.527	661.296	93.572	113.562	89.748	547.734
Oviedo	117.109	838.356	106.619	52.007	96.043	776.349
Palencia	28.466	714.989	27.644	416.271	15.470	298.718
Palmas (Las)	36.355	355.650	35.304	83.803	19.260	271.847
Pontevedra	113.201	349.569	109.327	70.610	94.122	278.959
Salamanca	53.438	1.158.491	51.707	636.574	36.169	521.917
Santa Cruz de Tenerife	48.367	314.341	46.764	60.455	27.644	153.886
Santander	53.130	490.300	46.196	20.355	45.428	469.945
Segovia	29.161	626.131	26.719	299.347	19.724	326.784
Sevilla	37.579	1.251.674	37.051	768.675	8.686	482.959
Soria	33.329	946.523	25.346	299.855	27.012	646.668
Tarragona	54.290	507.379	53.729	283.856	23.534	223.523
Teruel	49.689	1.381.437	45.340	430.471	32.828	950.966
Toledo	45.357	1.313.894	44.793	980.633	14.132	333.261
Valencia	137.894	919.507	136.722	392.898	19.992	526.609
Valladolid	29.750	705.031	28.547	566.316	12.593	138.715
Vizcaya	22.771	190.809	28.467	13.390	24.398	167.419
Zamora	55.134	950.014	53.778	528.377	34.607	421.639
Zaragoza	72.583	1.511.468	70.795	733.131	22.349	778.347
Ceuta y Melilla	220	890	201	673	146	217

(1) Los números de esta primera columna son suma de los que figuran en las columnas tercera y quinta.—(2) No se incluyen las labradas con propósitos forestales.—(3) Se incluyen las labradas con propósitos forestales.

Tabla 19. Censo agrario. Conclusión general de la distribución de la superficie. [138]

La motorización, de la que ya hemos hablado, nos muestra una potencia de caballos por cada mil/cien hectáreas de tierra cultivada. Desde 1955 a 1979, los tractores españoles experimentaron un gran crecimiento en la potencia de caballos, lo que redundó en una mayor productividad asociada con esta motorización agrícola, significando también menos requerimientos de fuerza de trabajado. Por tanto, ya que la modernización técnica de los cultivos fue grande para los productos como aquellos predominantes en España – como el cultivo de grano -, mayores grados de motorización implicaron que menos labor era requerida.

---

[138] INE - Instituto Nacional de Estadística. (n.d.), Ídem

Como bien destacan Clar y Ayuda, la extensión de la irrigación fue clave en el proceso de modernización agrícola, tanto para testar el efecto de los fertilizantes y mejorar las variedades de grano resultantes de la Revolución Verde, introduciendo cultivos destinados a la producción de alimento animal como el maíz y la alfalfa.

En cuanto a la agricultura cerealística, los cereales de invierno, particularmente el trigo, sufrieron severamente durante el cambio de la agricultura tradicional a la moderna. Primeramente, el cambio en los precios de los cereales durante la segunda mitad de los años sesenta, provocó el paso de los cereales alimentarios, muy especialmente el trigo, a los cereales forrajeros, como la cebada y el maíz; secundariamente, el remplazo del trabajo animal por la maquinaría en los años 60 indicó que los granos invernales como el trigo, especialmente en áreas agrícolas de secano, fueran las más afectadas por la mecanización en los 1960.

Tradicionalmente, la estabilidad del tradicional sistema de economía del campo castellano gravitaba en la estabilidad del mercado del trigo y del trabajo agrícola, pero aun siendo favorables, las posibilidades de progreso eran mínimas. Para Clar y Ayuda, de una política agraria nacional, diseñada para favorecer la autosuficiencia del país, dependía la estabilidad de mercado del trigo, y el mercado del trabajo agrícola, como ya hemos visto, dependía muy especialmente de la urgencia de mano de obra industrial en las ciudades, así como de la coyuntura económica.

La estructura social de las pequeñas poblaciones se veía, por tanto, también, abocada a sufrir esos cambios. Con el retroceso de las grandes explotaciones agrícolas en propiedad de un solo dueño, tomó fuerza el movimiento cooperativista, que, realmente, ya estaba en territorio español desde aproximadamente, mediados del siglo XIX, y cuya influencia, está en el *ethos* de las pequeñas localidades agrarias, muy especialmente de las castellanas. El sentimiento de pertenencia a un pueblo sumado a la defensa de la propiedad privada, que por otra parte, no era incompatible con el movimiento cooperativista.

Otra organización de gran importancia, nacida ya a en las postrimerías de la dictadura franquista, fue el Instituto Nacional de Reforma y Desarrollo Agrario (IRYDA), creado mediante la Ley 35.971/1971 de 1 de julio, y a través del Decreto 3220/1971, del 23 de diciembre, se aprueba su estructura orgánica, siendo su presidente, el Ministro de Agricultura, y encargándose de las funciones que le correspondan como Jefe del

Organismo, la representación de este para toda clase de actos y contratos, y la que se le atribuyese especialmente por parte de la legislación sobre reforma y desarrollo agrario (art. 7); dividiéndose en las siguientes Direcciones (art. 9): la de Administración ("preparación, confección y ejecución de los presupuestos del organismo"), de Equipos Mecánicos ("la dirección, gestión y administración del parque de maquinaria"), de Estructuras Agrarias ("servicios relacionados con la creación o reestructuración de explotaciones agrarias"), de Obras y Mejoras Territoriales ("todos los servicios relacionados con la creación o reestructuración de explotaciones agrarias"), de Obras y Mejoras Territoriales ("todos los servicios con relación a la proyección y ejecución de obras y mejoras a cargo del Organismo") y la de Asistencia Económico-Social (gestión y tramitación de todos los asuntos relacionados con concesión de auxilios técnicos y económicos adecuados para la capitalización de las Empresas agrarias); diferenciándose en dos gabinetes (art. 11) que serían el Técnico (relaciones públicas y realización de los estudios técnicos prospectivos y evaluativos) y el de Derecho agrario (estudio y recopilación del Derecho comparado), así como tres unidades que fueron el servicio de planificación ("análisis de los informes previos, así como la preparación y vigilancia de los planes y programas de actuación del Organismo, coordinado con el Ministerio"), el de proceso de datos ("tratamiento mecanizado de la información") y el servicio de revisión ("vigilancia del procedimiento administrativo en las actuaciones seguidas por las distintas direcciones del Organismo"), existiendo además – según el art. 13 – una Jefatura Provincial en cada provincia, a la que le corresponderá la gestión, en el ámbito provincial del que se ocupen, de las actuaciones que sean competencia del Organismo[139], todo ello bajo el Ministerio de Tomás Allende y García-Baxter, que además transformó el Servicio Nacional del Trigo en el Servicio Nacional de Productos Agrarios (SENPA)[140].

---

[139] *BOE-A-1971-924 Ley 35/1971, de 21 de julio, de creación del Instituto Nacional de Reforma y Desarrollo Agrario.* (n.d.). https://www.boe.es/diario_boe/txt.php?id=BOE-A-1971-924
[140] *Tomás Allende y García Baxter.* (n.d.). Real Academia De La Historia. https://dbe.rah.es/biografias/24956/tomas-allende-y-garcia-baxter

El papel de la agricultura en los primeros años de la democracia y tras la entrada en la CEE. Primera PAC.

Tras el fallecimiento de Francisco Franco, se abría un nuevo período en la historia de España, no sin antes una gran inestabilidad política en el marco de la conocida como transición española a la democracia, de la que tanto se ha escrito.

Este proceso que, para algunos historiadores, finaliza el 29 de octubre de 1982, con la victoria socialista con 202 escaños de 350, fue un proceso largo, que no solo se llevó por delante las estructuras del franquismo, sino que también se caracterizó, al menos en sus primeros años, por inestabilidad y premura.

Primeramente, nada más llegar al trono, Juan Carlos I, el 22 de noviembre de 1975, se mantuvo a Carlos Arias Navarro como Presidente del Gobierno, y tras su dimisión el 2 de julio de 1976, aunque se sopesó que Manuel Fraga y José María de Areilza, fuesen los presidentes del Gobierno, el rey Juan Carlos I, apostó decididamente por Adolfo Suárez, un joven que había estado toda su vida pública al lado de Falange, desde que Fernando Herrero Tejedor, se convirtió en su tutor político en 1955. Durante los últimos meses de 1976, se acometieron las reformas, que, gradualmente, acabaron llevando a la democratización del país.

Nos situamos ahora en 1977, año en el que se celebran las primeras elecciones democráticas (15 de junio), y al mes, el 26 de julio de 1977, el recién refrendado presidente, Adolfo Suárez, decide precipitadamente solicitar que España sea miembro de la Comunidad Económica Europea, habida cuenta que ya tenían el requisito de ser una democracia homologable, emplazándose el comienzo de las negociaciones de adhesión para el 29 de noviembre de 1978, pero se encontró con varias trabas, como el hecho de que la población comunitaria aumentaría a más de 300 millones de habitantes, lo que conllevaría una modificación sustancial de las instituciones políticas. En los años posteriores, gobernando todavía la UCD, Valéry Giscard d'Estaing, Presidente de la República Francesa, se opondría al ingreso de España, por disputas comerciales agrícolas. De él vino la orden de que, en los pasos fronterizos de España y Francia, se asaltasen a camioneros españoles que transportaban naranjas.

En el mismo año en que se celebraron las primeras elecciones democráticas, se aprobó la Ley 19/1977, del 1 de abril, sobre la regulación del derecho de asociación sindical, así como el Real Decreto-ley 24/1977, del 1 de abril, sobre libertad de expresión, siendo ambos muy importantes para entender la creación de los sindicatos agrícolas en los años sucesivos.

A inicios de la década de los años 70, en el marco de la transformación agrícola para amoldarse al nuevo sistema mercantilista, así como también por la paralización de la producción como consecuencia de la Crisis del Petróleo de 1973-1974, provocada por la decisión de la Organización de Países Árabes Explotadores de Petróleo, así como miembros del golfo pérsico de la OPEP, de no exportar petróleo a los países que hubieran apoyado a Israel en la Guerra del Yom Kipur, ataque sorpresa que Egipto y Siria efectuaron contra Israel, y que provocó una paralización de la productividad en Occidente, jóvenes agrónomos instruidos en el Centro de Jóvenes Agricultores de Francia, buscaron conformar una nueva élite agraria en España, partiendo del concepto de "agricultor-profesional",[141] no como un empresario que busca el lucro, sino como alguien que merece condiciones de vida y de trabajo dignas y adecuadas, para perseguir la eficiencia en su ejercicio, teniendo como mayor valor, no el capital acumulado por el negocio, sino la labor agrícola en sí misma, dignificada, que sería una actividad funcional para el conjunto de la economía, lográndose esta integración a través de un proceso de modernización agraria, donde los principales protagonistas fuesen los agricultores, que fuese promovido y financiado por el Estado, reconociendo que el desarrollo económico capitalista provoco la perdida de tradicional hegemonía como sector productivo a la agricultura, generando con ello una degradación de las condiciones de vida en el medio rural, convirtiendo la profesión de agricultor en una profesión socialmente marginal.

Como bien resalta Eduardo Moyano, la transición supuso, o bien un rupturismo con las instituciones del régimen franquista, o únicamente, reformas de estas, para adaptarlas al pluralismo representativo, y en el caso de las organizaciones agrícolas se siguió por este camino, en contraposición a otros sectores como el industrial o el agrario, donde las instituciones del sindicalismo vertical fueron prácticamente disueltas, sustituyéndose por centrales sindicales obreras y asociaciones empresariales. Sí que surgieron las Organizaciones Profesionales Agrarias.

---

[141] Moyano, E. (1984). Ideologías y sindicalismo agrario en la transición democrática. *Agricultura y Sociedad*, *31*, 60. https://helvia.uco.es/xmlui/handle/10396/5615

Por el Real Decreto 1336/1977 del 2 de junio de 1977, se crearon las nuevas Cámaras Agrarias, en base a las antiguas Hermandades de Labradores y Ganaderos, siendo los secretarios de estas, los responsables de los organismos reformados, modificando los sistemas de representación de los agricultores en los nuevos órganos colegiados de gobierno, sustituyendo los antiguos que se hacían a través de autoridades políticas por otros de tipo democrático basados en las celebraciones de elecciones libres, pero siguieron manteniendo la función de representación, acción reivindicativa y prestación de servicios burocrático-administrativos.

Similar a las organizaciones administrativas de la agricultura de los países occidentales con una economía de mercado, se daba una gran importancia a la existencia de instituciones burocratizadoras, a fin de plasmar una intervención del Estado en la agricultura, a la que puedan derivar a los agricultores, varios tipos de medidas protectoras y de supervisión dictadas por las autoridades en el marco de la política agraria.

Otra nota disonante con otros sectores productivos como la industria, es que amplios sectores de la población agraria se identificaron con las instituciones del sindicalismo vertical destinadas a la agricultura, por considerarlas como las principales promotoras de esta actividad, a través del proteccionismo estatal que desempeñaban, tratándolas como instituciones agrícolas, y que fueron el principal bastión frente a la creciente urbanización, en palabras de Moyano. Pero era este un concepto bastante ambiguo, habida cuenta que no todas las actividades rurales eran las agrarias, por lo que estaríamos hablando de un hiperónimo, ya que comprende también todas las actividades mercantiles desarrolladas en zonas rurales, tales como pequeños autónomos o maestros. Realmente, lo que se busca era la conservación de las distintas posiciones de los diversos grupos, *"particularidad"* que el corporativismo agrario respetaba, por eso, nunca se les buscó una disolución, sino simplemente una reforma, porque además no estaban vacíos de contenido, como sí el sindicato vertical aplicado a la industria. También en caso de disolverse las Hermandades, sería necesaria la creación de unas nuevas instituciones que siguieran cumpliendo las mismas funciones burocrático-administrativas, o disgregarlas entre distintas instituciones ya existentes, como era el caso de los ayuntamientos o los nuevos sindicatos agrícolas, carentes de estructuras organizativas que fuesen lo suficientemente sólidas, así como con tasas de afiliación todavía bajas, por lo que era imposible la asunción con eficacia de algunas de esas funciones que desempeñaban las Hermandades. En el caso de los ayuntamientos, la desconfianza de los agricultores era máxima, pues percibían una pérdida de autonomía en el tratamiento de las cuestiones agrarias, considerando que fuesen "uno más" en los problemas municipales. Por tanto, se planteó una renovación de las instituciones del sindicalismo vertical, a fin de homologarla al nuevo marco democrático.

De lo que se desprendía del decreto del 2 de junio, era que el gobierno podía tener la voz cantante en la reforma del sindicalismo vertical en el campo. La estrategia de la coalición gobernante UCD, fue la creación de bases de apoyo en el medio rural, redirigiendo a las antiguas Hermanades a las funciones de agentes de cooptación de amplios sectores de la población agraria. El nuevo sindicalismo agrario encontraría muchos problemas, pues las funciones burocráticas y administrativas, las ejercían las Cámaras Agrarias, antaño las Hermandades, que también interfirieron en el campo de actuación propio de los sindicatos en lo tocante a representación.

La reforma de los sindicatos sectoriales – Sindicatos de Rama – fue un proceso mucho más complejo de realizar, pues de los siete existentes, varios habían adquirido un protagonismo importante, bien por el cuantioso patrimonio económico que acumulaban, bien por las funciones que desempeñaban sus distintos organismos autonómicos entre el sector productor agrícola y las industrias transformadoras, que además, merced a su carácter privado, tenían dentro de su seno una poderosa élite agraria, que gestionaba el patrimonio económico de estos sindicatos y marcaba la línea a seguir de dichas entidades, por lo que no siguieron el camino de la eliminación de la Organización Sindical, manifestándose las elites agrarias como grupos resistentes a toda reforma que pudiera amenaza su situación de poder. A raíz de ello crearon asociaciones profesionales privadas de tipo sectorial, las conocidas como O.P.A.S., desde donde podían seguir ejerciendo su hegemonía.

Los principales componentes de muchos de esos sindicatos de nuevo cuño intentaron romper con el sindicalismo vertical, al que veían ineficaz y anquilosado, e intentaron conformar la "clase campesina", eran agricultores con explotaciones de tipo familiar, de carácter intensivo, y que estaban plenamente integradas en el mercado, sometidas a su vez a una relación dependiente con las industrias alimentarias. Se empezó a concebir a la sociedad rural como una sociedad que estaba dividida en grupos de agricultores con posiciones diferentes en el sistema capitalista de producción y distribución, la "clase campesina", que se veían a sí mismos como "agricultores-trabajadores", y los empresarios agrícolas, que únicamente buscaban el lucro, a través de la rentabilidad del capital que invierten en su explotación.

Mientras en los últimos años del franquismo, se hablaba de la creación de un Frente Agrario, que consistía en una integración de todos los agricultores sin distinción de clases, ni categorías, el sindicalismo "de clase" plantea una ruptura con el corporativismo de las Hermanades y los Sindicatos de Rama, rechazado la idea corporativista e integradora de la agricultura, buscando y exigiendo la democratización en los sistemas de representación de los intereses agrarios.

En cuanto al "agricultor-empresario", máximos defensores de las Hermandades, fueron la consecuencia de la incursión de la agricultura en un sistema capitalista y la consecuente pérdida de hegemonía de la agricultura en el sector agrario, defendían el "particularismo" del sector agrícola aludiendo a que la explotación agrícola era una empresa cuyo objetivo fundamental era la obtención del máximo beneficio económico, entroncando en esta idea los agricultores independientemente del tamaño de la propiedad, las formas de tenencia o la orientación productiva. No obstante, el hecho diferencial respecto al empresario industrial era que ellos hacían hincapié en la idea de propiedad, no mencionando la competitividad y eficiencia de las explotaciones como la razón principal de la obtención de réditos, pues estos eran resultado de medidas protectoras hacia la agricultura. Este sector, por tanto, quería mantener las "particularidades", los "hechos diferenciales" de la agricultura, y que no se diluyera como una actividad más en el sistema económico general.

Pero la modernización legislativa en agricultura, se la debemos a mi paisano requenense, D. Jaime Lamo de Espinosa y Michels de Champourcin, Ministro de Agricultura desde el 28 de febrero de 1978, tras la primera remodelación del segundo gobierno de Adolfo Suárez, a través del "Programa de cambio", donde mencionó la necesidad de una ley que institucionalizase la agricultura de montaña de esta manera:

"Para combatir la erosión y el riesgo de desertización y fomentar los aprovechamientos de montaña, se enviará antes del 30 de enero de 1980, una ley de Agricultura de

Montaña que permitirá la movilización y total aprovechamiento ganadero y forestal del 40% de nuestra geografía que hoy se encuentra subutilizada...".[142]

Primeramente, se aprobó, la Ley 87/1978, del 28 de diciembre de Seguros Agrarios Combinados de riesgos múltiples[143], que habría de aplicarse a las producciones agrícolas, pecuarias y forestales, cubriendo los riesgos que serán por los daños ocasionados en las producciones agrarias como consecuencia de *"variaciones anormales de agentes naturales, siempre y cuando los medios técnicos de lucha preventiva normales no pudieran ser utilizados por los afectados por causas no imputables a ellos o hayan resultado ineficaces"*, pudiendo ser de suscripción individual o colectiva, y que, merced al artículo 17, creaba una Entidad Estatal de Seguros Agrarios, previendo también en el artículo posterior, que ante la falta de estas entidades, pudiesen crearse elementos necesarios para subsanarla.

Después vino la Ley 34/1979, del 16 de noviembre, sobre fincas mejorables[144], donde se estipulaba que sería calificada como finca rústica manifiestamente mejorable aquella que conforme a lo que se dispone en esta Ley, implique el reconocimiento del incumplimiento de la función social de la propiedad, efectuándose la declaración de interés social prevista en la Ley de Reforma y Desarrollo Agrario respecto a la expropiación forzosa, sin perjuicio de las modificaciones que se introdujeran en esta ley, calificándose de esta forma a las fincas que llevasen, sin explotarse, como mínimo, dos años, *"las fincas en las que manifiestamente no había un correcto aprovechamiento de los medios o recursos disponibles como consecuencia de las obras construidas o auxiliadas por el Estado u otros entes públicos"* y aquellas fincas *"cuya superficie superando las cincuenta hectáreas de regadío o las quinientas hectáreas de secano o aprovechamiento forestal, debieran realizase intensificaciones de cultivos o aprovechamiento que, atendiendo al interés nacional, fuesen necesarias para el incremento adecuado del empleo en función de las condiciones objetivas de la explotación"*, estableciéndose por parte del Ministerio de Agricultura, los criterios objetivos que sirvan para la determinación de las fincas manifiestamente mejorables,

---

[142] Lamo de Espinosa y Michels de Champourcin, J. (1991b). Las áreas de montaña y la política forestal en la nueva política agraria comunitaria. *Revista de Estudios Agrosociales*, 33.

[143] *BOE-A-1979-870 Ley 87/1978, de 28 de diciembre, de Seguros Agrarios Combinados.* (n.d.). https://www.boe.es/buscar/act.php?id=BOE-A-1979-870

[144] *BOE-A-1979-27854 Ley 34/1979, de 16 de noviembre, sobre fincas manifiestamente mejorables.* (n.d.). https://www.boe.es/buscar/act.php?id=BOE-A-1979-27854

tras oír a las Cámaras Agrarias y Organizaciones Agrarias de ámbito nacional (art. 4), recibiendo esta calificación por un Real Decreto acordado en el Consejo de Ministros, a propuesta del de Agricultura, que debía enunciarla en el plazo de tres meses tras la recepción del expediente, mediante previa audiencia a los interesados y oído le órgano correspondiente de la Comunidad Autónoma o Ente Preautonómico en que se incardinase la finca.[145] El IRYDA – según el artículo 11 – se ocupará del subarriendo de las fincas que hubieran sido tomadas en arriendo forzoso al amparo del o que disponía en esta ley, siempre que se presentan licitadores y con la renta usual de la comarca, siendo revisable conforme a lo dispuesto en la Ley de Arrendamientos Rústicos, así como también la posibilidad de la autorización de las mejoras que estime convenientes, a su propio cargo o al del subarrendatario, con derecho a recibir indemnización por parte del propietario al finalizar el arriendo, optando este por pagar el valor que tuviesen las obras en ese momento o en abonar el aumento de valor que las fincas hubiesen experimentado.

La Ley 55/1980, del 11 de noviembre, de Montes Vecinales en Mano Común, estableció que por esta Ley se regían los montes de naturaleza especial, independientemente de su origen, que perteneciesen a agrupaciones vecinales, en su calidad de grupos sociales (art. 1), siendo a su vez, bienes indivisibles, inalienables (aunque se preveía la cesión temporal para obras, instalaciones, servicios o fines que resultasen a beneficio directo de los vecinos), imprescriptibles e inembargables (art. 2), teniendo las comunidad titulares de montes un derecho sobre estos en un plazo máximo de treinta años (art. 3), siendo estas las que, exclusivamente, administraban, disfrutaban y disponían de los montes vecinales en mano común (art. 5), los arrendamientos sobre estas clases de montes – decía el 5.5 – se regirán por el CC con las especialidades de que el periodo contractual no podrá ser superior a quince años, así como que las mejoras e instalaciones que pudieran ser realizadas por el arrendatario quedarán de propiedad de la comunidad vecinal al terminar el plazo pactado sin compensación alguna para aquel. A su vez, se creó un Jurado de Monte Vecinal con un Presidente (elegido por el órgano ejecutivo de la Comunidad Autónoma o gobernador civil de la provincia), un Vicepresidente (un Magistrado de la Audiencia Provincial designado

---

[145] *BOE-A-1979-27854 Ley 34/1979, de 16 de noviembre, sobre fincas manifiestamente mejorables.* (n.d.), Ídem

reglamentariamente), vocales (que serían un Delegado provincial del Ministerio de Agricultura, un Abogado del Estado de la provincia, un Retado designado por el correspondiente Colegio, un ingeniero del Servicio Provincial del ICONA, un representante de la Cámara Provincial Agraria y un representante de la comunidad propietaria en cada caso implicada) y secretarios (un funcionario técnico designado por la Presidencia).

Otra ley, aprobada bajo el ministerio de Lamo de Espinosa, fue la Ley 19/1982, del 26 de mayo, sobre contratación de productos agrarios, que establecía los principios de economía contractual aplicables al tráfico de los productos agrarios a fin de la promoción y ordenación de las relaciones contractuales entre las empresas agrarias y las de industrialización y comercialización[146]; disponiendo las empresas agrarias – conjuntamente a las de industrialización –del crédito oficial de campaña, hasta un máximo del treinta por ciento del importe de las cantidades objeto del contrato, así como la realización de contratos del seguro Agrario Contable de suscripción colectiva.

Y ya por último una ley que versaba sobre la regulación de la agricultura de montaña, que fue la Ley 25/1992, del 30 de junio, de agricultura de la montaña, que buscaba el desarrollo de estas zonas, y consideraba a las zonas de agricultura de montaña, entre otras, a zonas que al tener vocación predominantemente agraria, concurriesen simultáneamente en ellos, *"circunstancias de altitud y pendiente que sin llegar a alcanzar los valores indicados den lugar a circunstancias excepcionales limitativas de las producciones agrarias que las haga equiparables a las zonas de agricultura de montaña, definidas conforme a los apartados anteriores".*[147]

La contribución más importante de Jaime Lamo de Espinosa, quién presidió la XX Conferencia Mundial de la FAO, así como la Conferencia de Ministros de Agricultura de la OCDE, en su Ministerio, fue la negociación con la Comunidad Económica Europea la Cuestión Agrícola del Acta de Adhesión de España a la Unión Europea.[148]

Precisamente, dos años antes del ingreso de España a la Comunidad Económica Europea (1986), en 1984, se planteó el ajuste de los niveles de producción a las

---

[146] *BOE-A-1982-13819 Ley 19/1982, de 26 de mayo, sobre contratación de productos agrarios.* (n.d.). https://www.boe.es/buscar/doc.php?id=BOE-A-1982-13819

[147] *BOE-A-1982-17236 Ley 25/1982, de 30 de junio, de agricultura de montaña.* (n.d.). https://www.boe.es/buscar/doc.php?id=BOE-A-1982-17236

[148] *Excmo. Sr. Dr. D. Jaime Lamo De Espinosa Michels De Champourcin | RACEF | Real Academia de Ciencias Económicas y Financieras.* (n.d.). https://racef.es/es/academicosnumerario/jlamo

necesidades del mercado, pues las explotaciones producían más alimentos de los necesarios.[149]

Producto		
Productos continentales		
Trigo		110
Cebada		93
Avena		100
Centeno		100
Patata		100
Azúcar		95
Granos para alimento para ganado y semillas de aceite		
Maíz		30
Sorgo		17
Frijol de soya		0,2
Semilla de Girasol		89
Productos de ganadería		
Carne de res y terenra		96
Carne de cerdo		100
Carne de oveja y cabra		100
Centeno		99
Aves		104
Huevos		100
Leche		
Productos mediterráneos		
Aceite de oliva		122
Vino		120
Naranjas		185
Melones		100
Tomates		119
Cebollas		134
Arroz		107

Tabla 20. Productos agrícolas y ganaderos en España a finales de la década de 1970.[cxx]

---

[149] H. Sanders, J., K. Binkley, J.; A. Martin, M. (s. f.). *La entrada de España y Portugal a la Comunidad Económica Europea: Impactos en su agricultura, en la política agrícola común y en el comercio con terceros países*. https://www.mapa.gob.es/ministerio/pags/biblioteca/revistas/pdf_reas/r141_01.pdf

Precisamente, dos años antes del ingreso de España a la Comunidad Económica Europea (1986), en 1984, se planteó el ajuste de los niveles de producción a las necesidades del mercado, pues las explotaciones producen más alimentos de los necesarios.

En cuanto al Acta de Adhesión de España a la Unión Europea, ya gobernando Felipe González, previa a su firma el día 12 de junio de 1985, se convocó una reunión el 28 de marzo, donde se llegó a un acuerdo con la Comunidad en las cantidades marcadas como objetivo de carne de acuno, leche y productos lácteos y trigo, consiguiéndose además varios acuerdos respecto a frutas y hortalizas frescas, azúcar, vino, materias grasas y carne porcina. Más allá del beneficio que podía tener para España, que se mantuviese el equilibrio entre importaciones y exportaciones, la entrada española a la Comunidad Económica Europea se veía entonces como un beneficio redundante, pues abría los mercados y las políticas exteriores comunitarias hacia América Latina.

Hasta el momento de su aprobación, en el Tratado se arbitraron varias medidas de excepción a la normativa común con una vigencia exclusiva en el periodo de transición fijado en cada caso, llegando en algunos a los siete y en otros a los diez.

Con el acceso a la Comunidad Económica Europea, se liberalizaron los intercambios entre España y los miembros de la Comunidad Económica Europea, concediéndose ayudas de carácter estructural desde el primer día de la adhesión.

No hay que olvidar tampoco el Acuerdo Pesquero – capítulo 4 del título II de Acta de Adhesión -, que se dividió en una primera parte que se refería a la pesca en aguas de la Zona Económica Exclusiva (zona el mar en que un Estado soberano tiene derechos especiales en relación con la explotación y uso de recursos marinos)[150], una segunda parte donde se mencionaba la pesca en aguas de terceros países, la tercera acerca de la integración a la política común de mercados, y la cuarta, sobre el régimen aplicable a los intercambios.[151]

Así pues, el aumento en la producción agrícola *per cápita* que España experimentó desde 1965, las inversiones sustanciales que había realizado en el sector agrícola y la

[150] Rae, R. a. E.-. (n.d.). zona económica exclusiva. *Diccionario Panhispánico Del Español Jurídico - Real Academia Española*. https://dpej.rae.es/lema/zona-econ%C3%B3mica-exclusiva
[151] H. Sanders, J., K. Binkley, J.; A. Martin, M. (s. f.). *La entrada de España y Portugal a la Comunidad Económica Europea: Impactos en su agricultura, en la política agrícola común y en el comercio con terceros países*. https://www.mapa.gob.es/ministerio/pags/biblioteca/revistas/pdf_reas/r141_01.pdf

duplicación del área irrigada de 1950 a 1980, acabó materializando el "sueño comunitario". Aunque hay que tener en cuenta que de 1950 a 1983, la mano de obra agrícola en España disminuyó del 48% al 15%, que sin embargo, se aceleró en los setenta, aumentado la proporción de la productividad de mano de obra agrícola, respecto a aquella del resto de la economía, de un tercio a la mitad, representando el crecimiento de todos estos sectores, una transformación estructural de la economía española. En este mismo estudio de James Binkley, John Sanders y Marshall Martin se señalaba que esos cambios sustanciales en los sectores agrícolas en aquel periodo fue el cambio de la producción extensiva de ganado vacuno y ovino a un sistema intensivo de engorde con cereales.

	CEE - 10 (a)	España
Población total (en millones de 1982)	270,7	37,9
Producto Doméstico Bruto (cápita, en dolares de 1982)	10.037	5.430
Crecimiento del Producto Doméstico Bruto (cápita, 1960-1982)	3,10%	4,00%
Porcentaje del Producto Doméstico Bruto proveniente de la agricultura (1982, %)	4,00%	6,00%
Porcentaje de la man de oba en la agicultura (1.000 trabajadores, 1982) - C -	7,60%	18,30%
Total de mano de obra agrícola (1.000 trabajadores, 1982) - C -	8.042	1.990
Área agrícola total (1982, millones de Ha)	101	27
Área cultivada (1982, millones de Ha)	55	21

Tabla 21. Datos de España antes de su inclusión a la CEE.

También ayudó al hecho de que España promoviese la autosuficiencia de los cereales de invierno, carne de vacuno, productos derivados de la leche, así como el azucar de remolacha, lo que hizo que fuese casi autosuficiente en productos continentales.

Ya en la década de los años 90, la principal preocupación de la Política Agraria Común fue la sostenibilidad y el desarrollo medioambiental, intentando buscar un equilibrio estable entre estos factores y la productividad agraria, pilar del Tratado de Roma de 1957, y que aparece en su Título II (arts. 33 – 38)[152]. Partiendo de la Declaración aprobada por la Comunicación de la Comisión del 22 de julio de 1971, que insistía en la necesidad de tomar en cuenta los recursos anuales en el desarrollo económico, que decía *"conforme al genio europeo se concederá una atención particular a los valores y bienes no materiales y a la protección del medio ambiente con el fin de poner el*

---

[152] *Versión consolidada del Tratado de la Unión Europea.* (n.d.). https://app.vlex.com/#vid/843330685

progreso al alcance de los hombres"[153], se aprobaron hasta cuatro programas de acción medioambiental: el primero se aprobó en 1973-1977, y tenía como principal objetivo la mejora de la calidad de vida y el medio ambiente teniendo como acción más destacable el fomento de las repoblaciones forestales, el segundo se aprobó en 1977-1981 que insistía en los principios, objetivos y acciones del primero, incidiendo en la selvicultura y los bosques, el tercer programa se aprobó en 1982-1986 que se basó en los principios de actuación, prevención y restauración, y el cuarto programa, aprobado en 1987-1992, y que corresponde al análisis de esta década, que proponía la inclusión en el Tratado de Roma de un Capítulo sobre Medio Ambiente, como bien señaló D. Jaime Lamo de Espinosa, algo que se produjo con la inclusión de un nuevo título.

Merced a esta voluntad, el final del siglo transcurrió con una PAC más sostenible, tras las crisis alimentarias de esta década, la unión de los países de Europa Central y Oriental, y la Conferencia de Desarrollo Rural de Cork, que habría de cristalizar en la posterior Agenda 2000.

En ese mismo período de tiempo, en la V Legislatura que dio comienzo en 1993, se fundó el Ministerio de Obras Públicas, Transporte y Medio Ambiente, desgajándose las funciones encaminadas a la sostenibilidad del Ministerio de Agricultura, y siendo su primer titular, Josep Borrell Fontelles, siendo posteriormente sustituido por la popular Isabel Tocino Biscarolasaga.

---

[153] Lamo de Espinosa y Michels de Champourcin, J. (1991b). Las áreas de montaña y la política forestal en la nueva política agraria comunitaria. *Revista de Estudios Agrosociales*, 33.

Siglo XXI. La agricultura sostenible en el nuevo marco comunitario.

Agenda 2000 y entrada al euro

El siglo XXI comenzaría en España, con la adopción de la moneda única europea, como miembro de la Eurozona, encontrándose en la tercera fase de la Unión Económica y Monetaria, que había comenzado el 1 de enero de 1999[154], dándose la paradoja de que fue en Madrid, ciudad donde se celebró el Consejo Europeo del 18 de diciembre de 1995, donde se habló de la adopción del término "euro" a la moneda única.

Realmente, el euro no entraría en circulación física hasta el 1 de enero del 2002, aunque tenían la cotización oficial en el mercado de divisas, por lo que la peseta pervivió.[155]

En cuanto a la agricultura nacional, el 2000 es el primer año en que se tienen datos del sistema alimentario agrario español, constando que en él estaba empleado el 47.4% de entre la industria alimentaria, y los servicios alimentarios, cayendo la participación en el 2016 hasta el 32.7%; mientras que el número de gente empleado en servicios alimentarios se incrementó, enlazado junto a la evolución de las fluctuaciones del valor añadido.[156]

En el marco agrario comunitario hemos de destacar el LEADER (*Liaison entre action de développement de l'économie rurale* en francés; *Enlace entre acciones de desarrollo de la economía rural* en castellano), que desarrolló los Grupos de Acción Local, un ente formado por una asociación equilibrada y representativa de agentes económicos

---

[154] *CONSEJO EUROPEO DE MADRID: CONCLUSIONES DE LA PRESIDENCIA*. (n.d.). https://www.europarl.europa.eu/summits/mad1_es.htm#emu1

[155] *El euro: historia y finalidad | Unión Europea*. (n.d.). European Union. https://european-union.europa.eu/institutions-law-budget/euro/history-and-purpose_es

[156] Parajuá Carpintero, N. (2022). *Transformations in agriculture, stockbreeding, forestry, and fishing within the Spanish agri-food system (1980-2016)*. Dialnet. https://dialnet.unirioja.es/servlet/articulo?codigo=8714200

privados, presentes en el territorio de actuación, que asume la elaboración y desarrollo de una estrategia de desarrollo local[157].

Tras la firma del Acuerdo sobre Agricultura de 1994 que cristalizó en la firma del acuerdo de Marraquesh, hubieron de establecerse nuevas reglas para el comercio mundial de productos agrarios. En el *General Agreements on Tariffs and Trade –* GATT, que en castellano sería Acuerdo General sobre Aranceles Aduaneros y Comercio – se incluyó por primera vez un capítulo agrario.

La Agenda 2000, surgida de la Comisión Europea en 1999, intentaba recuperar la legitimidad de la PAC con la ampliación del mercado agrario como principal objetivo, estableciéndose, al Desarrollo Rural como el segundo pilar de la PAC, y que la agricultura difícilmente podría modernizarse para resultar más competitiva, si el medio donde se situase no se desarrolla, por lo que se intentó alcanzar lo que denominó Hervieu como un nuevo contrato social, para que el medio rural asuma funciones demandadas por la sociedad, y que esta ofrezca recursos y mecanismos para remunerar dichas funciones.

El período transitorio anteriormente mencionado, fue uno de los factores que limitó a que el sector agrario pudiera beneficiarse de todos los fondos percibidos y que otros países si percibían, aunque desde 1986, España se convirtió en el cuarto país que más percibía ingresos por la PAC.

La agricultura española tras las reformas de 2013 y del 2020

Continuando con la búsqueda equilibrada de desarrollo sostenible con competitividad económica, en 2013 se reformó la PAC en un período que abarcaría del 2014 al 2020, siendo la primera vez que se adoptaba a través del procedimiento legislativo ordinario, por el que el Consejo legisla juntamente con el Parlamento Europeo, adoptándose finalmente los textos legislativos el 16 de diciembre de 2013.

En España, cinco meses antes se aprobó la *Ley 13/2013, del 2 de agosto, de fomento de la integración de cooperativas y de otras entidades asociadas de carácter agroalimentario,* que concedió una gran importancia al fomento de la integración

---

[157] *Información de los Grupos de Acción Local (GAL) - Portal Agrari - Generalitat Valenciana.* (n.d.). Portal Agrari. https://portalagrari.gva.es/es/desarrollo-rural/leader/informacio-grups-d-accio-local

cooperativa y asociativa, en el marco del desarrollo económico, la competitividad y la sostenibilidad, previendo además la internacionalización de estas entidades, removiendo todos los obstáculos que imposibilitara esa proyección internacional.

En su artículo 2 se consignan los siguientes fines como lo son el fomento de la agrupación de los eslabones primigenios que conforman la cadena alimentaria, la mejora de la formación de los responsables en la gobernanza y la gestión de dichas entidades, la contribución a la mejora de la renta de productos agrarios integrados en las entidades asociativas y la integración de productores en entidades asociativas prioritarias y las entidades asociativas definidas en el previo artículo 1.3 (que definía a las entidades asociativas como *"sociedades cooperativas de primer, segundo o ulterior grado, los grupos cooperativos, las sociedades agrarias de transformación y entidades civiles o mercantiles, cuando más del 50% de su capital social pertenezca a sociedades cooperativas o a sociedades agrarias de transformación"*).[158]

El desarrollo agrario español en el período de la PAC 2014-2020, fue debido también a la reestructuración de la política comunitaria, que como preludio de la PAC 2023-2027 – en la que ahora mismo nos encontramos – previó que cada país pudiera elaborar sus proprios programas de una forma más flexible a través de medidas como la eficiencia de recursos, la productividad y desarrollo de la agricultura y la silvicultura, la cooperación entre agricultura e investigación para acelerar transferencia de tecnología a los agricultores, y la efectiva transferencia de conocimientos, cooperación e inversiones en activos físicos.[159] Así pues, en esta misma PAC se destinó, por lo menos, el 30% total del presupuesto de desarrollo rural, reservado para medidas medioambientales, redefiniéndose zonas con limitaciones naturales sobre la base de ocho criterios biofísicos que son la baja temperatura, la sequedad, el exceso de humedad del suelo, el drenaje del suelo limitado, la textura y dureza desfavorables, las escasas propiedades químicas y una pendiente escarpada con un umbral de igual o más del 15%[160].

---

[158] *BOE-A-2013-8555 Ley 13/2013, de 2 de agosto, de fomento de la integración de cooperativas y de otras entidades asociativas de carácter agroalimentario.* (n.d.), Ídem
[159] *PAC: desarrollo rural a partir de 2013.* (n.d.). Europea Council. https://www.consilium.europa.eu/es/policies/cap-reform/rural-development/
[160] *EUR-LEX - 32013R1305 - ES - EUR-LEX.* (n.d.). https://eur-lex.europa.eu/legal-content/ES/TXT/?uri=celex%3A32013R1305

Llegando a 2016, el sector primario en el sistema de la agricultura española continuaba profundizando su integración en el sistema global agroalimentario desde 1980.

Finalizando el período de la PAC 2014-2020, se avanzó hacia una Política Agraria Común que debería haber contenido desde el 2020 hasta el 2027 – finalmente, comenzaría en el año 2023 -, encaminada a la transición hacia una agricultura y silvicultura sostenibles en la Unión Europea, que fue llamada por sus promotores una PAC verde, pasando a ser una política encaminada a la obtención de resultados específicos con tres objetivos generales: el fomento de un sector agrícola inteligente, competitivo y diversificación que asegure la seguridad alimentaria a largo plazo (1), apoyo y refuerzo de la protección del medioambiente, incluyendo la biodiversidad (2) y el fortalecimiento del tejido socioeconómico de las zonas rurales (3), a fin de alcanzar el Pacto Verde Europeo (Green Deal).[161]

España elaboró un Proyecto Estratégico a la Política Agraria Común, comenzando con una fase de diagnosis y análisis de necesidades donde se elaboró un análisis DAFO así como análisis de necesidades, donde fueron recogidas observaciones del Ministerio para la Transición Ecológica y el Reto Demográfico, por parte de las comunidades autónomas, las Organizaciones de Productores Agrarios, agentes medioambientalistas, y otros tantos interlocutores externos, seguido por la estrategia de intervención, donde se comenzó abordando la prioridad de necesidades anteriormente identificadas así como la selección y el diseño de las intervenciones que habrían de responder a estas necesidades.

Junto a estas fases del proceso de programación del PEAPC, dos evaluaciones se realizaron conforme al Reglamento 2021/2115, relativo a los Planes Estratégicos, así como una evaluación *exante* y una Evaluación Ambiental Estratégica (EAE), cuyos resultados han incorporado al PEPAC.

El censo agrario de 2020 tuvo como principales resultados que el número de explotaciones agrícolas fue de 914.871, un 7,6% menos que en el censo de 2009, el aumento de la superficie agrícola utilizada total en un 0,7% en relación a 2009 (suponiendo que se llegase hasta las 23.9 millones de hectáreas), la superficie media por explotación aumentó un 7,4% llegando a 26,37 hectáreas, el número de cabezas

---

[161] *La Política Agrícola Común 2023-2027 y el Plan Estratégico*. (n.d.). https://www.mapa.gob.es/es/pac/pac-2023-2027/

de agnado creció un 6,5% respecto al último censo destacando por su intensidad el del porcino con un 21,8%, el número de mujeres jefas de la explotación aumento un 22,0% y la mano de obra en las explotaciones agrícolas disminuyo un 7,7% en 2020 respecto al anterior censo.

Cuando el 14 de marzo de 2020, se decretó el estado de alarma, se adoptaron medidas urgentes extraordinarias aplicables al sector agrario para enfrentarse al impacto socioeconómico de la COVID-19 como lo fueron la prestación extraordinaria para los trabajadores por cuenta propia o autónomos por cese de actividad, la línea de préstamos avalada por el Estado con hasta 100.000 millones de euros, ayudas en forma de subvenciones directas, anticipos reembolsables o ventajas fiscales a aquellas empresas y Pymes que se hubieran visto afectadas por la crisis de la COVID-19 y el aplazamiento de los créditos de sequía de 2017; se amplió también el plazo de presentación de la solicitud única – mecanismo de la PAC que recoge declaraciones de tierras y solicitud de Ayudas Directas y del Programa de Desarrollo Rural[162] - hasta el 15 de mayo de 2020, algunas medidas contenidas en el programa de apoyo 2019-2023 al sector vitivinícola española fueron flexibilizadas, ampliación de los periodos de suscripción de Líneas del seguro agrario cuya echa de contratación finalizaba antes del 16 de abril de 2020 y reducción de los Índices de Rendimiento Neto aplicables en 2019 en el sistema de estimación objetiva del IRPF para agricultores y ganaderos.[163]

La importancia de las gentes del campo para la movilización

Sin pretender ser todavía el epílogo, quiero establecer aquí mis conclusiones definitivas de este proyecto que, con tanta ilusión he completado, como lo fue el primero que fue un análisis histórico del sector agrario en la España medieval. Este análisis comprende desde la Edad Moderna hasta la actualidad. Hemos pasado por irmandiños, remensas, reivindicaciones comuneras, continuados motines del hambre, cambios de dinastía,

[162] *Ayudas de la PAC*. (n.d.). https://web.araba.eus/es/agricultura-ganaderia/ayudas-pac
[163] *Medidas para el sector agroalimentario. Notas Informativas.* (n.d.).
     https://www.mapa.gob.es/es/ministerio/servicios/informacion/covid19/Medidas-sector-agroalimentario.aspx

primeras reformas agrarias y desamortizaciones, perdida del Imperio, una guerra civil cruenta, el franquismo, una transición a la democracia y finalmente aquí. Más de cinco siglos contenidos en poco más de 300 páginas. Sí, es una ardua tarea y no pretendo que se me reconozca más que la labor compiladora para acercarla a todo aquel neófito en la materia de la historia y el derecho agrario.

Pero quiero que reconozcamos a las gentes del campo, tan silenciosas, tan acalladas, tan poco reconocidas, su importancia en la movilización para lograr cambios sociales. Los famosos "motines del hambre" – mejor dichos, motines de subsistencias - tan comunes en toda Europa desde la Guerra de los Cien Años, cuando la población rural fue acrecentándose, mientras aumentaba la población total y había un gran desabastecimiento, fueron la primera toma de contacto. Conforme se iba consolidando una sociedad capitalista que amasaba dinero con las exportaciones y las importaciones, más se iban mostrando las desigualdades, y eso se plasma muy especialmente en el siglo XVII, cuando la crisis europea fue total y España fue la más perjudicada.

Cuando, a partir del siglo XVIII, ya se va estabilizando la situación, las guerras – aún a pesar de la de los Siete Años y otros conflictos de índole sucesoria en el continente europeo – son más espaciadas en el tiempo y no hay epidemias que diezmen a la población, es cuando se ve un pequeño halo de esperanza. El siglo XIX, al menos en sus principios, cuando triunfó un liberalismo mal entendido, volvió a dar de bruces a la realidad del sector agrario. Pero, incluso en épocas de industrialización, cuando absolutamente todos – y el sector primario no fue una excepción – debían modernizarse a pasos agigantados, el campo se movilizó como nunca se vio.

Una ideología tan nefasta como es el comunismo, que no ha causado más que muertes y destrucción allá por donde ha puesto su garra huna, consideró, muy especialmente en Rusia, a los agricultores que tenían una pequeña propiedad de tierra, como *kulaks* (en ruso, puño, y desde la época leninista se asimiló a bastardo o tacaño), sólo por resistirse a los saqueos sistemáticos que durante el lustro ominoso de la Guerra Civil Rusa, y, posteriormente durante el período de entreguerras, se vieron sometidos. El campesinado siempre ha sido maltratado por aquellos que son el brazo armado de la plutocracia.

Y llegamos al siglo XXI. Desde 2017, se empezaron a agilizar las protestas agrícolas, y muy especialmente en España, pues nuestros productos tienen que sufrir la depreciación y que el consumidor final tenga que percibir un precio mucho mayor que cuando se obtiene, lucrándose con ello, los intermediarios. La ley de la cadena alimentaria se conculca permanentemente, no hay precios justos para el campo, pero esta situación de injusticia se acabará algún día. Se acabará el día en que se tome conciencia de donde viene todo. El día que se deje el despilfarro en las patrañas globalistas tan conocidas por todos y se vuelva a los orígenes, únicamente para tener un mejor futuro, ese día, podrá decirse que la agricultura, que el sector primario, ha vencido.

Honor a los agricultores y ganaderos que, en marzo de 2022, en Madrid se apelotonaron frente al Ministerio de Agricultura, Ministerio que tan gallardamente ostentaron Cirilo Cánovas García y Jaime Lamo de Espinosa y Michels de Champourcin, para reclamar medidas que impulsasen el medio rural.

Honor al que lucha, honor al que nunca se da por vencido. El mañana pertenece al campo y nada más que al campo.

Y, como decía Cicerón, *"la agricultura es la profesión propia del sabio, la más adecuada al sencillo y la ocupación más digna de todo hombre libre"*. No busquemos la libertad de expresión, busquemos la mayor expresión de libertad que es el iusnaturalismo agrícola.

El nuevo horizonte

Como epílogo del libro, querría dedicarles este libro a todos aquellos que, de acuerdo al Derecho Natural, desarrollan sus labores para procurar su bien y el bien de la Comunidad, engrandeciendo así su Alma.

En la primera parte de su libro, *"Teología moral para seglares"*, el Padre Antonio Royo Marín, a quién Dios tenga en su gloria, definió al bien como algo que se identificaba con el fin, pues todos buscamos en su acción algo que considerásemos conveniente para nosotros, y que, del mismo modo, tiene para nosotros la razón de bien. Dividió el bien atendiendo a la razón de su perfección (último, supremo o absoluto, cuando sacia completamente al agente, siendo exclusivamente de Dios, y relativo, imperfecto o participado, que sólo satisface el bien del agente en un aspecto parcial), a la razón de su verdad (verdadero o aparente – apareciendo este último, generalmente en la apreciación subjetiva del horizonte -), a la razón de su apetibilidad (donde lo dividía en honesto, deleitable y útil) y atendiendo a la razón de su extensión (ontológico y social). Y, a su vez, en el bien apetecible, citó a Santo Tomás de Aquino que la división entre el bien honesto, deleitable y útil, es una división análoga, perteneciendo a estas tres categorías, no en igualdad, sino en un sentido y grado distintos, siendo el bien honestamente el único que realiza plenamente la razón del bien, y a partir de ahí desarrollándose el deleitable y el útil.

Decía también que la felicidad puede ser natural (imperfecta, caduca y perecedera, sólo alcanzable en la vida terrena) o sobrenatural (aquella que se alcanza por la Gracia de Dios), así como absoluta (sacia plenamente el apetito) o relativa (dicha parcial e imperfecta), definiéndola como *"el estado del ánimo que se complace en la posesión de un bien que le llena de dicha y de paz"*. Y la búsqueda de ese bien, y por lo subsiguiente de esa felicidad que dimana del bien, era el último fin del hombre, al que llegaba tanto por el objeto mismo de esa voluntad como por la noción de fin, el fin último y supremo, el bien apetecible y saciante.

¿Y no es acaso la defensa, embellecimiento y protección de la agricultura un fin supremo por el que, merced al libre albedrío que Dios nos legó, cabría encaminar nuestros esfuerzos? Como comunidad nacional tenemos la obligación moral de abastecer a nuestro Pueblo y así a nuestras generaciones. Pero la defensa, embellecimiento y protección de la agricultura no consiste únicamente en medidas conservacionistas de la actividad que dio paso a las civilizaciones, sino al estímulo de esta. Cuan provechoso sería que generaciones enteras, de jóvenes y algunos no tan jóvenes, supieran encaminar, o por lo menos respetar, el duro y esforzado trabajo agrícola.

Pero, ahora mismo, seguimos con los mismos estorbos. Los estorbos político-legislativos, cuando se imponen condiciones completamente arbitrarias contra nuestra agricultura, poniendo a los productos españoles en una posición de desventaja respecto a los israelís y marroquíes; pues basta con mirar a nuestros agricultores citrícolas, los más perjudicados de todas estas arbitrariedades, ya que, no sólo, a los nuestros les imponen exigencias en el cultivo que a los mentados competidores no les alcanza, sino que la industria sólo paga 10 céntimos por la recolección de la naranja, mientras a los productores nacionales les cuesta 15 céntimos. Con el aceite, nos encontramos con los obstáculos físicos, pues si para esta campaña, la 2023-2024, se preveía un ascenso del 15% respecto a la anterior, está un 34% debajo de la media de las últimas cuatro, debido a las altas temperaturas experimentadas desde abril en el período de floración, que no permitieron que cuajase el fruto. Los estorbos morales – y también originarían mucho los políticos – consiste en el continuado desprecio que se hace de la labor agrícola.

La sociedad – o más bien, la comunicación que utiliza a las masas para adocenarlas - que abandona a aquello que le ha hecho grande, provocan las situaciones que se ven a día de hoy. Hay que pararse a pensar que el sector primario es parte indeleble de nuestro acervo nacional, así como lo son también los pequeños pueblos, los que resisten en pie, y, en muchísimas ocasiones, son los transmisores del legado de nuestra sangre.

Mucha gente, hoy en día, se envalentona con el "es que en el campo no hay futuro". Pero, ante la tercermundización de Occidente y el avance inexorable hacia un mundo sin religión, creencias o espiritualidad como el que nos presentaba Aldous Huxley en su *"Brave New World"*, ¿qué nos salvará? No creo que vayan a salvarnos las actitudes vergonzantes que son jaleadas en la televisión y en la radio, grandes difusoras de la polémica hoy día, y desde luego tampoco cambiará estar todo el día con las nuevas pantallas tecnológicas, dándoles un mal uso. Pero, la agricultura es mucho más que una actividad económica, es un modo de vida en torno al que se han cimentado civilizaciones enteras durante cinco milenios. Los asentamientos estables en cuencas de ríos, el cambio dietético del ser humano de una alimentación netamente carnívora a una omnívora y la constante aparición de modelos económicos, se lo debemos a la extensión de la agricultura y la ganadería.

Francesc de Eiximenis, definido como el *"franciscano burgués"* que puso por encima la ciudad al campo, criticó severamente en *"Lo regiment de la cosa pública"* a los labradores, a los que les acusó de adquirir los vicios urbanos y considerándolos menos preparados que los burgueses o habitantes de las ciudades. Pero, a lo largo de este libro, hemos visto como en torno a la agricultura han nacido revoluciones contra poderes draconianos, así como que incluso a la hora de hacer las Américas, lo primero a lo que se atendía, eran a técnicas de cultivos. Y hemos visto, muy especialmente, en los albores del siglo XIX, como un puñado de académicos, en una situación nacional mucho peor que la de ahora, como la era en aquel momento, la conflagración contra las huestes bonapartistas, se afanaron por institucionalizar la educación agraria. Y no lo hicieron únicamente por el desabastecimiento o porque aquellos que se dedicaban a la actividad agrícola se lucrasen, sino para dar una correcta formación a las exigencias de los tiempos. Esa correcta formación despierta muchas mentes, hace entender a todos lo que es la mentalidad agrícola, que yo aquí gloso en tres puntos:

1. Trabajar en el campo como punto de unión entre el hombre y la naturaleza, así como recordar que nosotros no somos nada sin ella.

2. Trabajar en lo que sea, innovar, producir, crear, emprender, distribuir, en definitiva, todo aquello que ennoblezca nuestra alma, todo aquello en lo que confluya la bondad y la utilidad – como ya dan buena cuenta de ello, 'Los Oficios' – y que, además, pueda redundar en el beneficio común de la sociedad. Y eso, tiene mucho que ver con la agricultura y con la conexión con la naturaleza. Decía San Filippo Neri: *"Debemos siempre hacer algo, no sea que venga el demonio y nos haga caer en sus lazos"*.

3. Ser solidarios. Solidarios con uno mismo y con su Familia, así como con su comunidad. Apoyar a quién innova y emprende, al que tira para delante con honradez y sin esperar nada a cambio más que la satisfacción del trabajo bien hecho.

Yo insisto en una buena formación teórico-práctica de la agricultura, pero no únicamente circunscrita a la Ingeniería Agrícola o a la Formación Profesional en Producción Agropecuaria, sino en hacer auténticos programas educativos dedicados exclusivamente a la agricultura, que podrían ir desde incluir una asignatura optativa en Secundaria como "Introducción a los rudimentos agrícolas", pasando por la creación de una modalidad específica en Bachiller llamada Bachillerato Agrario, hasta realizar escuelas específicas para las materias agrarias, incardinadas en cada pequeño municipio, donde haya una equilibrada compensación entre clases teóricas y prácticas. La revitalización de los pueblos pequeños también es otro afán que me mueve, pues no es de justicia, que zonas importantes de nuestra geografía, donde la Vida se vive de un modo mucho más natural, humano y cercano, no tengan servicios básicos mínimos, y, además, estén alejados incluso de la capitalidad de su mancomunidad. Por eso, es menester, que, como prolegómeno a su reavivación, en cada pueblo pequeño, se destine una zona importante, que incluso podría ser la casa de un particular que fuese ostensiblemente grande, para acomodar allí la escuela agraria. En esta escuela agraria no habría límite mínimo de edad, siendo como lo es un colegio concertado al uso que se ocupa de Infantil, Primaria, Secundaria y Bachiller, es decir de la etapa que va desde los tres años hasta los dieciocho, donde si habría edad mínima, que podría estar en los dieciséis años, sería para hacer las clases prácticas agrícolas propiamente dichas de un Bachillerato específico, que sería el Bachillerato Agrario. La matriculación sería lo menos gravosa posible para las familias de los pequeños pueblos, y si es necesario, se facilitaría transporte de zonas aledañas. Con esta idea, lograríamos una vinculación mucho más fuerte con el terruño, pudiendo hacerse las prácticas en terrenos comunales que perteneciesen al Ayuntamiento o Entidad Local, y esta destinase para su uso académico. También, todos aquellos que estudien una carrera destinada explícitamente a la docencia como lo es Magisterio, Historia, Filología y Educación Infantil, así como los posgrados encaminados a la formación en otras carreras, deberán tener como primer destino de prácticas, la escuela agraria de algún pequeño pueblo de la provincia en que se incardine su Universidad, con posibilidad de trabajar para él. Esta propuesta no es sino la inspiración de lo que se hacía clásicamente en España con los que estudiaban para desempeñar la labor de maestro, cuyo primer destino de fogueo solía ser una zona rural. Con esta propuesta conseguiríamos, aparte de dar un trabajo estable a los futuros egresados – siempre respetando el contrato de prácticas que marca el Estatuto de los Trabajadores -, que estos valoren los rigores de una Vida en naturaleza, en pleno contacto con Dios y las bellas criaturas que Él nos legó. De esta forma, conseguiríamos insuflar en el ánimo de los estudiantes, un amor imperecedero no ya por el esfuerzo constante, sino por la belleza de la Creación, que en el ambiente rural se aprecia en demasía. Además, lograríamos quitar muchos prejuicios negativos del trabajador del campo y de su actividad. Yo concedo mucha importancia a la correcta instrucción, y aún diría más a la educación, aquella para la que no son menesteres los profesores, pero si una Familia amorosa que quiera, que escuche y que comprenda a los suyos, cuán conmovedor sería el estar allí con abuelos que enseñan a leer a sus nietos y les enseñan la belleza y la espiritualidad. Este último aspecto, el espiritual, es también muy importante. España es una nación Mariana, definida como la mayor potencia orante del mundo, por sus conventos de clausura, y que ha aparecido mencionada en innumerables ocasiones en la Biblia, siendo además recibida por el Apóstol Santiago el Mayor, uno de los más queridos por Jesucristo. El papel que haría tener una Vida Espiritual activa en los pueblos, y en el que ha de participar la Iglesia Católica en su labor perpetua de Misión, sería el de congregar a generaciones enteras de un pueblo, atentas a un mensaje duradero de Verdad y a estar dispuestas a consagrar a Dios ese esforzado trabajo.

Una vez que en los pueblos haya un núcleo residencial activo, quizá el modo de hacer política cambie hacia uno más natural y menos electoralista. Porque pensar en el campo, es pensar en generaciones, es pensar en tus nietos, en los nietos de tus nietos. Es saber que les darás una Nación mejor, más sana, pura y unida en comunidad. No son consignas electoralistas que el viento se lleva y que sirven para enfrentar a la mitad de una Nación contra la otra mitad, ni tampoco políticas demagógicas de discriminación, la Defensa del Campo, es patrimonio común de todos los españoles. Así, podría borrarse la ignominia del infausto segundo gobierno de Zapatero, que entre 2008 y 2011, estableció el Ministerio de Medio Ambiente y Medio Rural y Marino, porque quizá Ministerio de Agricultura, sonaba a añejo y no a cosmopolita.

En nuestra Nación, podrían surgir nuevos marcos legislativos que reconozcan a la Agricultura lo que es. Incluso podría dar a una reforma constitucional, que como es bien sabido, se regula en los apartados 1 y 2 del artículo 87, y más específicamente en el título X, dedicado especialmente a la reforma constitucional, que comprende de los artículos 166 a 169. Es bastante probable que plataformas políticas comprometidas con la situación rural o con partidos hegemónicos que ya se hayan concienciado ya hayan alcanzado tres quintas partes en ambas Cámaras o, subsidiariamente, de dos tercios en el Congreso, las previstas según el artículo 167 para los proyectos de reforma constitucional, y con el cambio de mentalidad, quizá la sociedad lo ratifique. Estos nuevos marcos legislativos materializarían mis deseos de una instrucción agraria de calidad, además de efectuar políticas económicas, como la de la mejora de la Ley de Cadena Alimentaria, que favorezcan tanto al productor como al consumidor, no poniendo cargas onerosas al primero y pagándole lo justo, y al segundo, no llevándole a engaño, acercándole unos precios finales, que se correspondan con todo el proceso de obtención del producto hasta su consumo final, un auténtico "de la granja a la mesa". La conclusión de esta obra es esta. La defensa de la Agricultura, es una defensa decidida, que pasa por su constante compromiso de mejora, por su instrucción pública y su protección. Los gobiernos van y vienen, los reyes son proclamados y abdican o mueren, pero lo que es Patrimonio de una Nación, lo que es su auténtico acervo, es el Campo y su Naturaleza, de la que han germinado – y seguirán germinando – las semillas de una Patria poderosa, fuerte y que cumple con la inveterada tradición – del latín *traditio*, "entregar" – que se lega de abuelos a nietos, de padres a hijos, de generación en generación. La auténtica nobleza, la que viene de la naturaleza, es la de los callos en los manos, las auténticas preseas, aquellas que no son impuestas por proselitismo político y las que nos recuerdan a diario nuestros orígenes y la obligación moral que todos tenemos con el Campo.

Consagro esta obra a San Gregorio Ostiense, santo al que los agricultores confiamos nuestros rezos para que nos libre de toda plaga que asole nuestros cultivos, y a San Isidro Labrador, primer laico casado en ser canonizado, ejemplo de constancia tanto en el trabajo agrícola como en la virtud cristiana, y resistencia de aquellos cristianos mozárabes en territorio enemigo, así como también por la Santa Madre de Dios, aquella que nunca se cansa de esperar a sus queridos hijos. Ruego encarecidamente que la Virgen y los Santos aquí nombrados recen por mí y por todas las gentes del Campo, para que perseveremos en la constancia, en el esfuerzo y en la entrega y para que las generaciones venideras continúen el legado milenario.

Bibliografía

- Abogados Herencias Barcelona. (2022, June 14). Artículo 421-2 del Código Civil de Cataluña. https://abogadosherencias.cat/es/codigo-civil-cataluna/articulo-421-2/

- Admin. (2022). Los primeros tractores agrícolas en España - Altrac. Altrac. https://www.altrac.es/primeros-tractores-agricolas-espana/

- Albareda, J. (n.d.). De la revuelta de los Barretines (1687-1689) a la resistencia catalana de 1713-1714 contra Felipe V. © Casa De Velázquez, 2017 OpenEdition Books License. https://books.openedition.org/cvz/1908?lang=es#tocfrom1n1

- Alberola Romá, A., ; Giménez López, E. (1997). Antecedentes colonizadores en la España del siglo XVIII. Proyectos y realidades en las tierras de la antigua Corona de Aragón. Revista de historia económica, 15(2), 284.

- Alemán, M. (1681). Vida y hechos del pícaro Guzmán de Alfarache: Atalaya De La Vida Humana.

- Andújar, F. (2016, December 15). La Sublevación de Loja (1861). Ser Histórico. https://serhistorico.net/2016/12/14/la-sublevacion-de-loja/

- Ardit Lucas, M. (2009). Una reflexión sobre la expulsión de los moriscos valencianos y la repoblación. Revista de historia moderna, 27, 295. https://doi.org/10.14198/rhm2009.27.12

- Asale, R.-. (n.d.). abigeato | Diccionario de la lengua española. «Diccionario De La Lengua Española» - Edición Del Tricentenario. https://dle.rae.es/abigeato

- Asale, R.-. (n.d.). pidgin | Diccionario de la lengua española. «Diccionario De La Lengua Española» - Edición Del Tricentenario. https://dle.rae.es/pidgin

- Asale, R.-. (n.d.). revolución | Diccionario de la lengua española. «Diccionario De La Lengua Española» - Edición Del Tricentenario. https://dle.rae.es/revoluci%C3%B3n

- Asale, R.-. (s. f.). Segundón, segundona | Diccionario de la Lengua Española. «Diccionario de la lengua española» - Edición del Tricentenario. https://dle.rae.es/segund%C3%B3n

- Asián Peña, J. L. (1942). Manual de Historia de España.

- Ayudas de la PAC. (n.d.). https://web.araba.eus/es/agricultura-ganaderia/ayudas-pac

- Ayuntamiento de Guarromán. (2017, May 8). Un nombre Peculiar - Ayuntamiento de Guarromán. Ayuntamiento De Guarromán. https://www.guarroman.es/ciudad/conoce-la-ciudad/un-nombre-peculiar/

- Barros Guimerans, C. (2006). Lo que sabemos de los Irmandiños. Clío & Crímen: Revista del Centro de Historia del Crimen de Durango, 3, 36-48. https://dialnet.unirioja.es/servlet/articulo?codigo=2141966

- Bernardo Barreiro y Vázquez Varela. (n.d.). Real Academia De La Historia. https://dbe.rah.es/biografias/53793/bernardo-barreiro-y-vazquez-varela

- Biblioteca Histórica Marqués de Valdecilla. (n.d.). https://biblioteca.ucm.es/historica/morales,-ambrosio-de

- Bilbao, G. (2013). Glossaria Vasco-Islandica-ren aurkezpen gisakoa. Anuario del Seminario de Filología Vasca Julio de Urquijo: International journal of basque linguistics and philology, 25(2), 315-316. https://dialnet.unirioja.es/servlet/articulo?codigo=2777676

- BOE-A-1949-4120. (n.d.). https://www.boe.es/buscar/doc.php?id=BOE-A-1949-4120

- BOE-A-1952-4014. (n.d.). https://www.boe.es/buscar/doc.php?id=BOE-A-1952-4014

- BOE-A-1971-924 Ley 35/1971, de 21 de julio, de creación del Instituto Nacional de Reforma y Desarrollo Agrario. (n.d.). https://www.boe.es/diario_boe/txt.php?id=BOE-A-1971-924

- BOE-A-1979-27854 Ley 34/1979, de 16 de noviembre, sobre fincas manifiestamente mejorables. (n.d.), Ídem

- BOE-A-1979-27854 Ley 34/1979, de 16 de noviembre, sobre fincas manifiestamente mejorables. (n.d.). https://www.boe.es/buscar/act.php?id=BOE-A-1979-27854

- BOE-A-1979-870 Ley 87/1978, de 28 de diciembre, de Seguros Agrarios Combinados. (n.d.). https://www.boe.es/buscar/act.php?id=BOE-A-1979-870

- BOE-A-1982-13819 Ley 19/1982, de 26 de mayo, sobre contratación de productos agrarios. (n.d.). https://www.boe.es/buscar/doc.php?id=BOE-A-1982-13819

- BOE-A-1982-17236 Ley 25/1982, de 30 de junio, de agricultura de montaña. (n.d.). https://www.boe.es/buscar/doc.php?id=BOE-A-1982-17236

- BOE-A-1983-23432 Ley Orgánica 11/1983, de 25 de agosto, de Reforma Universitaria. (n.d.). https://www.boe.es/buscar/doc.php?id=BOE-A-1983-23432

- BOE-A-2013-8555 Ley 13/2013, de 2 de agosto, de fomento de la integración de cooperativas y de otras entidades asociativas de carácter agroalimentario. (n.d.), Ídem

- Bonell Colmenero, R. (2010). LOS DECRETOS DE NUEVA PLANTA. S A B E R E S Revista de estudios jurídicos, económicos y sociales, 8, 19.

- Brazilian gold and British traders in the first half of the eighteenth century on JSTOR. (n.d.). https://www.jstor.org/stable/2511780

- Brey, G. (1998). Los sucesos trágicos de Jerez de la Frontera de 1892: un balance historiográfico. Revista de Historia de Jerez, 4, 69-84. https://dialnet.unirioja.es/servlet/articulo?codigo=2447053

- CALVO POYATO, José. "Recesión y hambre en Sevilla: El Motín de la Feria". La Aventura de la historia, N.º 171, 2013, pp. 40-44

- Carlos II. (n.d.). Real Academia De La Historia. https://dbe.rah.es/biografias/10732/carlos-ii

- Carlos. (n.d.). Real Academia De La Historia. https://dbe.rah.es/biografias/14405/carlos

- CARPIO ELÍAS, Juan. "Actitudes religiosas durante el levantamiento popular de la Feria: Sevilla, 1652". Hespérides: Anuario de investigaciones, N.º 13-14, 2005-2006, pp. 27-42

- Cavestany De Anduaga, R. C. (1955). Menos agricultores y mejor agricultura. Dialnet. https://dialnet.unirioja.es/servlet/articulo?codigo=2211276

- Cebrià, E. B. (2020). El siglo de los genoveses: Castilla hacia el precipicio. La Aventura de la historia, 257, 40-45. https://dialnet.unirioja.es/servlet/articulo?codigo=7466436

- Cervantes, I. (n.d.). CVC. Refranero Multilingüe. Ficha: Quien fue a Sevilla perdió su silla. © 2008, Instituto Cervantes. https://cvc.cervantes.es/lengua/refranero/ficha.aspx?Par=59398&Lng=0

- Clar, E.; Ayuda, M. (2023). Rural Migration and Agricultural modernization. An analysis of Provincial Spain during its Great Rural Exodus, 1960–1981. Historia Agraria. https://doi.org/10.26882/histagrar.090e07c

- conceptosjuridicos.com. (2023, August 4). Artículo 388 del Código Civil – Conceptos Jurídicos. Conceptos Jurídicos. https://www.conceptosjuridicos.com/codigo-civil-articulo-388/

- CONSEJO EUROPEO DE MADRID: CONCLUSIONES DE LA PRESIDENCIA. (n.d.). https://www.europarl.europa.eu/summits/mad1_es.htm#emu1

- cronoleg. (n.d.). https://www.ixent.org/cronoleg.htm

- De Carlos Morales, C. J. (2013). Endeudamiento dinástico y crisis financieras en tiempo de los Austrias: las suspensiones de pagos de 1557-1627. Dialnet. https://dialnet.unirioja.es/servlet/articulo?codigo=4540500

- De Carlos Morales, C. J. (2017). Crisis financieras y deuda dinástica, 1557-1627. Cuadernos de historia moderna, 513-516. https://doi.org/10.5209/chmo.58072

- De Cervantes, B. V. M. (n.d.). El coloquio de los perros. Biblioteca Virtual Miguel De Cervantes. https://www.cervantesvirtual.com/obra-visor/el-coloquio-de-los-perros--0/html/ff31b1bc-82b1-11df-acc7-002185ce6064_32.html

- De Dieu, J. (2000b). La Nueva Planta en su contexto: Las reformas del aparato del Estado en el reinado de Felipe V. Manuscrits: Revista d'història moderna, 18, 116. https://dialnet.unirioja.es/servlet/articulo?codigo=108308

- De Estudios Jurídicos, I. N. (1951). La desigualdad contributiva en Castilla durante el siglo XVII.

- De Historia De La Biblioteca Virtual Miguel De Cervantes, S. (n.d.). Historia - La Monarquía Hispánica - Los reinos cristianos - Corona de Aragón. https://www.cervantesvirtual.com/bib/historia/monarquia/fernando_i.shtml

- De Jovellanos, G., De Amigos Del País Madrid, S. E., ; Lage, J. L. C. (1977). Espectáculos y diversiones públicas; Informe sobre la Ley Agraria. En Ediciones Cátedra eBooks. http://ci.nii.ac.jp/ncid/BA1416508X

- De La Cruz, E. (2022). Comuneros: La revolución de Castilla. Editorial Almuzara.

- De Madrid, C. (n.d.). wleg_pub - Comunidad de Madrid - madrid.org. https://gestiona.comunidad.madrid/wleg_pub/secure/normativas/contenidoNormativa.jsf?opcion=VerHtml&nmnorma=8649&eli=true#no-back-button

- De Servicios Informáticos De La Universidad Nacional De Educación a Distancia, C. (n.d.). UNED | Ávila: La farsa de Ávila. http://portal.uned.es/portal/page?_pageid=93,25702646&_dad=portal&_schema=PORTAL

- DECRETO 147/1997, de 8 de abril, del Gobierno Valenciano, por el que se segrega parte del término municipal de Paterna para constituir un municipio independiente, con la denominación de San Antonio de Benagéber. [6977]. (n.d.). https://app.vlex.com/#vid/312138222

- Dilge-Mischung, E. (2018). La política agraria de los gobiernos republicanos del primer bienio. DOAJ (DOAJ: Directory Of Open Access Journals). https://doaj.org/article/611ee3875cd942149e2b32cf93f5ddf6

- DOMÍNGUEZ ORTIZ, Antonio, Op Alteraciones andaluzas. Madrid: Narcea, 1973

- Durán, C. (2014). El siglo de oro valenciano [Texto impreso]. Biblioteca Virtual Miguel De Cervantes. https://www.cervantesvirtual.com/obra/el-siglo-de-oro-valenciano-texto-impreso/

- Earth Observatory Glossary. (n.d.). https://web.archive.org/web/20080628075235/http://eobglossary.gsfc.nasa.gov/Library/glossary.php3?xref=Little%20Ice%20Age

- Egido López, T. (1980). El motín madrileño de 1699. El motín madrileño de 1699. Investigaciones históricas: Época moderna y contemporánea, 2, 256. https://dialnet.unirioja.es/descarga/articulo/2921779.pdf

- Eiximenis, F. (1980). Regiment de la cosa pública. Dialnet. https://dialnet.unirioja.es/servlet/libro?codigo=31559

- El euro: historia y finalidad | Unión Europea. (n.d.). European Union. https://european-union.europa.eu/institutions-law-budget/euro/history-and-purpose_es

- Elliott, J. (1977). La rebelión de los catalanes: un estudio sobre la decadencia de España [1598- 1640]. Dialnet. https://dialnet.unirioja.es/servlet/libro?codigo=56824

- Escuela Técnica Superior de Ingeniería Agronómica, Alimentaria y de Biosistemas. (n.d.). https://www.etsiaab.upm.es/Centro/Bienvenida?id=3af7b9d42b462510VgnVCM10000009c7648a____&fmt=detail&prefmt=articulo

- España. Real Cuerpo de Guardias de Corps. (n.d.). España. Real Cuerpo de Guardias de Corps. datos.bne.es. https://datos.bne.es/entidad/XX5412328.html

- Esteban Estríngana, A. (2002). Guerra y redistribución de cargas defensivas. La unión de armas en los países Bajos católicos. Cuadernos de historia moderna, 27(27), 49-98. https://doi.org/10.5209/chmo.23853

- EUR-LEX - 32013R1305 - ES - EUR-LEX. (n.d.). https://eur-lex.europa.eu/legal-content/ES/TXT/?uri=celex%3A32013R1305

- Excmo. Sr. Dr. D. Jaime Lamo De Espinosa Michels De Champourcin | RACEF | Real Academia de Ciencias Económicas y Financieras. (n.d.). https://racef.es/es/academicosnumerario/jlamo

- Felipe V. (n.d.). Real Academia De La Historia. https://dbe.rah.es/biografias/10077/felipe-v

- Fernández Marugán, F., ; García De Blas, A. (1971). Edward Malefakis, reforma agraria y revolución campesina en la España del siglo XX. Dialnet. https://dialnet.unirioja.es/servlet/articulo?codigo=4809187

- Galicia. (2005). Actas de las Juntas del Reino de Galicia. Dialnet. https://dialnet.unirioja.es/servlet/libro?codigo=906869

- García Cárcel, R. (1973). Las germanías de Valencia y la actitud revolucionaria de los gremios.

- Giménez Martínez, M. Á. (2017). El fracaso de la reforma agraria en las Cortes de la Segunda República. Bulletin D'histoire Contemporaine De L'Espagne, 51, 197–217. https://doi.org/10.4000/bhce.741

- Gómez Ayau, E. (1981). Reforma Agraria y Revolución Campesina en la España del siglo XX [Revista de Estudios Agro-sociales].

- Gracia Arnau, I. (2022). Barcelona, 1640: popular violence and the use of urban spaces during the revolt of Corpus Christi Day. Dialnet. https://dialnet.unirioja.es/servlet/articulo?codigo=8945597

- H. Sanders, J., K. Binkley, J.; A. Martin, M. (s. f.). La entrada de España y Portugal a la Comunidad Económica Europea: Impactos en su agricultura, en la política agrícola común y en el comercio con terceros países. https://www.mapa.gob.es/ministerio/pags/biblioteca/revistas/pdf_reas/r141_01.pdf

- Hamer Flores, A. (2006b). Fraternum foedus: superstición y desviación de la ortodoxia católica en las nuevas poblaciones de Carlos III. Arte, arqueología e historia, 13, 222-229. https://dialnet.unirioja.es/servlet/articulo?codigo=2456932

- In iure cessio: modo de transmitir la propiedad. (n.d.). Derecho Romano. https://www.derechoromano.es/2012/07/in-iure-cessio.html

- INDIFERENTE,429, L.39, F.9R-9V - Fallecimiento del príncipe Baltasar Carlos. (n.d.). PARES. https://pares.mcu.es/ParesBusquedas20/catalogo/description/268325

- INE - Instituto Nacional de Estadística. (n.d.). Instituto Nacional de Estadística. (Spanish Statistical Institute). INE - Instituto Nacional De Estadística. https://www.ine.es/inebaseweb/search.do?monoSearchString=comparativos

- Información de los Grupos de Acción Local (GAL) - Portal Agrari - Generalitat Valenciana. (n.d.). Portal Agrari. https://portalagrari.gva.es/es/desarrollo-rural/leader/informacio-grups-d-accio-local

- Juan de Cañamás. (n.d.). Real Academia De La Historia. https://dbe.rah.es/biografias/14284/juan-de-canamas

- Juan Gaspar de Thürriegel. (n.d.). Real Academia De La Historia. https://dbe.rah.es/biografias/15827/juan-gaspar-de-thurriegel

- Juan José de Austria. (n.d.). Real Academia De La Historia. https://dbe.rah.es/biografias/13467/juan-jose-de-austria

- La Política Agrícola Común 2023-2027 y el Plan Estratégico. (n.d.). https://www.mapa.gob.es/es/pac/pac-2023-2027/

- Lamo de Espinosa y Michels de Champourcin, J. (1991b). Las áreas de montaña y la política forestal en la nueva política agraria comunitaria. Revista de Estudios Agrosociales, 33.

- Lamo De Espinosa Y Michels De Champourcin, J. (2011). Joaquín Costa: agricultura y Agronomía. Dialnet. https://dialnet.unirioja.es/servlet/articulo?codigo=7295365

- Lapeyre, H.; Rodríguez García, L. C. (1986). Geografía de la España Morisca. http://ci.nii.ac.jp/ncid/BA20081519

- Las Empresas Navales de Castilla. (2002). Alcázar de Segovia. https://www.alcazardesegovia.com/wp-content/uploads/2015/12/2002-las-empresas-navales-de-castilla.pdf

- Llopis Agelán, E. (2010). El impacto de la guerra de la Independencia en la agricultura española. Universidad Complutense de Madrid, 333-378. https://dialnet.unirioja.es/servlet/articulo?codigo=4702172

- Los censos al quitar en la Corona de Aragón: su influencia en la creación de las Taules de canvi de Barcelona (1401), y de Valencia (1407). (n.d.). vLex. https://vlex.es/vid/censos-quitar-corona-influencia-taules-canvi-232398

- Maldonado Polo, J. L. (2004). Liberalismo y enseñanza agrícola. la Sociedad Económica Matritense y la Red Nacional de Cátedras de Agricultura. Anales del Instituto de Estudios Madrileños, 44, 181-202. https://dialnet.unirioja.es/descarga/articulo/3012050.pdf

- Marrón Gaite, M. J. (2011b). La adopción de una innovación agraria en España: los orígenes del cultivo de la remolacha azucarera. Experiencias pioneras y su repercusión económica y territorial. Estudios geográficos, 1-2. https://doi.org/10.3989/estgeogr.201105

- Medidas para el sector agroalimentario. Notas Informativas. (n.d.). https://www.mapa.gob.es/es/ministerio/servicios/informacion/covid19/Medidas-sector-agroalimentario.aspx

- Misas Jiménez, R. E. (1996). Un promotor de la enseñanza agrícola desde la real sociedad económica matritense: Antonio Sandalio de Arias (1809-1820). Asclepio-revista De Historia De La Medicina Y De La Ciencia, 48(1), 101-121. https://doi.org/10.3989/asclepio.1996.v48.i1.420

- Moyano, E. (1984). Ideologías y sindicalismo agrario en la transición democrática. Agricultura y Sociedad, 31, 60. https://helvia.uco.es/xmlui/handle/10396/5615

- Olivera Serrano, C. (2000). El ocaso de las fortalezas compostelanas: visitas y tasaciones (1535-1547).

- OSUNA, C.15, D.21 -. (n.d.). PARES. https://pares.mcu.es/ParesBusquedas20/catalogo/description/3908134

- PAC: desarrollo rural a partir de 2013. (n.d.). Europea Council. https://www.consilium.europa.eu/es/policies/cap-reform/rural-development/

- Paniagua Mazorra, Á. (1988). El papel del servicio de recuperación agrícola en la política agraria de la primera etapa del franquismo. Revista de Estudios Agrosociales, 108.

- Parajuá Carpintero, N. (2022). Transformations in agriculture, stockbreeding, forestry, and fishing within the Spanish agri-food system (1980-2016). Dialnet. https://dialnet.unirioja.es/servlet/articulo?codigo=8714200

- Pérez Aparicio, C. (2007). La guerra de Sucesión en Valencia. retrospectiva historiográfica y estado de la cuestión. Revista de historia moderna. https://doi.org/10.14198/rhm2007.25.11
- Piqueras Haba, J. (1997). Geografía de la Meseta de Requena-Utiel.
- Piqueras Haba, J. (2005). La filoxera en España y su difusión espacial: 1878-1926. CUADERNOS DE GEOGRAFÍA, 77, 24.
- Piris, M. C. (2022). Liérganes y La Cavada: los primeros altos hornos. Dialnet. https://dialnet.unirioja.es/servlet/articulo?codigo=8862920
- Pizcueta, T. L. (1995). El "mal any primer": alimentación de los pobres asistidos en la Pia Almoina de Barcelona: 1333-1334. Dialnet. https://dialnet.unirioja.es/servlet/articulo?codigo=2307227
- Pousa Diéguez, R. (2021). Simbología y realidad de un condado bajomedieval: Trastámara. Dialnet. https://dialnet.unirioja.es/servlet/articulo?codigo=8148446
- Rabasco, P. (2009). La planificación en la construcción de los poblados del Instituto Nacional de Colonización. Informes De La Construccion, 61(515), 24-25. https://doi.org/10.3989/ic.09.020
- Rae, R. a. E.-. (n.d.). cabrevación. Diccionario Panhispánico Del Español Jurídico - Real Academia Española. https://dpej.rae.es/lema/cabrevaci%C3%B3n
- Rae, R. a. E.-. (n.d.). Cinco Gremios Mayores de Madrid. Diccionario Panhispánico Del Español Jurídico - Real Academia Española. https://dpej.rae.es/lema/cinco-gremios-mayores-de-madrid
- Rae, R. a. E.-. (n.d.). exarico. Diccionario Panhispánico Del Español Jurídico - Real Academia Española. https://dpej.rae.es/lema/exarico
- Rae, R. a. E.-. (n.d.). ferma de dret. Diccionario Panhispánico Del Español Jurídico - Real Academia Española. https://dpej.rae.es/lema/ferma-de-dret
- Rae, R. a. E.-. (n.d.). juro. Diccionario Panhispánico Del Español Jurídico - Real Academia Española. https://dpej.rae.es/lema/juro
- Rae, R. a. E.-. (n.d.). zona económica exclusiva. Diccionario Panhispánico Del Español Jurídico - Real Academia Española. https://dpej.rae.es/lema/zona-econ%C3%B3mica-exclusiva
- revolta dels Forans | enciclopedia.cat. (n.d.). https://www.enciclopedia.cat/gran-enciclopedia-catalana/revolta-dels-forans

- Ruiz, A. P. (n.d.). El motín de Esquilache (1766). Copyright Alfonso Pozo. https://personal.us.es/alporu/historia/motin_esquilache.htm
- Sánchez Jiménez, J. (1975). La vida rural en la España del siglo XX. Biblioteca Cultural. RTVE, 120. https://dialnet.unirioja.es/servlet/libro?codigo=598866
- Segona Germania | Enciclopedia.cat. (n.d.). https://www.enciclopedia.cat/gran-enciclopedia-catalana/segona-germania
- Tomás Allende y García Baxter. (n.d.). Real Academia De La Historia. https://dbe.rah.es/biografias/24956/tomas-allende-y-garcia-baxter
- Tomás y Valiente, F. (1978). El proceso de desamortización de la Tierra en España. Agricultura y sociedad, 7, 11-33. https://dialnet.unirioja.es/servlet/articulo?codigo=82363
- Tomás y Valiente, F. (1978). El proceso de desamortización de la Tierra en España. Agricultura y sociedad, 7, 11-33. https://dialnet.unirioja.es/servlet/articulo?codigo=82363
- Versión consolidada del Tratado de la Unión Europea. (n.d.). https://app.vlex.com/#vid/843330685
- Vicens Vives, J. (1945). Historia de los Remensas en el siglo XV. http://ci.nii.ac.jp/ncid/BA43272811
- Vicens Vives, J.; Nadal Oller, J. (1967). Manual de Historia Económica de España. En Editorial Vicens-Vives eBooks. http://ci.nii.ac.jp/ncid/BA38028505
- Vista de Martín de Azpilicueta y su "comentario resolutorio de cambios." (n.d.). https://www.revistasice.com/index.php/ICE/article/view/174/174
- Vives, J. V.; Oller, J. N. (1967). Manual de Historia Económica de España. En Editorial Vicens-Vives eBooks. http://ci.nii.ac.jp/ncid/BA38028505
- www.6tems.com. (n.d.). Ayuntamiento de Llívia. Copyright © - 6tems. http://llivia.org/es/que-hacer/cultura/tratado-de-los-pirineos.html

Referencias y citas

[i] Barros Guimerans, C., Ídem. pp. 36-48.
[ii] Vicens Vives, J. (1945), Ídem
[iii] Vicens Vives, J. (1945), Ídem.
[iv] Vicens Vives, J. (1945), Ídem
[v] Vicens Vives, J. (1945), Ídem
[vi] Vicens Vives, J. (1945), Ídem
[vii] Vicens Vives, J. (1945), Ídem.
[viii] Vicens Vives, J.; Nadal Oller, J. (1967). Manual de Historia Económica de España. En *Editorial Vicens-Vives eBooks*. http://ci.nii.ac.jp/ncid/BA38028505
[ix] Vicens Vives, J.; Nadal Oller, J. (1967), Ídem.

[xi] Vicens Vives, J.; Nadal Oller, J. (1967), Ídem.
[xii] De La Cruz, E. Op. cit.
[xiii] De La Cruz, E. , Op. cit.
[xiv] García Cárcel, R., Op. cit.
[xv] Vicens Vives, J.; Nadal Oller, J., Op. cit.
[xvi] De Carlos Morales, C. J., Ídem.
[xvii] Ardit Lucas, M., Op. cit.
[xviii] Ardit Lucas, M., Op. cit.
[xix] Ardit Lucas, M., Op. cit.
[xx] Ardit Lucas, M., Op. cit.
[xxi] Gracia Arnau, I., Op. cit.
[xxii] Albareda, J., Op. cit.
[xxiii] Albareda, J., Op. cit.
[xxiv] Albareda, J., Op. cit.
[xxv] Albareda, J., Op. cit.
[xxvi] Egido López, T., Op. cit.
[xxvii] Egido López, T., Op. cit.
[xxviii] Egido López, T., Op. cit.
[xxix] Egido López, T., Op. cit.
[xxx] Egido López, T., Op. cit.
[xxxi] Hamer Flores, A. (2006b), Ídem.
[xxxii] De Jovellanos, G., De Amigos Del País Madrid, S. E., ; Lage, J. L. C., Op. cit.
[xxxiii] De Jovellanos, G., De Amigos Del País Madrid, S. E., ; Lage, J. L. C., Op. cit.
[xxxiv] De Jovellanos, G., De Amigos Del País Madrid, S. E., ; Lage, J. L. C., Op. cit.
[xxxv] De Jovellanos, G., De Amigos Del País Madrid, S. E., ; Lage, J. L. C., Op. cit.
[xxxvi] De Jovellanos, G., De Amigos Del País Madrid, S. E., ; Lage, J. L. C., Op. cit.
[xxxvii] De Jovellanos, G., De Amigos Del País Madrid, S. E., ; Lage, J. L. C., Op. cit.
[xxxviii] De Jovellanos, G., De Amigos Del País Madrid, S. E., ; Lage, J. L. C., Op. cit.
[xxxix] De Jovellanos, G., De Amigos Del País Madrid, S. E., ; Lage, J. L. C., Op. cit.
[xl] De Jovellanos, G., De Amigos Del País Madrid, S. E., ; Lage, J. L. C., Op. cit.
[xli] De Jovellanos, G., De Amigos Del País Madrid, S. E., ; Lage, J. L. C., Op. cit.
[xlii] De Jovellanos, G., De Amigos Del País Madrid, S. E., ; Lage, J. L. C., Op. cit.
[xliii] De Jovellanos, G., De Amigos Del País Madrid, S. E., ; Lage, J. L. C., Op. cit.
[xliv] De Jovellanos, G., De Amigos Del País Madrid, S. E., ; Lage, J. L. C., Op. cit.
[xlv] De Jovellanos, G., De Amigos Del País Madrid, S. E., ; Lage, J. L. C., Op. cit.
[xlvi] De Jovellanos, G., De Amigos Del País Madrid, S. E., ; Lage, J. L. C., Op. cit.
[xlvii] De Jovellanos, G., De Amigos Del País Madrid, S. E., ; Lage, J. L. C., Op. cit.
[xlviii] De Jovellanos, G., De Amigos Del País Madrid, S. E., ; Lage, J. L. C., Op. cit.
[xlix] De Jovellanos, G., De Amigos Del País Madrid, S. E., ; Lage, J. L. C., Op. cit.
[l] De Jovellanos, G., De Amigos Del País Madrid, S. E., ; Lage, J. L. C., Op. cit.
[li] Llopis Agelán, E., Op. cit.
[lii] Llopis Agelán, E., Op. cit.
[liii] Vicens Vives, J.; Nadal Oller, J. (1967), Idem.
[liv] Vicens Vives, J.; Nadal Oller, J. (1967), Idem.

[lv] Tomás y Valiente, F. (1978), Ídem.
[lvi] Tomás y Valiente, F. (1978), Ídem.
[lvii] Tomás y Valiente, F. (1978), Ídem.
[lviii] Misas Jiménez, R. E., Op. cit.
[lix] Misas Jiménez, R. E., Op. cit.
[lx] Misas Jiménez, R. E., Op. cit.
[lxi] Misas Jiménez, R. E., Op. cit.
[lxii] Misas Jiménez, R. E., Op. cit.
[lxiii] Misas Jiménez, R. E., Op. cit.
[lxiv] Misas Jiménez, R. E., Op. cit.
[lxv] Misas Jiménez, R. E., Op. cit.
[lxvi] Misas Jiménez, R. E., Op. cit.
[lxvii] Misas Jiménez, R. E., Op. cit.
[lxviii] Misas Jiménez, R. E., Op. cit.
[lxix] Misas Jiménez, R. E., Op. cit.
[lxx] Misas Jiménez, R. E., Op. cit.
[lxxi] Misas Jiménez, R. E., Op. cit.
[lxxii] Misas Jiménez, R. E., Op. cit.
[lxxiii] Misas Jiménez, R. E., Op. cit.
[lxxiv] Misas Jiménez, R. E., Op. cit.
[lxxv] Misas Jiménez, R. E., Op. cit..
[lxxvi] Misas Jiménez, R. E., Op. cit.
[lxxvii] Misas Jiménez, R. E., Op. cit.
[lxxviii] Misas Jiménez, R. E., Op. cit.
[lxxix] Misas Jiménez, R. E., Op. cit..
[lxxx] Misas Jiménez, R. E., Op. cit.
[lxxxi] Misas Jiménez, R. E., Op. cit.
[lxxxii] Misas Jiménez, R. E., Op. cit.
[lxxxiii] Misas Jiménez, R. E., Op. cit.
[lxxxiv] Misas Jiménez, R. E., Op. cit.
[lxxxv] Maldonado Polo, J. L., Op. cit.
[lxxxvi] Maldonado Polo, J. L., Op. cit.
[lxxxvii] Maldonado Polo, J. L., Op. cit.
[lxxxviii] Maldonado Polo, J. L., Op. cit.
[lxxxix] Maldonado Polo, J. L., Op. cit.
[xc] Maldonado Polo, J. L., Op. cit.
[xci] Maldonado Polo, J. L., Op. cit.
[xcii] Maldonado Polo, J. L., Op. cit.
[xciii] Maldonado Polo, J. L., Op. cit.
[xciv] Maldonado Polo, J. L., Op. cit.
[xcv] Maldonado Polo, J. L., Op. cit.
[xcvi] Maldonado Polo, J. L., Op. cit.
[xcvii] Piqueras Haba, J. (1997), Idem
[xcviii] Piqueras Haba, J. (1997), Idem
[xcix] Vicens Vives, J.; Nadal Oller, J. (1967), Ídem.
[c] Marrón Gaite, M. J., Op. cit.
[ci] Vicens Vives, J.; Nadal Oller, J., Ídem.
[cii] Lamo De Espinosa Y Michels De Champourcin, J. (2011), Ídem.
[ciii] Gómez Ayau, E., Op. cit.
[civ] Gómez Ayau, E., Op. cit.
[cv] Gómez Ayau, E., Op. cit.
[cvi] Gómez Ayau, E., Op. cit.
[cvii] Gómez Ayau, E., Op. cit.
[cviii] Gómez Ayau, E., Op. cit.
[cix] Paniagua Mazorra, Á., Op. cit. p. 110.
[cx] Paniagua Mazorra, Á., Op. cit. p. 112.

[cxi] Paniagua Mazorra, Á., Op. cit. p. 112.
[cxii] Paniagua Mazorra, Á., Op. cit. p. 114.
[cxiii] *BOE-A-1949-4120*. (n.d.), Idem
[cxiv] Rabasco, P., Op. cit. pp. 25-26.
[cxv] Rabasco, P., Op. cit. p. 26.
[cxvi] Rabasco, P., Op. cit. p. 28.
[cxvii] Rabasco, P., Op. cit. p. 31.
[cxviii] Sánchez Jiménez, J. S., Op. cit. p. 128.
[cxix] Clar, E., ; Ayuda, M., Op. cit.
[cxx] H. Sanders, J., K. Binkley, J.; A. Martin, M., Op. cit.